“阳光父母学堂”家校共育指导案例手册

陪伴孩子成长这条路，我们一起走

夏建平　蒋静　编著

江苏大学出版社
JIANGSU UNIVERSITY PRESS
镇　江

图书在版编目(CIP)数据

陪伴孩子成长这条路,我们一起走 / 夏建平,蒋静编著. — 镇江 : 江苏大学出版社,2021.3(2025.1 重印)
ISBN 978-7-5684-1595-8

Ⅰ. ①陪… Ⅱ. ①夏… ②蒋… Ⅲ. ①学校教育 — 合作 — 家庭教育 Ⅳ. ①G459

中国版本图书馆 CIP 数据核字(2021)第 047168 号

陪伴孩子成长这条路,我们一起走
Peiban Haizi Chengzhang Zhe Tiao Lu,Women Yiqi Zou

编　　著/夏建平　蒋　静
责任编辑/张　平
出版发行/江苏大学出版社
地　　址/江苏省镇江市京口区学府路 301 号(邮编: 212013)
电　　话/0511-84446464(传真)
网　　址/http://press.ujs.edu.cn
排　　版/镇江文苑制版印刷有限责任公司
印　　刷/江苏凤凰数码印务有限公司
开　　本/890 mm×1 240 mm　1/32
印　　张/8.75
字　　数/236 千字
版　　次/2021 年 3 月第 1 版
印　　次/2025 年 1 月第 4 次印刷
书　　号/ISBN 978-7-5684-1595-8
定　　价/38.00 元

编委会

家庭教育指导路上的坚守与创新（序一）

很高兴能为夏建平校长及他的团队的研究成果——“‘阳光父母学堂’课程体系的构建与实施”写序。

随着社会的发展，我们越发觉得学校的直接教育是有限的，需要得到来自方方面面更多的补充，而家庭教育成为孩子成长的奠基之石，是孩子的第一所学校。少年时，我们为人子女，在父母的影响下迈开了人生的脚步；中年时，我们为人父母，在陪伴子女成长的过程中影响着他们的人生。家庭，永远是孩子真正诞生与成长的摇篮。将家庭教育纳入公共服务体系，让父母也接受教育，真正为孩子上好人生第一课，真的很重要。事实上，很多人对“家长是孩子的第一任老师”深以为然，但针对家长的教育却始终没有落到实处。

问题出在哪里呢?

首先是“忙”。家长们很不容易，在这个经济飞速发展的新时代，作为社会人的忙碌无法用言语来形容，更何况家长们承担的又不止一个社会角色，又忙又累使得他们在家庭教育上难免力不从心。

其次是“盲”。大多数家长也知道与孩子一起成长的道理，但是应该怎样做，或如何系统地做？无章可循，无案可依，管不得法，没有头绪。

因此，学校又肩负了一个重要的任务——指导家长开展家庭教育。这可不轻松啊，对学校的要求极高。首先是学校要满足家长普及性的需求。近些年来，关于家长接受教育、家长与孩子一起成长的提法越来越多，让家长进一步接受家庭教育的再学习和再培训，就是针对一直被我们忽视的“家长教育学”而提出的。其次，家长们需要科学系统的家庭教育指导。学校除了正常组织对学生的教育教学之外，是否还有对家长进行家庭教育再教育的能力，并且引导家长掌握科学的教育理念和方法?

夏建平校长及他的团队研究的“‘阳光父母学堂’课程体系的构建与实施”正是聚焦了这两大难题，用家长课程的形式，创建线上线下阵地，搭建平台，开拓多种途径，突破“家长学习时间的限制”“家校沟通途径的单一”“家庭教育专业的缺乏”“家校间无法形成合力”4个瓶颈。核心目标指向“学生自主发展”，在一个个生动、鲜明的活动中，教育孩子的过程也是家长和教师自我教育的过程。

本书的内容几乎囊括了家长教育的所有方面，包括“家长学习课程”“案例探索课程”“解忧杂货铺课程”“亲子课外社团课程”“家长自助互助课程”，而且都经过了学校多年实验的检验，不仅对本校的家长教育活动有效，而且可移植到其他学校，具有普遍的实践价值。通过书中的内容我看到：从2016年至今，一个学校能够把那么多部门、单位、不同身份的人，包括家长召集起来，共同关注孩子们的自主成长问题，形成一个良好的教育生态圈，一起学习，共同练习，解决家庭教育中的一些问题，把对孩子的教育最大化，着实令人感到惊喜。这个富有生命力的“家长课程体系”让我看到教育的合力。

教育的边界很宽阔，孩子的人生有无限的可能性。家庭、学校和社会的每一位成员都是教育者，应该帮助孩子发现自己、成就自己，给孩子尽可能多的空间、舞台和机会，这样才有可能让孩子成为他自己。这个系列课程的研究我看到5个典型的特征：有明确的目标，有完整的课程，有丰富的资源，有坚实的行动，有可见的成果。

感谢夏建平校长和他的同仁付出的努力。衷心希望这个课程能引领着教育者们继续前行，在家庭教育指导路上不断坚守与创新，推进中国家庭教育科学化建设，让每一位参与者成为孩子自主发展的见证者。

南京师范大学教育科学学院教授
教育发展与评价国际研究中心主任
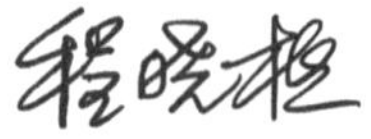

2021年3月1日

协同育人　教育同心　成长同行（序二）

这是一本案例实操型家校共育指导用书。2013—2017 年，镇江实验学校在研究中生成了教育教学研究成果——“全人教育视野下学生自主发展的校本化行动研究”。在探究中，我们认识到：全人视阈下的学生自主发展是对学生健全的人格发展、正确的价值观念和知识体系储备的培养和教育，需要学校管理部门之间，家长、教师与学生之间，家庭、学校、社会之间合作、互动。基于对“学生自主品格成长”多元化的诉求，学校着手对一切教育资源的集成与整合进行思考与实践，“协同育人”成为学校教育教学发展的主要途径。

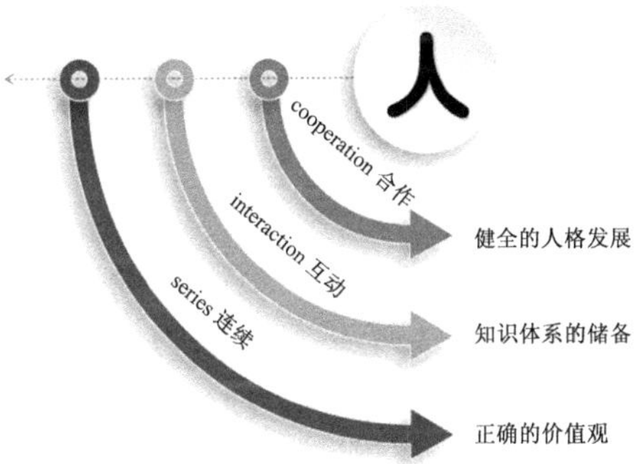

2016 年 5 月，在积淀了多年心理健康教育和家长学校工作的基础上，学校开启了“阳光父母学堂”系列家校共育活动。由最初对家长在家庭教育理念上的唤醒，到对教师在家校共育方法上的指导；从一个个扎实有效的品牌活动，到构建能促进家长、教师、学生主动参与、合作共建的课程体系，其开发过程见证了三方主体在多资源合力支持下，一点一滴的改变和成效。

2018 年是学校家校共育工作的转折点。这一年，“学生自主品格成长：‘阳光父母学堂’课程体系的构建与实施”成功申报了江苏省中小学品格提升工程项目，项目的持续推进极大提升了家校共育工作的品质。从想到哪里做到哪里，零零散散的家庭教育讲座、指导和活动，到深思熟虑的顶层设计和蓝图规划，家校共育工作有了明确的培养目标、清晰的实施平台，活动内容丰富，活动效果显著。

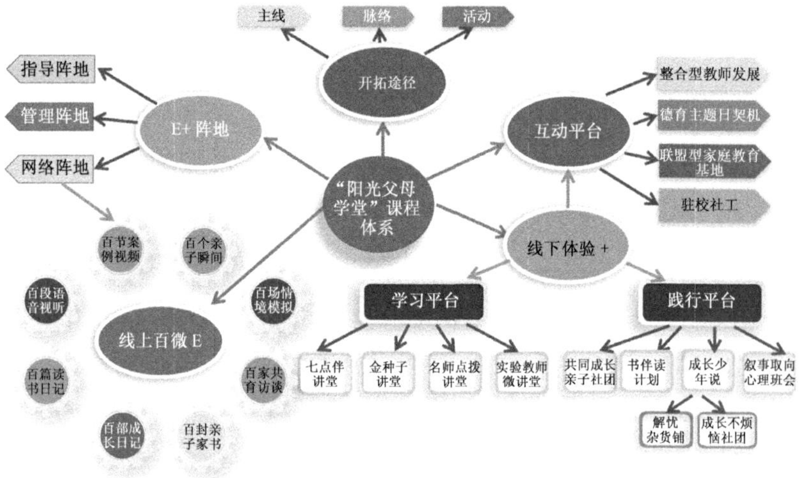

该课程体系通过“家校共育 E+”阵地的建设，拓展了家校共育的时间与空间，激发了家长积极主动参与家校共育活动的热情；深入研究家校共育形式，搭建“整合型教师发展”“德育教育主题日”“联盟型家庭教育基地”“驻校社工”等多样化家校共育互动平台，提升了教师家庭教育指导能力，使家校联合教育能量最大化；开拓“家校共育”途径，以“理论+实践+反思”为三条主线，以“达成目标、行动载体、研究成果”为三个维度，开发“线上百微 E”“线下体验+”品牌活动，最终达成以“学生自主品格成长”为核心的目标，在“认识和发现自我价值、勇于承担后果、有责任心、学会学习、友善合作、健全人格、自我管理”等学生自主品格成长的特征

上不断完善和提升，培养“积极乐观、阳光自信、坚强独立”具有自主品格的新时代学子，形成面向全员、全过程参与、全方位渗透“协同育人”的实践范式，成为辐射、引领家校共育工作的阵地和平台，开创家校共育“和谐共振”的新格局！（表1）

表1　学生品格成长预期目标

达成目标	品格特征	课程项目实施与品格成长预期
积极乐观	认识和发现自我价值	1. 有自己的辨别能力，能够辨别别人的意见是否有用，能够接受别人的宝贵意见，喜欢听别人说实话，内心时刻谦卑。 2. 不会轻易地在乎别人的偏见，不会虚荣自负，也不炫耀自己学到多少东西，真正关心什么最有用
	勇于承担后果，有责任心	1. 敢于承担后果，解决问题，掌握自己的人生，对自己的行为负责。 2. 自尊自律、文明礼貌、诚信友善、宽和待人、孝亲敬长，有感恩之心。 3. 能明辨是非，具有规则与法治意识，积极履行公民义务，正确行使公民权利
阳光自信	学会学习	1. 能正确认识和理解学习的价值，具有积极的学习态度和浓厚的学习兴趣；能养成良好的学习习惯，掌握适合自身的学习方法；能自主学习，具有终身学习的意识和能力。 2. 具有对自己学习状态进行审视的意识和习惯，善于总结经验；能够根据不同情境和自身实际，选择或调整学习策略和方法
	友善合作	1. 懂得在与人交往中友善合作的重要性，在今后各种场合中都能自觉地做到与人友善相处、愉快合作，认识到人自身的和谐是建设和谐社会的重要因素。 2. 在学习、生活与活动中，基本形成团结协作、真诚协作、善于协作的潜在意识，逐步养成热心公益、与人为善、乐于助人、虚心请教、平等待人及尊重不同意见的品质

续表

达成目标	品格特征	课程项目实施与品格成长预期
坚强独立	健全人格	1. 理解生命意义和人生价值；具有安全意识与自我保护能力；掌握适合自身的运动方法和技能；养成健康文明的行为习惯。 2. 具有积极的心理品质，自信自爱、坚韧乐观；有自制力，能调节和管理自己的情绪，具有抗挫折能力
	自我管理	1. 能不畏困难，有坚持不懈的探索精神；能大胆尝试，积极寻求有效的问题解决方法。 2. 能有正确认识与评估；依据自身个性和潜质，选择适合的发展方向；合理分配使用时间与精力；具有达成目标的持续行动力

“阳光父母学堂”课程体系主要由“阵地、平台、途径、课程”4 个块面组成。

一、优化新环境，构建“家校共育 E+”阵地

家校共育是一个复杂的教育生态系统，其中有传统教育性主体，如各级教育行政部门、学校和师生，也有非传统教育性主体，如妇联、社会组织和广大家庭。形成“协同育人共同体”，需要理顺实施主体和载体相互间的关系，突破家校共育工作时空的限制。

阵地一：建立学校家校共育指导站。规划家校共育工作蓝图和进行顶层设计，从整合教育资源、建设师资队伍、家庭教育专业引领、组织指导服务和评价评估监测等 5 个维度发挥“枢纽”功能。

阵地二：成立家长委员会工作室。为家长“驻校办公”的实现制定可行性政策，合理规划家委会办公制度，设定管理界限，实现“协同育人”。

阵地三：建设“家校共育 E 平台”。学校聘请网络技术人员与信息技术教师组成团队开发“阳光父母学堂百微 E 课程”云平台。家长可以通过手机或电脑进入 APP，浏览学校的家校共育活动，学习家庭

教育理念和知识，开展同伴间的问题互助，进行二次反思，等等。

二、确定新目标，形成“家校共育”互动平台

当下，家长、教师的家庭教育指导水平参差不齐、能力不一，更应该随时把握每一个教育时机。家庭教育要延续学校教育的效果，学校教育要补充家庭教育的缺漏。“阳光父母学堂”课程体系的构建正是通过有目的的组织，突破学校教育、家庭教育时空的限制，使学生在课堂上、活动中、游戏里都受到潜移默化的影响，形成健全的家校共育网络，通过一个个鲜明的活动载体，挖掘多样化的教育基地，实现协同育人，培养学生自主品格。

平台一：开展家庭教育指导，引导教师整合型发展。运用学校省级教师培训基地的平台开展“实验教师微讲堂”活动，从教育心理学、家庭教育的理论到解决实际问题的案例，从班主任、青年教师、学科教师三个层面入手，形成教师家庭教育指导课程。

平台二：合理利用每个主题文化节，如校园艺术节、体育节、跳蚤市场和“我们的节日”等德育主题日的契机，邀请家长加入校园和班级活动，搭建学校与家庭间、教师与家长间、家长与家长间沟通的桥梁，通过专业化来促进家校共育科学化，有效激发家长的参与热情，让教师、家长群体从教育理念到教育行为经历一次“悄悄”的革命，真正实现陪伴孩子一起成长。

平台三：推动实践教育基地“联盟型”发展。在课程开发中，学校对接了9个校外单位，举行集体签约仪式，实现“松散型合作共建—紧密型基地群建设—基地联盟”式发展，在搭建的家校共育平台上开展活动，引导和凝聚区域内的校外资源与学校共建实践教育基地联盟，为学生自主品格成长提供全面支持。

平台四：引进“驻校社工”家庭教育社会化服务。学校成立镇江市第一家“驻校社工”工作室，对接社工专家、教育专家、心理专家和医疗专家的资源，对特殊家庭个案的帮扶提供政策支持，对学校的“残疾家庭”“贫困家庭”“双困家庭”入户走访和摸查，用社

会工作的专业方法针对需要特别关注的学生群体和家庭开展社团活动，形成“小实体、多功能、专业化、大服务”的职能定位。

三、探索新方法，开拓“家校共育”途径

以“理论+实践+反思”三个途径为“阳光父母学堂”课程体系开发的主线，以“达成目标、行动载体、研究成果”三个维度为行动研究的脉络，通过精心设计的体验活动，探索“家庭、学校、社会”三载体有机融合的新方法，确立课程目标、课程内容、课程实施方案和课程评价（表2）。

表2　“阳光父母学堂”课程方案一览表

<table>
<tr><td rowspan="4">理论型课程</td><td rowspan="2">达成目标</td><td>教师：通过每学期一个主题的培训，为教师补充教育心理学知识，分析身边的学生教育案例，指导教师学会和家长沟通，提升自身教育素养，提高教师指导家庭教育的能力</td></tr>
<tr><td>家长：通过讲座、沙龙等形式，从不同主题与家长探讨家庭教育的途径和方法，帮助家长提升家庭教育的正确率，提升家长与教师、学生的沟通能力，指导学生提高自主能力</td></tr>
<tr><td>行动载体</td><td>“实验微讲堂”“德育模拟课堂”
“阳光父母学堂·‘七点伴’讲堂”</td></tr>
<tr><td>研究成果</td><td>主题式家庭教育课程
主题式教师成长微课程</td></tr>
<tr><td rowspan="3">实践型课程</td><td rowspan="3">达成目标</td><td>教师：通过教师在活动中的自主互动，提升其立德树人的素养和家庭教育指导能力，促进教师与家长、学生间的良好沟通，促进学生自主发展</td></tr>
<tr><td>家长：让家长乐于参与学校日常协同管理工作，提升家长的自主性，促进家长与学校、教师、孩子间的良好沟通，发挥亲子教育的引领和榜样作用，促进学生自主发展</td></tr>
<tr><td>学生：激发学生的内在需求，提高学生在活动和交往中解决问题的能力，提升学生自主品格的发展</td></tr>
</table>

续表

实践型课程	行动载体	“百名教师访千家·暖心工程”“叙事取向心理班会”“阳光父母学堂·金种子讲堂”“阳光父母学堂·亲子课外社团”“阳光父母学堂·书伴读计划”“阳光教育小组‘组长成长计划’”“大手拉小手·解忧杂货铺”电波交流、中小学学生各类成长性社团
	研究成果	“拥抱生活”亲子课外社团课程 “书伴读计划”家长自助互助课程 “成长少年说”解忧杂货铺实践课程
反思型课程	达成目标	教师：通过理论型、实践型课程的学习和研究，用论文、案例分析等呈现形式，不断反思家校共育过程中的优势和不足，促进家校共育能力的发展
		家长：通过家庭教育课程的学习，亲子共建活动的参与，反思和提炼家庭教育正确的方法，降低家庭教育的错误率
		学生：通过与家长、教师面对面的情感交流，培养正确的价值观念，增强自主意识，促进自主品质的发展
	行动载体	“家教传声筒” “实验家长成长论坛” “亲子面对面”课堂
	研究成果	“阳光父母学堂·百微E课程”

四、研究新形式，开发“阳光父母学堂”课程

“阳光父母学堂”课程分为线上和线下两个部分，与上述课程获取途径中的“研究成果”一一对应。

线上百微E（反思型课程）：打造手机版和电脑版的“网络云平台”，将师生、家长在活动中生成的资源收录到手机和电脑同步APP上，形成资源库，让更多的家长、教师在活动过程和体验中进行二次反思。

线下体验+（学习型课程、实践型课程）：2016 年至今，“七点伴”讲堂对每届起始年级家长开展“自我修炼”“了解孩子”“学习引导”“品格培养”四大模块 8 个主题、为期一年的讲座，招募家长学员组建“金种子讲堂”讲师团，传播家教方法，促进更多的家长学习正确的家庭教育理念；通过“实验微讲堂”教师学习平台，从班主任、青年教师、全体教师三个层面，进行现场情景模拟、案例分析和开展教育心理学理论微课，提升教师家庭教育指导、与家长沟通、解决特殊学生问题等能力，带动青年教师迅速成长，同时推动整合型教师发展；“拥抱生活”亲子课外社团开展近两百场不同主题的亲子活动，划分“传承与展望”“阅读与思维”“艺术与修养”“故乡与远方”4 个亲子成长区域，促进父母与孩子在活动中的共同成长；通过“成长少年说 · 解忧杂货铺”活动，收集学生成长中遇到的人际交往、亲子沟通、学习、人生规划等困惑，鼓励学生用信件的方式将遇到的烦恼倾诉出来，由高年级学长、家长或老师回信解忧，充分体现“助人自助”“同类互助”的理念，将家长、教师的元素交融进来，让三方资源流动起来；开展“书伴读计划”家长论坛活动，通过“习惯培养篇”“家务劳动篇”“时间管理篇”“批评艺术篇”“陪伴成长篇”“青春期沟通篇”6 个活动实录的呈现，帮助家长答疑解惑。

5 年的探索和实践，形成了学校协同育人的工作范式。我们想把此过程中的一些想法和做法呈现在这本书中。另外，还有些课程，如针对不同年龄段同质问题的学生成长社团、叙事取向心理主题班会，已经在逐步实践和探索中，会不断地形成总结和范式与大家见面。“道阻且长，行则将至”，就如这本书的书名一样，陪伴孩子成长这条路，我们一起走，走出“协同育人、教育同心、成长同行”的一片天与地。

目录
陪伴孩子成长这条路，我们一起走

CONTENTS

学然后知不足：

“‘七点伴’讲堂”家长学习课程

2016 年 5 月至今，学校每年招募近 200 名一年级新生家长开展为期一年、包含四大模块 8 个主题的家长培训。家长学员们需严格遵守考勤制度，课程结束后通过考核，参加“实验好爸妈·学习型家长”的评选，可获得“合格学员”和“优秀学员”荣誉称号。5 年来，学校用这种方式共培训了 1000 多名家长学员，为后续学校开展家校共育系列化、序列化的工作打下了坚实的基础。

自我修炼

主题一：赢在家庭教育的起跑线

思维导图导学

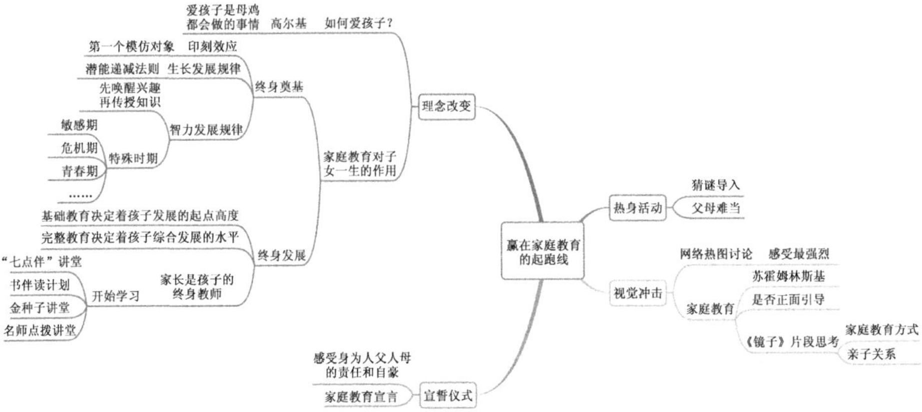

热身活动：猜谜导入话题

欢迎大家来到“阳光父母学堂”，请看大屏幕，猜猜这些文字描述的是谁。“有一种职业，没有岗前培训，没有岗中培训，所以没有上岗证；既不能因为不满意就辞职，也不能因为太累了就退休；平时不但不拿工资，还不断往里面送钱；没有上级主管部门，不接受任何职业监督，可以想怎么当就怎么当。”（互动）好的，大伙儿异口同声地说出了正确答案，是的，答案就是“父母”。“父母不好当啊!”身为人母的我在这里也不由得要感叹一声。目前，在座的各位正陪着孩子经历一个重要的转折点——从幼儿园进入小学阶段。由于活动环境、生活习惯上的变化，以及课业要求、内容的改变，多多少少的焦虑情绪让一些家长变得迷茫，无所适从。

视觉冲击：社会、媒体众生相的思考

如今媒体业特别发达，只要我们关注一些相关的新闻就会发现：孩子问题行为的背后存在着或多或少的家庭问题。看看大屏幕上的这些图片、视频，大家有怎样的感受?

图片一：校门口，一个男孩一边哭一边掐着妈妈的脖子。

图片二：商场里，一位妈妈因为买不起 iPhone 手机跪在女儿面前。

图片三：漫画中，一位爸爸手持木棍，一副正义凛然的样子挡在儿子和电脑面前，电脑上写着“戒除网瘾”几个大字；一个“患了网瘾”的孩子被绑缚在椅子上，“电击”“药物”“暴力”的方式被用在他身上，试图帮助他戒除网瘾。

图片四：漫画中，一位爷爷一边用鸡毛掸子打着手持鸡毛掸子正准备打孙子的儿子，一边说：“爸爸跟你说了多少遍了，不要打你儿子!”

图片五：漫画中，一位妈妈在喂孩子吃药，她将一勺药举到丈夫面前说："她爸，这药太苦，你替孩子喝了！"另一幅漫画中，一个正在书桌前读书的孩子，左边是妈妈在指责，右边是爸爸笑着拿了一堆学习资料，后面是爷爷奶奶在嘘寒问暖，重要的是孩子一脸愁苦、无可奈何。

这是我在浏览网络的时候无意间看到的一些图片，这些图片让我有所感触，所以我收藏了下来。我想，当各位家长对这些图片也产生共鸣的时候，"家庭教育"这个词也就摆在了我们眼前。苏霍姆林斯基认为：如果把教育者比喻为雕塑家，那么这些雕塑家第一是家庭，第二是教师，第三是集体，第四是儿童本人，第五是书籍，第六是偶然的因素。无论是我们看到的那些图，还是我们亲身经历的过程，都证明了"种瓜得瓜，种豆得豆"的道理，也就是作为父母，要通过言传身教和生活实践，对孩子进行正面引导和积极影响。孩子走歪路或者走错路，家长有着不可推卸的责任。因此，家庭教育关乎孩子的一生，且与学识、学历和社会地位无关。我们再来看一部纪录片《镜子》的片段。（放视频）（互动）从家明的故事中我们可以看到：这个孩子的家庭条件非常好，父母位高权重，可是这个16岁的孩子却沉迷游戏和网络，被送到了训练营。采访中，家明说他从来没感到过父母的尊重和信任，自己可以做很多事情却从来没有尝试过，哪怕是一件力所能及的事……这恐怕就是孩子在网络游戏中寻找"能力"或自信的原因之一吧。还有，家明和父母之间的关系、亲子之间的沟通问题都是值得我们思考和分析的。过去的家庭教育方式会造成今天你和孩子面临的境况。

理念改变：家庭教育对孩子一生的作用

还好，这一切都还没有发生；还好，我们有的是机会修正。高尔基说："爱孩子是母鸡都会做的事情！"新时代我们要做智慧的父母，把爱传递给孩子，需要的是正确的观念、合理的方法和正向的言传身教。

家庭教育对子女一生的作用，首先是终身奠基。在孩子的启蒙教育期，孩子见到的第一个模仿对象就是父母或者是教养他（她）的人。家庭教育在孩子成就一生的基石上留下了深刻烙印，这就是印刻效应。而且，天然的血缘关系有着传承的作用，孩子不管对与错，他只知道朝夕相处建立的依赖是应该的，是愿意跟随的，每个儿童都具备潜在能力，但这种潜在能力是有着递减法则的。比如生来具备 100 度潜在能力的儿童，如果从一生下来就对他进行理想的教育，那么他就可能成为一个具备 100 度能力的成人；如果从 5 岁开始教育，即便教育得非常出色，他也只能成为具备 80 度能力的成人；而如果从 10 岁开始教育的话，教育得再好，他也只能成为具备 60 度能力的成人。这就是说，教育开始得越晚，儿童的能力实现得就越少。这就是儿童潜能递减法则。因此，对孩子的教育越早越好，这是顺应孩子生长发展规律的。而提到对孩子的教育，在某些家长的心里似乎就局限于学习。眼睛只盯着孩子学习的家长，随着孩子慢慢地长大，势必会受到越来越多的亲子关系问题的困扰，因为儿童的智力发展也要遵循一定的规律，要想传授知识，应先唤醒孩子的兴趣。世界上很多研究儿童发展和教育的学者、科学家用多年的实践证明了孩子的成长发展有很多特殊时期：空间、语言发展的敏感期、转折期、危机期、叛逆期等，有的时期有利于学习知识技能或形成某种心理特征，有的时期特别有利于发展孩子的某种能力和个性。如果不懂孩子，在他（她）本身就充满矛盾、混乱的时候，再用不正确的方式乱指挥，想想结果会是什么呢？所以卢梭说："误用光阴比虚掷光阴损失更大，教育错了的儿童比未受教育的儿童离智慧更远！"

其次是终身发展的作用。家庭教育对子女身心发展水平有决定性作用。每个人的成长都有着家庭教育深深的烙印，因为每个人都是从家庭走进学校（集体），再融入社会的。有没有家庭教育，家庭教育实施得好不好，将直接影响孩子以后是否能顺利地融入幼儿园、学校、社会等集体环境，是否能得以健康成长和发展。一个人的完整教育，不仅离不开家庭教育，而且家庭起着极其重要的奠基和发展作用。家庭教育也是爱和生活的教育，所以对于人生和成长非常重要的情爱教育当由家庭来担当。家长是孩子的终身教师，家庭教育对孩子的成才起着强大的推动作用。毋庸置疑，家庭教育决定着孩子身心发展水平、行为习惯、道德品行、身心健康，甚至智力开发的水平。无论向哪方面发展、发展的水平高低，与家庭教育都有直接的关系。

所以，我们说家庭教育是所有教育的奠基石。孩子未来的发展要赢在家庭教育的起跑线上。如果你此时有这么一个念头闪过：我要开启我的家庭教育学习之路了，我开始准备了！那么，学校已经为你搭建好了平台：请阅读这封致家长的信。这是学校为大家准备的家庭教育学习大餐——“阳光父母学堂·‘七点伴’讲堂”，在每月最后一周的周五晚上 7 点，集中在学校报告厅一起学习 8 个主题的家庭教育理念。如果你实在很忙，没有固定的时间，也可以参加每周班级组织的“书伴读计划”，通过同伴互助的方式，共同探讨家庭教育的有效方法。另外，还有家长学员讲师团的“金种子讲堂”、不定期邀请专家来指导的“名师点拨讲堂”等。相信只要你肯走出第一步，孩子就能在你的以身作则中茁壮成长！

宣誓仪式：做智慧的家长，我们都可以！

最后让我们全体起立，右手握拳放于太阳穴旁，进行一个“家庭教育宣誓”仪式，在这神圣的时刻感受身为人父人母的责任和自豪。

家庭教育宣言

家庭是孩子的第一所学校，我们是孩子的第一任老师；作为孩子教育的启蒙者，我们要尊重孩子的想法，爱护孩子的身心，言传身教，做好孩子成长的领路人。遇到问题时，不用简单粗暴的方式对待孩子，而用积极的言语激励孩子克服困难。通过学习，不断提升家庭教育的正确率，为国家、为社会培养健康、优质的人才。

宣誓人：×××

主题二：改变孩子从改变自己开始

思维导图导学

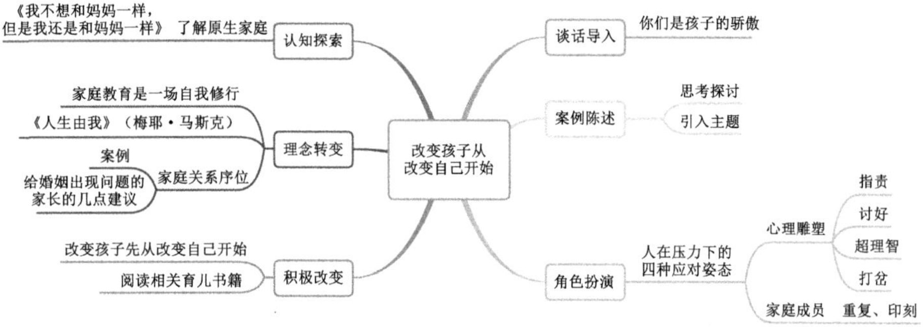

谈话导入：你们是孩子的骄傲

欢迎大家来到“阳光父母学堂·‘七点伴’讲堂”的线下课堂，从严格意义上来说今天是我们正式开讲的第一课。看到这么多年轻的父母愿意放弃周末的休息时间来到学校，重回课堂一起相伴学习家庭教育知识，我感到非常高兴。能来到课堂的家长并不代表你们比别人工作轻松或者有更多的时间，甚至在座的各位在工作中也同样是铆足了劲头，回家以后吃完晚饭，也已累得只想上上网刷刷手机，可为什么仍然能报名参加这一年的学习课程，我想原因无非有两种：一种是觉得自己真的需要成长，也相信在自己的努力下，可以学到更多正确的育儿观念；另一种恐怕是现在就有一些迫切想解决的育儿问题，它正在困扰你、阻碍你。但不管是哪一种，我都要在这里给你们点一个大大的赞，你们是孩子的骄傲。

案例陈述：有问题的是我儿子，不是我

多年以前，我的心理辅导室曾经来了一对母子，他们一前一后进来，儿子走在前面，妈妈背着书包走在后面。因为是班主任的建议，所以我之前就已经大概知道了孩子需要求助的问题和发生的事件，本着对个案保密的原则，在这里我就不具体阐述了。当我提出让孩子给妈妈搬一张凳子坐下来的时候，儿子刚起身准备照做，妈妈却说："老师，有问题的是我儿子，不是我。我就不坐这儿了，站在旁边就行了。"后来在我的坚持下，儿子给妈妈搬了张凳子……谈话中，妈妈时不时控诉着孩子在班上的种种劣迹，孩子呢，既不吱声，也不反驳，想来已经习以为常了。后来，我给孩子做了个冥想，当我邀请这个孩子描述自己情绪失控时的样子像什么动物，并问他在哪里还看到过像这种动物的人时，孩子说是爸爸。这时候妈妈掉眼泪了，告诉了我孩子和爸爸之间发生的一些事，也说自己的脾气并不是很好。沉默中，孩子的眼睛里开始有了泪光，这可能是他第一次听到妈妈诚心的反思，哪怕只有一点点……

家长们，我为什么要给大家讲这个故事呢？故事中的哪个场景让你感受最深刻呢？（互动）是的，身教大于言传恐怕是大家都懂的道理，但是做起来并不容易，因为每个人受成长背景、知识文化的影响都已经有了一个固定的模式，你觉得它不好，在想要改变之前，就要先觉察它是什么样子，一般在什么情况下出现，对你会产生什么负面的影响，你想要变成什么样子，等等。

角色扮演：人在压力下的四种应对姿态

每个人在遇到压力事件的时候都有不同的反应，接下来我会邀请几位家长上台合作完成一个心理"雕塑"，从新的角度看看自己在压力下的四种应对姿态。我先向大家描述和示范一下这四种姿态。第一种：指责式，动作——站在那里，一只手放在臀上，另一只手带着手臂直指着，嗓门提高，将压力和负担施加给他人，而不是寻求答案，当别人表示顺从的时候，感觉自己充满力量；第二种：讨好式，动作——单膝跪地，伸出一只手做出乞讨的姿势，用讨好、逢迎的语气说话，努力取悦对方，并不在乎自己是否愿意，不顾自己内心的感受和想法；第三种：超理智式，动作——脊柱像是一根又长又重的铁棍，仿佛还有一条20厘米宽的铁领子束着脖子，身体静止，嘴巴讲着正确的话，却没有任何情感；第四种：打岔式，动作——想象自己是一个倾斜的陀螺，不停地旋转却始终不知道自己将去向哪里，想表达的话语也从不对题，忽略别人的提问，做出的回答可能也毫不相关。

体验：选一位家长来做主角，通过"雕塑"帮助他（她）看到自己在压力情况下的状态。先邀请台下两位家长分别来扮演家长和孩子，然后扮演家长角色的家长想象一件和孩子之间发生的冲突事件，想想自己平时是什么样的应对姿态，只做相应的动作，不说话，静静地体验那种感觉；另一位扮演孩子角色的家长也用身体姿态做回应，并将动作保持一会儿。这位扮演家长的家长再请上两位家长扮演自己的父母，两位"老人"在应对压力事件的时候又会是怎样的姿态？四个人的"雕塑"摆好之后，主角从一个新的角度看自己构建的这幅画面，发现了什么呢？

这个"雕塑"神奇地让我们看到自己的应对方式居然和自己父母的应对方式那么相像，为什么呢？因为家庭就好比一张网，家庭成员之间有着千丝万缕的关系，彼此影响着。这也是原生家庭对家庭成员的影响。

认知探索：了解你的原生家庭

原生家庭影响你的人格和亲密关系。每个人都有自己的原生家庭，也都或多或少在原生家庭里受过伤……这些没有疗愈的创伤，如果我们没有发现和纠正，就会一直复制给我们的下一代。而如今，作为父母的你们，一定要记得：你们现在给予你们子女的就是原生家庭！我们来阅读一个故事，进一步了解并试着探究一下自己是否受原生家庭的影响，有哪些正在从自己身上复制，并影响自己和孩子的相处方式。阅读故事《我不想和妈妈一样，但是我还是和妈妈一样》：

故事的主人公叫小A，有一份体面的工作、不薄的待遇。一天，在狭小而潮湿的卫生间，在家工作了一上午有些疲惫的小A正将床单丢进洗衣机中清洗，除了床单，还有她和丈夫的脏衣服。“哐”的一声，用得还剩下1/2的几块香皂、肥皂全撒在地上，因为在倾倒洗衣液的过程中，小A不小心弄翻了放在洗脸池上的香皂盒子。小A在心中咒骂一声，弯腰一一捡起地上的肥皂和香皂。这时，她看到洗衣机的排出管漏水了，愤怒瞬间从小A的胸中升腾起来。她骂了一句，将手中的香皂盒子狠狠地甩向地面，塑料盒子的碎片和香皂、肥皂撒了一地。愤怒在她的胸中继续燃烧，她看到丈夫的脏内裤和衣服，特别想找一把剪刀将它们剪得稀巴烂。

她心中咆哮着对丈夫的抱怨：“你眼睛瞎了吗？难道都没看到我们的洗衣机坏了吗？衣服放了几天，为什么你就不能去洗？你眼中为什么没有活儿？你眼睛瞎了吗!？你个神经病！你个神经病!”可是，才过去仅仅几秒钟，她所有的愤怒都转化为悲伤，她彻底崩溃了，坐在马桶盖上号啕大哭。因为就在刚才，她忽然意识到这些都曾是妈妈对爸爸说的话。

让小A崩溃的不是生活琐事带来的挫折感，而是自己与妈妈一样咆哮着那些刺耳的话语。妈妈三十年来一直在抱怨父亲不帮忙干家务。家中常常充斥着她的抱怨声，那一句句“你眼睛瞎了吗?”“你个神经病!”一直让小A很难受。妈妈越是抱怨，父亲越是躲懒，两个人常为家务事吵得不可开交。为了让妈妈少一点抱怨，也为了家中的安宁和谐，年少的小A总在帮母亲做家务活。她曾在心中暗暗发誓：我以后绝对不能像妈妈一样。

大学毕业后，小A成了一名编辑。经过几年的职场打拼，她成了一名在家工作的资深自由编辑，月入过万。她觉得自己与作为家庭主妇的妈妈是不一样的，自己接受了高等教育，有自己的职业，但是今天她发现自己还是和妈妈一样。“我不想和妈妈一样，但是我还是和妈妈一样。这实在太让我崩溃了，仿佛我做的一切都失去了价值和意义。”

我们在生活中看到很多类似的例子。有的母亲拥有强烈的控制欲，控制着丈夫和女儿。女儿长大了，也成了一个有强烈控制欲的人，控制着自己的丈夫和孩子。她们会说：“我不想像妈妈那样控制别人，但是我发现我还是和妈妈一样。”有的母亲在夫妻关系中有一种很强烈的优越感，常常喜欢抬高自己、贬低丈夫，觉得丈夫无能、懦弱。女儿长大了，无意识中也带着优越感，也成了一个喜欢贬低丈夫的妻子。有的母亲长期默默忍受着丈夫的家庭暴力，女儿长大了，不知道为什么也找了一个不尊重她的丈夫……家庭的不幸就这样一代又一代重复下去，新一代的女性却与自己的妈妈走着同样的道路，令人不胜唏嘘。

看完这个故事以后，请轻轻闭上眼睛审视一下自己的原生家庭给自己带来的影响是否正在被自己无形地复制。也许以前你并没有意识到，这刻却有所发现，这是极好的事情，因为某些意识在你身体里复苏，那就从这刻开始做些调整和改变吧！

理念转变：家庭教育是一场自我修行

世界上没有天生优秀的父母，只有不断“进化”、平衡、修行中的父母，他们可以放下外在的期待，回归内心的本真，和孩子共同感受生命幸福的本源。

最近我读了一本书——《人生由我》，作者是梅耶·马斯克。也许你对这个名字并不熟悉，但是你对埃隆·马斯克这个名字一定不陌生。她正是这位特斯拉创始人的母亲，一位企业家、营养师、演说家、知名时尚偶像，拥有两个营养学硕士学位，72 岁仍活跃在舞台上的模特和网络红人。她 15 岁首次登台，22 岁结婚，31 岁成为破产的单身母亲，随后辗转于 3 个国家的多个城市开展自己的事业，独立培养出 3 个出色的子女。60 多岁的她重返模特舞台，在头发变白的时候走红。69 岁时，她的形象在美国时代广场独占 4 个广告牌。她是 72 岁的网络红人，是众多女性眼中的励志名人。看了她的故事，我深刻体会到"自我修行"对孩子有怎样深刻的影响。书上有一句"原生家庭中得到的爱和温暖，才是支撑我一路走出来的原动力"，而她又将这种动力传递给了她的 3 个子女。她对孩子信任且尊重，让兴趣带领孩子成长，更重要的是她不断提升自我的人生价值，用实际行动影响孩子们，让他们看到自己的努力。反观我们很多家长，自己身处深深的焦虑和恐慌状态，在教育孩子的时候时常找不到方向，又不能不管孩子，最后只能用简单和粗暴的方式来解决问题。可问题解决了吗？是否更加糟糕？或者一开始还有效果，久而久之越来越失效？父母的沟通方式、自我情绪的管理、怎样做高效能陪伴……这些家庭教育知识都是我们的必修课，都将成为我们自己的一场修行。

每次小学生或者更小一点儿的孩子到我的咨询室来，我都会邀请他们的父母一起参与辅导，为什么呢？因为我发现：每个孩子在成长过程中遇到情绪问题、学业问题、人际交往问题时，如果邀请家长介入，通常效果会特别明显。在这个过程中让家长有所发现和触动，并做出某种改变，孩子也会悄然发生变化。如果是亲子关系出现问题的儿童或青少年，还需要花更多时间建立咨访关系，逐步征得他（她）的同意，邀请父母一起来共同探讨，也同样能向前迈进一大步。长期和孩子们相处，听着他们一个个不同的故事，我会变得更了解他们的想法和处境，他们这一代比起我们视野更宽阔、想法更奇特、知识更丰富，没有一点智慧，还真应付不了。

在这场自我修行里还包含着重要的"家庭关系序位"。很多家长，尤其是妈妈在家庭关系序位当中失衡，把孩子看成最重要的关系体。你们知道吗？在所有的家庭关系里面，夫妻关系是第一位的。如果是儿子，就要让他明白：爸爸才是妈妈最爱的人，自己不是；如果是女儿，就要让她明白：妈妈才是爸爸最爱的人，自己不是；如果是父亲，就要对女儿说：我爱你，但妈妈才是能陪伴我一生的；如果是母亲，就要对儿子说：我爱你，但爸爸才是能陪伴我一生的。这才是建立幸福家庭的基本原则。有一次，一个前几届的家长学员给我发来和儿子的聊天记录。这位家长非常智慧地解释了家庭序位，而且孩子也听进去了，我想这样的沟通很有效。“今天吃饭的时候，孩子问我：‘妈妈，我和爸爸相比，在你的心目中谁更重要？’当时我的脑海里就想起曾经上过的家庭关系那个部分的课，于是不假思索地告诉他，爸爸更重要。孩子听完我的回话，脸上露出一丝不悦。我拿着手里的筷子，对孩子说：‘爸爸妈妈好比这两根筷子，桌面好比我们这个家，在这个组成的三角形中，只有爸爸妈妈的关系稳固了，靠得越近，站在三角形顶端的你，才能走得更远，飞得更高。相反，如果爸爸妈妈关系疏远了，组成三角形的高度就会降低，甚至组成不稳定的三角关系，对你的成长是不利的。’‘那有两个孩子的呢？’孩子继续问。我说：‘一人正好站在一根筷子的顶端啊！’‘哦，看来我一个人站得要比两个人稳固多了。’孩子继续补充说。当时说到这些，我能感到孩子的内心是很愉悦的，之前脸上的不快消失了。可能我的回答还不是尽善尽美，但在那一刻，底气还是十足的。老师，真的很感谢您的课，想不到这时候用上了。”以后，你们的孩子问你们类似的问题，相信你们就知道怎样回答了。

接着上面的话题，我还想给婚姻出现问题的家长提以下几点建议：如果你的婚姻问题是因为沟通不畅，或角度、想法有分歧，不妨多给对方和自己一些时间和空间，尝试用一些有效的方式去打破原有的模式，各自反省、挽救尚未破裂的婚姻。即使无法挽回，亲子关系也不应该随着夫妻关系的分离而改变。爱的反义词不是恨而是不爱，不爱对方，并不代表不爱孩子，如果分开了还在情感上缠绕和困顿，对孩子的成长是不利的；家中的老人也不应掺和进来去指责对方。婚姻出现问题的父母，如果为了孩子而勉强维持婚姻关系，导致这段关系有了痛苦、煎熬，彼此伤害的体验，对孩子的伤害也是终身的。

积极行动：改变孩子先从改变自己开始

与其说我们是来学习家庭教育的相关知识，不如说我们是来做一场自我修行。著名家庭治疗师萨提亚女士说：“改变是所有进步的起点。”当我们尝试去突破原有困扰你的问题中一直存在的行为时，你就会发现不一样的结果，如果形成了一个对解决自己问题有帮助的新模式，你会惊喜地发现你的好运开始了，孩子也会发生潜移默化的改变。有些家长和孩子一起咨询完以后，决定做一些沟通方式和自我情绪上的调整，尝试着去了解彼此，结果真的不断让他们感受到了喜悦。所以，改变孩子先从改变自己开始，真正尊重孩子生命存在的价值，不能用爱的名义绑架孩子，也不能将放纵、娇惯变成爱的另一种方式。试问大家：如果一个影印件上有错字，您是改影印件还是改原稿？所以，你见到的孩子暴露出来的问题一般都是从父母那里“影印”过来的。当孩子犯错时，别忙着呵斥和批评，先弄清根源在哪里。如果孩子一直有坏习惯，并对其生活和学习造成一定的影响，别忙着纠正，先想想这个坏习惯是怎么形成的。当孩子一而再、再而三触碰你底线的时候，别急着发火，先反思一下自己的方法是否得当，自己的行为是否失之偏颇，自己需不需要改变，需要改变的是什么地方。

教育是一种修行，是孩子的纯真、无私、灵动洗涤成人的浮躁、功利、自大的过程，好的教育是通过孩子这面镜子不断修正自我、挖掘自我，并用全新的我来为孩子做出示范和表率。最后给大家介绍几本关于家庭教育的书：邓海文《教孩子不如修自己》、高琼《父母格局有多大，孩子就能走多远》，当然你也可以看看梅耶·马斯克的《人生由我》，让我们一起慢慢修炼吧！

了解孩子

主题三：理解孩子的成长

思维导图导学

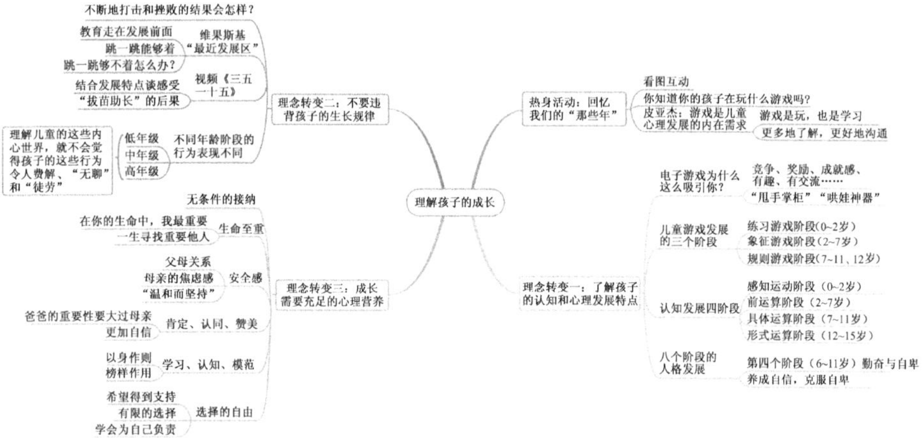

今天课上，我给大家带来了几幅图，一起来欣赏。第一幅图：小男孩拿着风车傻兮兮地在风中乱跑；第二幅图：一个小孩顶着大太阳玩踩影子；第三幅图：一个孩子用吸管往瓶子里吹气，泛起一阵阵泡泡；第四幅图：折纸游戏——千纸鹤、纸飞机，还有东南西北风，写满了“坏坏”的词语，看谁说的数字撞上去；第五幅图：趁着同桌站起来的时候抽掉他（她）的椅子，看着同桌一屁股坐在地上，暗爽。大家看了这些画面有什么感触？（互动）是否想起了自己小时候的经历，满满的追忆，有趣、傻……如果这些画面出现在你孩子身上，你会有什么反应？我看到有些家长陷入沉思了，你会和他一起玩耍或告诉他当年你老爸老妈是怎么玩的吗？还是觉得他好幼稚、好无聊，然后翻一个白眼：“做作业去！”当然，现在的

孩子才不会做这些，那么各位年轻的家长，你知道你的孩子在玩什么游戏吗？（互动）

刚刚我把家长们写的这些纸条都读给大家听了。写的过程中，我发现有些家长抓耳挠腮下笔难，还有不少家长写的是玩手机游戏和看电视；有些家长的确比较了解自己的孩子，这应该和平时对孩子的陪伴是分不开的。我建议，课后可以向这些家长取取经，听听他们的孩子是怎么玩的。玩游戏对一个孩子的成长非常重要。在儿童心理学家皮亚杰眼中：游戏是儿童心理发展的内在需求。玩是天性，也是学习，对孩子的智力发展、认知发展和思维发展都有影响。今天我们的主题是理解孩子的成长——儿童不同年龄阶段的心理特点，就是想借助这个知识点，让更多的家长了解自己的孩子，从而更好地与孩子沟通、交流。

理念转变一：了解孩子的认知和心理发展特点

既然我们说到游戏，那我们就从了解孩子的游戏开始。在座的各位家长，你或者你的爱人玩电子游戏吗？（互动）

看来玩电子游戏的不在少数。电子游戏为什么这么吸引你？里面有什么呢？竞争、奖励、成就感、有趣、有交流……我们周围其他游戏有这些优势吗？答案是有的，但是需要我们去寻找、发现，甚至要我们成人陪着一起玩，对吗？哪有手机方便啊，人家开发团队都设计好了，一切准备就绪，你只要做个"甩手掌柜"就行了，要不然怎么说手机是"哄娃神器"呢？它代替了你的陪伴，代替了你的交流，最后代替了亲情。谁之过？孩子专注力的培养也跟会玩游戏有关，后面我们会有专门的主题来讲。儿童的游戏发展阶段有三个：一是练习游戏阶段（0~2 岁），这个阶段孩子的游戏以动作为主，他们不断地通过动作来感知认识这个世界。在孩子身上就是游戏，在你眼里是什么呢？可能会是调皮、乱摸乱动……二是象征游戏阶段（2~7 岁），这个阶段的孩子会跨在棍子上"骑马"、坐在椅子上"开车"、哄布娃娃睡觉（办娃娃家）等。幼儿初期，儿童在游戏中的象征性活动主要采用与实物相似的替代物，选择在外形、功用上十分相似的替代品。游戏的时候缺乏目的性，主题和内容也不稳定，随外界刺激或情境变化而经常变化，很容易就被其他好玩的、好吃的所吸引。要想你的孩子提升专注力，这时候就要培养他在游戏时的专注力，不要随意打扰他或分散他的注意力。进入幼儿中期后，幼儿开始逐渐脱离专用替代物，进而按照自己的理解和需要来选择合适的替代物，可以想象一个替代品。逐渐地，他们不仅能够以物代物，而且能够以物代人、以人代人，幼儿游戏的象征性、目的性和预测性也随之增强。三是规则游戏阶段（7~11、12 岁）。这个阶段的儿童，也就是在座各位的孩子，可以按照一定的规则进行游戏，主要是有组织的集体游戏。规则游戏是游戏发展的高级阶段。规则游戏在五六岁的时候开始出现，但这个年龄的幼儿常常出现因外部刺激或自己的兴趣而忘记以至于破坏规则的现象。到上大班、一年级的时候，儿童开始能较好地理解并坚持游戏的规则，同时还能用规则约束所有参加游戏的成员。需要向各位说明的是：每个孩子的生长发展速度不一样，因此成熟度也不同。刚刚我也提到孩子在游戏中不断发展认知水平，我们来看看这张图。这是皮亚杰研究的认知发展四阶段：感知运动阶段（0~2 岁）；前运算阶段（2~7 岁），包括前概念或象征思维阶段（2~4 岁）和直觉思维阶段（4~7 岁）；具体运算阶段（7~11 岁）；形式运算阶段（12~15 岁）。这是不是跟前面我们所讲的游戏发展阶段的时间非常吻合？所以小学阶段不要小看玩游戏，正确的游戏发展能促进儿童智力、认知发展，而有些孩子过早触碰电子游戏，在没有规则、没有节制的家庭教育下变得失控，这一切都跟我们不了解孩子的发展规律有关联。

我们再来看“埃里克森八个阶段的人格发展”（表 1）。

表 1　埃里克森八个阶段的人格发展

阶段	年龄	心理危机（发展关键）	发展顺序	发展障碍
1	出生~1 岁 婴儿期	对人信赖←→对人不信赖 (Trust vs Misstrust)	对人信赖，有安全感	与人交往，焦虑不安
2	2~3 岁 幼儿期	活泼自动←→羞愧怀疑 (Autonomy vs Shame and doubt)	能自我控制，行动有信心	自我怀疑，行动畏首畏尾
3	3~6 岁 学前期	自动自发←→退缩内疚 (Initiative vs Guilt)	有目的方向，能独立进取	畏惧退缩，无自我价值感
4	6~11 岁 学龄初期	勤奋进取←→自贬自卑 (Industry vs Inferiority)	具有求学、做人、待人的基本能力	缺乏生活基本能力，充满失败感
5	12~18 岁 青年初期	自我统一←→角色混乱 (Identity vs Confusion)	自我观念明确，追寻方向肯定	生活缺乏目标，时感彷徨迷失
6	成年期	友爱亲密←→孤独疏离 (Intimacy vs Isolation)	成功的感情生活，奠定事业基础	孤独寂寞，无法与人亲密相处
7	中年期	精力充沛←→颓废迟滞 (Generativity vs Stagnation)	热爱家庭，栽培后进	自我恣纵，不顾未来
8	老年期	完善无憾←→悲观绝望 (Integrity vs Despair)	随心所欲，安享天年	悔恨旧事，徒呼负负

我们的孩子所处的年龄阶段正是表格中的第四个阶段。纵观埃里克森对儿童阶段人格形成的分析，前三个阶段的"心理—社会危机"都与自信心的建立有关，可以说，儿童在整个发展阶段中所遇到的主要问题，其本质的属性就是自信心与自尊的建立。若是儿童在发展中获得了自信与自尊，那么他（她）就会获得基本的信任感、自主性、主动性和勤奋的美德，他（她）的一生也就会变得完整和健康。因此，小学阶段的儿童是获得勤奋感还是自卑感就显得尤为重要。他（她）所处的环境是关注和鼓励多，还是嘲笑和漠不关心多？如果一个儿童获得的勤奋感超过自卑感，他（她）就会形成求学、做人、待人的基本能力。

理念转变二：不要违背孩子的生长规律

一个孩子遇到了学业上、生活上、与人交往上的困难，而且有些困难还超过了他们的认知能力所能承受的范围，这时候如果我们不帮他（她）度过，只是不断指责和贬低，除了打击还是打击，让他（她）经历挫败，不断挫败（而非挫折），大家试想结果会怎样。著名教育家维果斯基提出“最近发展区”理论——教育走在发展前面，让孩子跳一跳能够着。他（她）在努力向上“够”的时候，需要不断鼓劲地获得信心和勇气吧？可能跳一跳还未必能行的时候，就需要大人搭个“梯子”，我们得帮他（她）找找“合适的梯子”吧？可现实情况呢，不少父母不是扮演着“看着孩子往上跳为他（她）们加油鼓劲”的角色，更不是递“梯子”的助力人！我们来看一段视频——《三五一十五》，讲的是一个五六岁的小女孩，家长教背诵乘法口诀，背到“三五一十五”她老是忘记，这仿佛是一道坎，不管是家长让重复20遍也好，还是一遍一遍教，孩子就是不会，直到大哭“这三五一十五太难了”！满屏看到的是孩子一步步“崩溃”的过程。

“是这个孩子太笨了吗?”我们结合前面给大家介绍的儿童发展规律来谈谈自己的一些想法和感受。（互动）“三五一十五”这个坎儿到孩子再大点一定能过去，但我们不知道这段经历会对这个孩子以后学数学，甚至其他学习上产生什么影响，至少这个体验很糟糕。视频可以让我们很直观地看到孩子的挫败感是怎么来的，她会认为：我不行，我怎么学都不会。明明是一次父母不懂得孩子认知发展规律的“拔苗助长”，最后负性的标签却贴在了孩子身上，可能会成为伴随孩子一生的“阴影”。关于如何“获得自信”，后面会在品格培养模块向大家介绍，不过前提就是要让各位家长首先了解自己孩子的认知和心理发展的特点。

小学阶段的时间跨度约六年之久，儿童的具体成长过程在不同的年龄阶段具有明显的差异。刚入学的儿童虽然已经步入学校，却不可避免地延续着幼儿时期的一些心理发展特征：喜欢游戏，明显地表现出对教师权威的服从，最典型的特征就是喜欢"打小报告"；在倾听或与别人对话时，总会拼命地讲自己想说的话，却不大关心对方所讲的内容；思维有时显得很发散，回答问题常会答非所问，或者说许多不相关的话。学龄之初的孩子书写时会有一段"橡皮时代"，总是忍不住擦。到了小学中年级，儿童一边继续服从教师的权威，一边开始重视伙伴之间的关系。他们内心渴望与同龄伙伴交往，开始形成小团体，我们又称这一时期为"帮团时代"。伙伴的规则比父母和教师更有控制力，性别意识发展迅速，交往中出现异性疏远现象。对成人的意见或命令不再唯命是从，而是试图发表自己的看法，开始讨厌保护和命令，喜欢独立，这是"见解形成期"的典型特征。这一时期儿童的"见解"并不像青春期那样要求完全独立，主要是情感方面的独立。尤其是10岁左右，这是自我意识发展的第二次关键期，第一次在两三岁，第三次在青春期。你会感觉这个时期的孩子突然变得"不听话"了，冲突比较激烈，到了四年级又会好一点儿。到了小学高年级，部分儿童逐渐开始出现第二性征，性别意识进一步强化，关注男女差异；理智感增强，逐渐有了自己的想法，判断力开始理智地发展，对成人尤其是老师的批判精神开始萌生，对各种事物都怀有极强的好奇心和求知欲，带着开放、探究的心态显示出他们广泛的爱好。

看，如果父母能理解孩子的这些内心世界和他们的变化，就不会觉得孩子的这些行为令人费解、"无聊"和"徒劳"了。

理念转变三：成长需要充足的心理营养

孩子就像玫瑰花蕾，有不同的花期。最后开的花，与最早开的花一样美丽。孩子"开花"的过程中，父母需要做什么呢？植物需要"阳光、水和空气"这些养分，而人需要"心理营养"，就像著名的心理学家马斯洛提出的“人的需求层次”一样，一个孩子的成长所需的心理营养每个阶段也不同。如果年幼的孩子没有得到心理营养，那么他（她）的一生都会寻寻觅觅、状态百出，直到寻满那些曾经缺失的心理营养。

第一种心理营养：无条件的接纳。0~3 个月，孩子刚出生不久，他（她）需要的第一种营养叫作“无条件的接纳”。刚刚出生的孩子非常脆弱，需要爸爸妈妈能够无条件地接纳他（她）。“你不知道以后我会不会孝顺，你也看不出来我好不好看，你更不知道我乖不乖。但是，你会无条件地来爱我，即使你什么都不知道！”

第二种心理营养：生命至重。“在你的生命中，我最重要，我是 No. 1。”妈妈在生完孩子以后，会分泌一种叫本体胺的物质，促使妈妈心甘情愿地为孩子提供一切。生理上提供乳汁，心理上提供无条件的爱。在妈妈的眼里，孩子一定是最美、最完美的，没有任何事情比孩子更重要。如果在孩子出生 3 个月内，或更长久的成长过程中，父母经常吵架、打架，两个人的精力都消耗在争吵里，那么他们就没有办法照顾孩子。这样的话，孩子就会在成长过程中找一个替代父母的人——重要他人。从这个人身上，孩子希望得到无条件的接纳，希望成为这个人生命里最重要的人。身边缺少重要他人的孩子，少年时期可能会早恋。孩子一生中会不停地寻找这个人，他（她）会期望对方把他（她）看成生命中最重要的人，如果找不到，就会带着这个期待长大成人，带着这个期待结婚。结婚后，他（她）还会一直询问：“在你的生命中，我到底排第几？”不停地寻找一个答案，会导致他（她）在人际交往中碰到很多问题，甚至影响学习、工作，这会成为他（她）的缺失。

第三种心理营养：安全感。孩子本来是跟妈妈相连在一起的，刚出生时经历的是身体上的分离，从 4 个月起，开始经历在心理上与妈妈、爸爸“剪断脐带”的过程。孩子想要分离，想要成为一个独立的人，可又不能真正做到，因此他（她）很挣扎，而此时孩子最需要的心理营养就是安全感。获得安全感，其实是在为分离做准备。首先，爸爸妈妈的关系要融洽、稳定、安全。爸爸妈妈的夫妻关系好，孩子就会很开心，因为孩子的世界很简单，父母就是他（她）全部的世界。如果父母经常吵架，总是互相指责，孩子就会害怕，没有安全感。当他（她）有害怕情绪时，不知道如何应对，只能用许多古怪的行为来处理。所以，我们能给孩子的最好的东西，不是物质，而是父母亲相互间的良好关系。另外，妈妈不能太过焦虑，过于焦虑的妈妈对孩子很难放手。我们常认为自己为孩子做的就是最好的事情，因此会要求孩子做这个、不做那个，而实际上，我们需要做的只是坐在孩子一旁，让孩子根据自己的需要索取成长的养分。当孩子跑回我们身边，要妈妈抱抱的时候，抱起他（她）。抱了一下，你会发现，他（她）有安全感了就要下来，那你就放他（她）下来，让他（她）自己去玩，不要打扰。顺其自然，当孩子得到了安全感，他（她）会尝试分离一点儿，安全感更多一点儿，就再分离一点儿。总之，安全感吸收得越多，越容易分离，这是孩子心理的自然过程。对孩子来说，“温和而坚持”的妈妈是最合适的。温和指的是态度；坚持指的是要让孩子明白规则的界限，明白他（她）要为自己负责。

第四种心理营养：肯定、认同、赞美。当孩子进入四五岁这个阶段，有了“我”这个意识的时候，他（她）非常需要的心理营养是肯定、赞美、认同。如果说在安全感的给予方面，妈妈比爸爸更重要的话，那么在肯定和认同这个部分，爸爸的重要性要大过妈妈。如果爸爸愿意认真地对孩子说：“孩子，我很喜欢你，我非常高兴你是我的孩子。”那这句话孩子会记在心里，开心一辈子。如果爸爸愿意去欣赏孩子并且用语言和行动表达出来，孩子会认为“我爸爸妈妈认为我很好，我爸爸妈妈觉得我很可爱”，他（她）就会充满自信。当孩子有自信，认为自己有价值时，他（她）就会有一个新的“我”，并且明白“我是谁”，然后有信心去面对自己的人生，面对人生中的各种问题、难题。所以，请爸爸一定要这样做！愿意肯定孩子，向孩子表达：“我很喜欢你，你很棒！”得到了爸爸的肯定，女孩子会觉得她是一个很好的女孩，作为一个女性她是很好的；而男孩子，同样会觉得男性角色是很好的，他是一个很好的男孩。也就是说，在性别的认同上，父亲的作用更大。

第五种心理营养：学习、认知、模范。6~7 岁的孩子，特别需要的心理营养是“学习、认知、模范”。这个时期，需要有个人能做孩子的模范。这个模范可以帮助他（她）解决：碰到问题时，我怎么办？如果心情不好，我怎么办？与别人的意见不同，我怎么办？孩子需要学习如何管理自己的情绪，如何处理生活中的问题，而这份学习来源于一个模范。

第六种心理营养：选择的自由。随着年龄的增长，孩子迫切地想要自己主宰自己的一切事情，并且希望得到父母的支持。这个阶段，父母不能勉强孩子再像过去一样听话，给个建议、讲个道理可能孩子也不听了。因为这个阶段孩子开始拼命地争主权，要选择的自由。“你决定！It’s up to you！”爸爸妈妈们可以给个范围让孩子自己做出选择。这样既没有偏离父母想要的，也给了孩子选择的自由。平时可以放手让孩子做一些可以自己选择的练习，还要遵循一点：非请莫帮，请了必帮！如果孩子在成长过程中和你意见不符，你可以对他（她）说：“也许你是对的，我只是建议，决定权在你。”即使有失败的风险，也是成长在为他（她）创造机会，让他（她）学会为自己负责。这样的教育氛围会让他（她）越来越会多角度思考问题。这一阶段如果“选择的自由”这种心理营养没有得到满足，孩子就会很叛逆，甚至会用生命去对抗，后果会不堪设想。父母不给孩子选择的自由，孩子会把父母排斥在心门之外，沟通的桥梁就断了，这非常严重。

心理营养，能早点给予最好。但是，即便没有从一开始就给孩子，也不存在晚不晚的问题，只要你意识到、发现了，什么时候开始都可以。不管有没有出现问题，作为父母，一了解就要立刻行动。如果因为缺失太多而导致出现问题的话，先要处理的一定是爸爸和妈妈之间的关系，或者是妈妈爸爸与孩子的关系。你要给他（她）称赞、肯定，告诉他（她）"你很重要"，愿意倾听他（她）说话，在他（她）出现心理需求的时候，要满足他（她）。

各位家长学员，了解自己的孩子，理解他们的成长过程，就从今天开始。

主题四：彼此相爱，智慧相处

思维导图导学

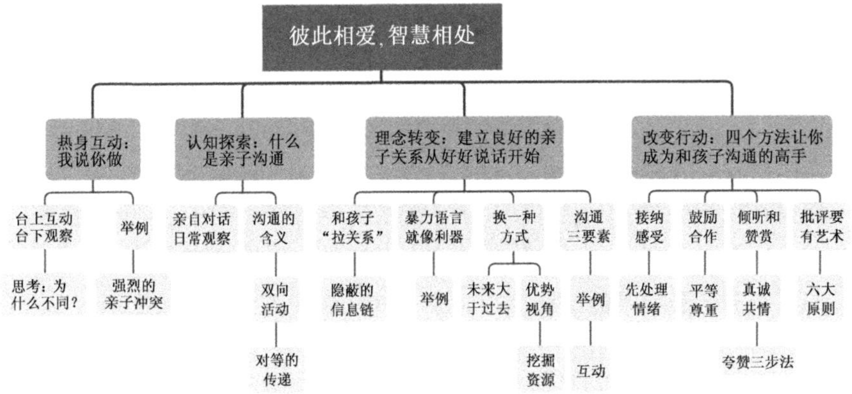

热身互动：我说你做

在今天开讲之前，我想邀请5位家长上台和我现场做个小互动——我说你做，其他人做观察员，结束以后把你们看到的和想到的分享讨论。我给台上的家长每人一张纸，做这个互动的时候，你们要全程闭上眼睛，不能向我提问，不能问同伴，我说什么你们就做什么。请听好要求：将这张纸对折两次，在一个角上撕下一个三角形，然后再对折一次，在另一个角上撕下一个正方形。大家睁开眼睛，看一看结果。我想提两个问题：（1）为什么这些家长跟我做的结果有这么大的区别呢？（2）如果想跟我做的结果拉近相似度，可以怎么办？（台上、台下互动）是的，因为做游戏的时候只是我单方面的要求，刚才台上的家长只能听我说，即使心里有疑问，也没法提问，所以结果和我的相差很远。

那么把刚才的活动放在我们和孩子之间的互动上呢？是不是很多情况下，也是这样的结果：你要孩子这样做，孩子却是那样做，怎么结果跟自己想的不一样，甚至大相径庭？问一个貌似很傻的问题：你们爱自己的孩子吗？大家一定异口同声说“是的”。我也相信是的。很多年以前，我给一个初二的男生做心理咨询，他说的一句话至今我都记忆犹新：“我妈妈说的都是错的，对的也是错的！”一个看似逻辑上的错句却折射出亲子关系的强烈冲突。我也相信：做父母的不会“刻意”伤害自己的孩子。如果父母在教养孩子的过程中给孩子造成了创伤，父母常常是无心的，因为他们不知道那会造成什么样的创伤。溺爱、忽略、控制、不尊重……爱得如此失当都不自知，因为他们只是以自己的“无意识”为主导在教养孩子。可是父母爱孩子，怎么还会上升到争吵、激烈的冲突，甚至发生极端的事件呢？今天我们就走进亲子关系的话题，来讨论“好的亲子关系需要怎么培养”。

认知探索：什么是亲子沟通

“要好好学习……”“要认真听讲……”“上课别走神、别搞小动作……”“记得多喝水……”或者是“作业写完了吗？”“今天考试没有？”……这是我每次经过校门口听到的大多数家长的嘱咐和询问。那么我们的孩子通常又是怎么回应的呢？“别说了，我知道了。”“知道啦，知道啦！”“唉，又来了……”“真唠叨！”“嗯……”又或者家长会这样说：“你怎么这么懒啊！”“你就不能让我省省心？”“你别老玩电脑，好好学习！”“你的任务就是学习！”“好好学习，别老惦记着玩，将来考上大学我就不管你了！”这些话都是平时跟孩子说话的时候不自觉冒出来的，家长自己说的时候也许没感觉，现在我列出来让大家看，你看到了什么？是的，都是家长们在说，孩子回应很少，甚至不回应。所以，我们根本不是在跟孩子沟通，而是在单方面说教，长此以往，如何能建立良好、亲密的亲子关系呢？

什么是沟通？两个人面对面在同一件事情上进行交流，"感觉输入、想法、身体回应、情感，包括语言"这些方面都是对等的传递，所以当你在说"我一切都是为了他好"的时候，他接受到你的好意了吗？当你说"不许这样""不许那样"的时候，孩子明不明白到底要怎样？沟通一定是双方共同参与的，为什么在亲子关系里很难做到沟通，就是因为父母和孩子之间的关系不平等。寒假的时候，镇江市设立了网上心理热线，轮到我值班那天，一个初三孩子的家长打电话咨询，聊了一会儿之后，她想让儿子来跟我聊一聊。我刚说了句"那要事先征得孩子的同意"，也不知道这位妈妈有没有听到我的建议，估计心里也着急，就听她对儿子喊："快，快过来，老师要跟你讲话……"电话这头的我不禁顿悟，难怪抱怨孩子不听话呢，这样"吆喝"一个初三的男孩啊。但没想到，这个孩子居然接了电话……我顿时觉得有点儿"受宠若惊"，原先都做好被"拒绝"的准备了。在接近一个小时的对话中，相对于妈妈的描述，这个孩子给我完全不同的感觉，仿佛是两个不同的人。最后，我让孩子把电话交还给他的妈妈，并对这位妈妈反馈了我的真实感受：我觉得她刚刚的语气不像是在对一个初三的孩子说话，而像是在对一个很小的孩子说话。我也希望这个反馈能给这位母亲一些思考。家长站在什么角度跟孩子说话，就会选择什么样的语气和态度。

理念转变：建立良好的亲子关系从好好说话开始

在保持良好亲子关系基础上的教育才有意义，才容易达成效果。管孩子，先要和他"拉关系"。如果发现孩子有问题，就先改善关系。改善关系不是去讨好孩子，不是一味地认同他，要明确建立一种良好的亲子关系和妥协、容忍是两回事。孩子的很多问题都是对父母的一种愤怒，大多数是对父母和自己的亲密关系不满意，所以他（她）会逆反，比如家长让他们好好读书，但越说越不读。所以，只有家长和孩子结成彼此非常信赖的共情关系，家长的引导才会顺利地实现。我们和孩子的亲密关系是一条隐蔽的信息链，虽然不能直接用肉眼看见，却很重要。比如我们在单位向领导汇报工作，内心里是期待领导对自己的肯定的，亲子教育也是如此。

有些家长和孩子之间的关系比较“纠缠”，风平浪静的时候“父慈子孝”，一旦遇到压力事件——孩子犯错误、考试没考好等——家里便会“鸡飞狗跳”。这样的不良互动模式也对亲子关系不利。有的家长说：“我就是急脾气，发完脾气就好了！”可是这带来的负面影响就是：第一，孩子从小耳濡目染。第二，你的情绪失控下的“口无遮拦”伤了孩子，自己却不知道。俗话说：说者无心，听者有意。也许就是急起来的随口一说，却像一把刀刺在孩子的心上，那么痛。有一次，我在给初中的孩子上心理课，有个小姑娘站起来分享让她印象深刻的一次与父母之间的冲突，说着说着就哭起来：“爸爸叫我滚，以后别回来了，我都不知道他为什么发这么大脾气！”有个短片，可以很直观地看到“暴力语言就像利器”伤害着孩子，其实也伤害了你自己。大家看了以后，有什么感触呢？（互动）

建立良好的亲子关系从好好说话开始！你认为自己处在不冷静的状态，不妨按个暂停键，心理暗示自己：发脾气伤和气。当问题来临的时候，我们需要的是跟孩子一起面对，帮助或引导他（她）去解决，而不是责怪和放任。以“孩子一次考试没考好为例”。一种方式：家长问孩子“为什么没考好”，要他说明原因。孩子说什么呢？找不到铅笔、橡皮？同桌打扰我？这样的方式给人体验到的是困难、抱怨与借口，这时候负面情绪就来了，委屈、懊恼、没信心、没希望、没价值，目标指向过去。另一种方式：家长问孩子“怎样才能考得更好”。大家来体验这句话听了以后的感觉，我们再共同找方法。你是可以改变的，是有希望的，目标指向未来。所以，我们跟孩子交流沟通不应该纠结过去怎么会这样，而应该放眼将来我们可以怎样。即使孩子在犯错，我们仍然可以帮助孩子找根源。

沟通有三要素：情境、他人和自己。事情发生了，那就立于当下，就事说事，家长不要总"跳戏"，把过去的事情掺和进来，孩子会阻抗，沟通会受阻；倾听对方说什么，尝试站在他（她）的角度；表达自己的想法，尊重自我的感受。举一个妈妈与五年级的女儿沟通的实例，看看有什么值得我们学习的地方。"今天老师发来短信说孩子被留班了，我心里有点儿七上八下，不知道她犯了什么错。从一年级到现在，这是第一次呢！我到点去接她，正好今天降温，就顺道给她带了一件外套御寒，寒风中的等待让我有些恼火。接到她之前我已经大概知道了情况：排队进操场不守纪律，跟同排男生打闹，互相'摸脸'。也不知道老师所说的'摸脸'是什么意思，互相打脸吗？应该不重，到底是干什么呢？我心中有疑惑，同时也更生气了。终于等到她了，我以为她出来必定垂头丧气，等我安慰两句。没想到她一出来是一副'英雄就义'的样子，头昂得高高的。'哟！'我心想，'我还没生气，你倒先挑刺儿了。'不过，校门口有那么多家长和同学，我也不想多说什么。于是我对她说：'现在降温了，给你捎了一件衣服，先穿上。'这句话一说，让我捕捉到她一个微表情：一直逃避我眼光的她看了我一眼。是不是有什么话想说呢？她一路坐在我电瓶车后面，一改以往叽叽喳喳的常态，我们都沉默了一路。到了家楼下，我准备把车停到车库，她就直接上楼了。还是我忍不住问她：'你就没什么话对妈妈讲吗？''有什么好讲的呢，老师不是已经跟你告过状了嘛！'随即她无精打采地上了楼。原来，那副'视死如归'的样子就是装作满不在乎挣个脸而已。我真是又好气又好笑。'老师是告诉我了，但是说得并不具体，妈妈想先听听从你的角度是怎么看这件事的。'话音刚落，她的眼睛就亮了。'妈妈，你知道吗？今天张××跟我说，我们人的身体在阳光下会产生静电，打得特别疼，我好奇，排队上操的时候我们就用手在裤子上猛搓，然后我把手放在他脸上看看他会不会触电。’‘有什么发现吗?’我心里面在笑，原来‘摸脸’是这么回事，幸亏当时没跟她发火。‘摩擦以后不是都产生静电的，不过被电到确实有点儿疼，就像被虫子咬了一口!’‘其实这个静电现象到了初中的物理课上会学到，到时候你可要认真听哦!’”大家觉得这位妈妈在孩子犯错的时候采取了哪些值得我们借鉴的方式?（互动）

你们认为这件事情处理完了吗?我们接着看。“‘妈妈现在知道了原因，可是你知道老师留你下来的原因吗?你觉得自己有做错的地方吗?’我们就在这样的氛围中继续往下聊。‘知道，因为我不该在大家排队的时候不守纪律!’看得出这时候她知道自己错在哪儿了。于是我补充：‘是啊，你们因好奇去探究是没错，但是场合不对啊，如果个个都像你俩这样，那班级不是乱套了嘛！以后再遇到这类事情，你会怎么办?’‘等下课，或者自由活动的时间呗!’……‘其实妈妈当时听到你被留班，心里挺生气的，更生气的是你走出校门的时候对我的态度。’‘妈妈，我知道了，对不起!’从跟孩子沟通的这件事，我体悟到：‘我以为’的并不一定是事情的真相，其实我在跟她沟通的同时也是在了解自己的孩子。”

怎么样，这样的亲子沟通过程是不是让人如沐春风?孩子不但感受到了妈妈的支持和理解，还认识到自己的不当之处；在“讨论违反学校纪律的事件中”，妈妈认真倾听了孩子的话，同时也表达了自己的感受。如果孩子们多经历这样的家庭教育，在安全、信任的氛围里成长，岂不美哉!

改变行动：四个方法让你成为和孩子沟通的高手

在座的各位家长学员，从今天起，我们一起行动起来努力成为和孩子沟通的“高手家长”吧。我们来结合例子练一练这四招。

第一招：接纳感受。“知乎”上有个很热门的话题：如果要评选出一份“最令人讨厌的沟通方式”榜单，你会怎么选?结果，“讲道理”列为榜首，我们在第二课也讲到了，这种压力来临下的应对方式叫“超理智”。在生活中很多人喜欢讲道理、论对错，明明一个拥抱就能解决的问题，偏偏要上演一场“口水大战”。即使犯错的是孩子，他（她）也是有情绪反应的。当大家都掉在负面情绪里时，要做的第一件事情就是处理情绪，而不是事情，要让负面情绪尽快平复下来或者倾诉出来。你想：人家难过、害怕、委屈的时候，有人一个劲儿问：“你错了没？哪儿错了？错了还不承认……”你什么感受呢？有人说，亲密关系间共情的重要性在于“只有从你这里得到足够的心灵力量，我才有余力，整理好情绪，去面对外界更多的风雨”。对错要论，但要放在爱和共情的后面。

第二招：鼓励合作。在共同建立的亲密关系里，你需要的是盟友、队友而不是敌人。要想让孩子“听”你的，前提是要尊重他。这应该是一个刻在骨子里的“理念”。只有我们的观念里自己不是那个供你吃、供你穿、供你上学、养育着你的“施恩者”，我们和孩子的关系才是平等的。换位思考，难道将来我们老了，孩子照顾我们的时候，他们也要成为“施恩者”或“报恩者”吗？我们应该努力把和孩子的关系变为一种合作共赢的关系，他（她）有需要我们来帮助他（她），当然我们有需要也可以请他（她）帮忙，让他（她）觉得被尊重、被需要、被认可。

第三招：倾听和赞赏。大多数家长做不到倾听，甚至连听都不耐烦。孩子刚说两句，你就认为是找理由，或者想找你聊天，你心里想的是他的学习任务。倾听孩子，需要你放下自己的一些事情，全身心地陪伴和共情，这对我们家长来说还是很不容易的，毕竟我们在这个社会上负担得也很多。在那个你无法倾听孩子诉说的当下，你要坦诚地告诉他（她）你此刻的状态，让他（她）感受到你的真诚，这会促进你们之间的亲子关系；相反，如果你强迫自己去听孩子说，而你的身体语言却是敷衍的、无奈的，孩子也能感受到。你换位思考这样的感受，舒服吗？孩子小时候兴冲冲地过来告诉你：“爸爸（妈妈），今天老师表扬我坐得特别端正！”家长们应该怎么跟孩子沟通，帮助他提升能力？“嗯，不错！”“真不错！”“你太棒了！”“继续努力！”……是这样吧？这些夸奖的结果是什么呢？就像没有营养的快餐，太不走心了，更对孩子没什么促进。孩子小的时候听你这么一说，还能乐呵一会儿，毕竟能得到父母的夸奖，心里美滋滋的，可是久而久之，就没劲儿了，甚至不需要了，因为没有动力，满足不了他们了。那么，如何用夸赞激发孩子的内在动力呢？教大家称赞三部曲：第一步，把你听到看到的情境描述给他听（内容反应）；第二步，说出你此时的感受（情感反应）；第三步，总结他是个什么样的孩子（向好）。这样的夸奖有内容、有营养、有感情，可以不断让孩子感受到自己的能力和潜能。另外，夸孩子不应该是无中生有，而应该是放大优点，如果明明没有却说有，孩子会感到你的虚伪。

第四招：批评要有艺术。适当的批评和惩罚是必要的，但仍然有讲究。什么样的批评能让孩子听进去？家长们把握几个原则：（1）用严肃的表情替代声嘶力竭的喊叫。你要让他（她）知道事情的严重性，但更重要的是要将孩子的注意力集中到事情上，而不是将他的注意力转移到恐惧和对你的阻抗上。（2）立于当下，就事论事，不翻旧账。前面说过沟通的三大要素，情境非常重要，脱离了当下的情境，扯到以前的事情上，沟通就不会成功，批评还能管用吗？（3）一个孩子的专注力是有有效时间的，喋喋不休、没有重点，会失去你解决问题的核心。（4）统一标准。衡量错误的尺度要统一，家长不能随着心情好坏随意认为是对是错，孩子越大，你越难占住理。（5）不给孩子贴负面标签。要让孩子知道是自己做的事情不对，而不是他这个人被讨厌，批评他和爱他也是两回事。（6）不在大庭广众之下批评孩子。通常犯错的人都会产生羞愧心理，孩子也不例外。给孩子留面子，保护好他的尊严，才能培养他自尊自爱的意识。

好了，各位家长学员，学会和孩子沟通就从今天开始，把夸赞、批评的策略和方法用起来，一个月以后，你会发现孩子的不一样。

学习引导

主题五：良好习惯缔造健康人格

思维导图导学

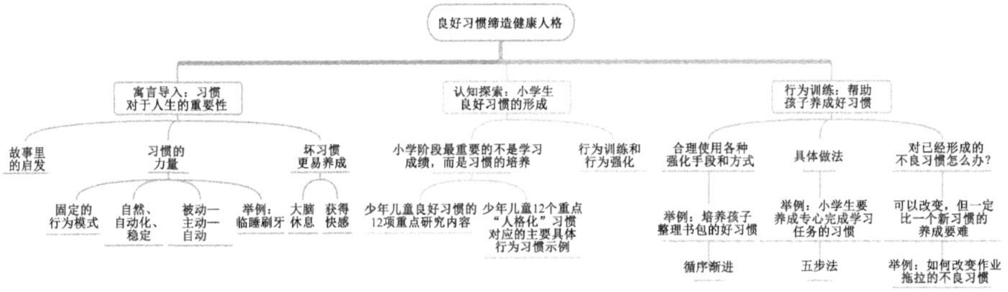

寓言导入：习惯对于人生的重要性

在今天开讲前，我给大家讲一个寓言故事："一位富豪没有继承人，他死前立遗嘱要把自己的遗产赠送给一个常年靠乞讨为生的远房亲戚。这个乞丐亲戚接受遗产后瞬间变成了百万富翁，身价暴涨。记者闻风而来采访他：'你太幸运了！继承了这一大笔遗产后，你最想做的第一件事是什么？'乞丐亲戚回答说：'我要买一只好一点的碗和一根结实的木棍，这样我以后出去讨饭时方便一些。'"大家从这个故事里看到了什么呢？（互动）

可见习惯的力量是多么强大、多么可怕！一旦养成一种习惯，就会被习惯左右，甚至主宰你的人生。有这么一幅图：一根小小的柱子，一截细细的链子，拴得住一头千斤重的大象，这不荒谬吗？可这样的场景在印度和泰国随处可见。那些驯象人，在大象还是小象的时候，就用一条铁链将它绑在水泥柱或钢柱上，无论小象怎么挣扎都无法挣脱。小象渐渐地习惯了不挣扎，直到长成了大象，可以轻而易举地挣脱链子时，也不挣扎。驯虎人本来也像驯象人一样成功，他让小虎从小吃素，直到小虎长大。老虎不知肉味，自然不会伤人。驯虎人的致命错误在于他摔了跤之后让老虎舔净他流在地上的血，老虎一舔不可收，最终将驯虎人吃了。小象是被链子绑住，而大象则是被习惯绑住。老虎曾经被习惯绑住，而驯虎人则死于习惯（他已经习惯于他的老虎不吃人）。习惯几乎可以绑住一切，只是不能绑住偶然，比如那只偶然尝了鲜血的老虎。

习惯是一种相对固定的行为模式，可以说是一种条件反射，是个体受后天环境影响和教育的结果，是自然的反应倾向、自动化的动作和稳定的行为方式，就像烙在你身上的一个部分。一个人形成一个行为习惯的过程基本分为三个阶段：被动—主动—自动。比如：晚上临睡前刷牙这个生活习惯是怎么养成的呢？小时候是靠家长天天提醒，这属于被动习惯；一段时间以后（这个时间有长有短，视具体情况而定，也许半年，也许三五年），不需要家长提醒了，孩子能主动在临睡前去刷牙，这就是主动习惯；再过一段日子，孩子长大一点儿，一到睡觉，不管多累、多困都会先刷牙再睡觉，甚至不刷还难受，这就成了自动习惯，这才是真正习惯的养成。睡前刷牙这个习惯能帮助我们保洁、强健牙齿，防止其在夜间受到细菌的侵害，因此养成的是生活上的好习惯。

洛克菲勒曾说过："习惯有如绳索，我们每天纺织一根绳索，最后它粗大得无法折断。……坏习惯能摆布我们、左右成败，它很容易养成，但却很难伺候。"坏习惯会产生连锁反应，滋生出下一个坏习惯。如此恶性循环，不但生活节奏被打乱，健康被剥夺，时间被浪费，自信心受打击，幸福感也会下降，所以对于坏习惯我们不能放任不管。有人会说：我们身上似乎坏习惯更容易形成，而好习惯的养成却要花好多精力，甚至需要刻意培养。习惯之所以出现，是因为大脑在寻找省力的办法，以获得更多的休息。坏习惯需要消耗的心智极少，能在短时间内获得快感。为了获得眼前的快感，很多人无法戒掉坏习惯。而我们的大脑在获得快感时，会分泌一种叫多巴胺的物质，它会粉碎我们的理性和意志。多巴胺是一种神经传导物质，它传递兴奋及开心的信息。比如有人吃甜食成瘾，有人沉迷游戏无法自拔，有人贪恋酒精麻醉，等等，这些行为都和多巴胺有关联。那么我们家长在孩子坏习惯的形成中扮演什么角色呢？一位父亲习惯在每天工作之前，到酒馆里喝上一杯酒。在一个大雪纷飞的早晨，他依然在吻别了妻儿后又径直走向酒馆。没有走多远，他感觉有人跟在他的后面，当他转身时，发现他不满 8 岁的儿子正踩着他留在雪地上的脚印，并且兴奋地说："爸爸，你看，我正踩着你的脚印！"孩子的话使他为之一振，心想："我要到酒馆喝酒，儿子却在跟随我的脚印！"从那天起，他改掉了每日早晨喝酒的坏习惯，再也不光顾酒馆了。

认知探索：小学生良好习惯的形成

了解了这些关于习惯的基础知识以后，我们明白了习惯对于一个人的重要性。人生是无数习惯的总和，真正改变你人生的不是道理，而是习惯。学生阶段是良好习惯形成的关键期，是人成长的起步阶段，也是人基础素质形成的开始阶段。小学阶段最重要的不是学习成绩，而是习惯的培养。有的孩子虽然很聪明，但成绩就是忽好忽坏，往往是缺乏良好的习惯。尤其是新入学的学生，更应该注重习惯培养，以利于为未来的生活和学习打好基础，为将来的发展打好底色。

那么小学生需养成的好习惯有哪些呢？我们来看一看下面的表格。这是中国青少年研究中心习惯研究课题组提出的当前少年儿童良好行为习惯培养的主要内容（表 2、表 3）。

表 2　少年儿童良好习惯的 12 项重点研究内容

三大方面	重点指标	人格特征
做人	真诚待人	真爱
	诚实守信	诚信
	认真负责	责任心
	自信自强	乐观
做事	遵守规则	规则意识
	讲究效率	效率意识
	友善合作	合作
	合理消费	勤俭节约
学习	主动学习	自我能动性
	独立思考	独立
	学用结合	勇于实践
	总结反思	勤于创新

表 3　少年儿童 12 个重点“人格化”习惯对应的主要具体行为习惯示例

序号	12 个重点指标	主要行为习惯示例
1	真诚待人	礼貌待人（礼貌用语、基本礼仪和礼节等），孝敬父母（理解、尊重、关心），尊敬师长，与伙伴或同学真诚相待
2	诚实守信	说话算数，不说谎话，对别人交代的事情不敷衍了事，自己做错了事情主动承认，借了别人的东西及时归还
3	认真负责	自己能做的事情自己做，答应的事情认真做，敢于承担责任，学习认真（听讲、作业等）

续表

序号	12 个重点指标	主要行为习惯示例
4	自信自强	情绪饱满乐观，坚持体育锻炼，穿戴整洁，讲究个人卫生，敢于竞争和参与，面对困难和挫折不退缩
5	遵守规则	遵守家规、遵守课堂纪律、遵守班级纪律、遵守校规、遵守交通秩序、公共场合不打闹嬉戏、看比赛和演出时文明有序
6	讲究效率	做事有计划、讲究方法、珍惜时间、善于自我管理
7	友善合作	不打人骂人、不歧视同学、不随便给别人起绰号、善于交往、关心班集体
8	合理消费	爱惜个人用品、吃穿不浪费、不乱花钱、节约水电等资源
9	主动学习	学习有计划、求知有方法、学习时间有保证、课余生活有安排
10	独立思考	勤于动脑、敢于提问和质疑、主动与人讨论、大胆想象和联想
11	学用结合	动手操作、参与劳动、仔细观察、注重体验
12	总结反思	及时总结、整理知识、勤于反思、处理信息

教育的核心是培养健康的人格，而习惯养成是培养健康人格的重要途径，也就是说良好习惯缔造健康人格。习惯的培养主要通过行为训练和行为强化来进行。我们可以把孩子从出生需要获得的能力或者技能看作一个个练习，如果一个孩子在最初开始这些练习的时候所看到的、学到的都不正确，就会在不知不觉中形成坏习惯，一系列的恶性循环就会发生，这是很多家长“痛苦”又无计可施的根源，同时会带来情绪管理上、亲子关系上的困惑。

行为训练：帮助孩子养成好习惯

少年儿童年龄尚小，可塑性很强，有明确目标的教育训练对其养成良好的行为习惯是很有必要的。合理使用各种强化手段和方式，是良好行为习惯培养的基本方法。举个例子：培养孩子整理书包的好习惯，家长不能只口头上提要求，得让他（她）很明确地知道该怎么做。首先可以帮助孩子制定一个目标：在一周内要学会整理自己的书包，不要家长帮忙。然后教他（她）如何整理书包，每一层可以放什么。每个人有每个人的习惯，只要合理有序就行了，要让孩子感觉到自主和自己选择的价值。等他（她）会做了，就每天练习，直到形成习惯。在练习过程中，家长要时刻鼓励和赞赏，让孩子越来越有信心做好这件事。学习也是一样，做作业需要养成什么习惯？我们自己要目标明确，对孩子加以训练，千万不能做“口头军师”、提提要求，孩子做不好就骂一顿，犯错了就打一顿，这样会让他害怕或想办法逃避惩罚，离好习惯的养成只能越来越远。还有，良好习惯的养成不是一蹴而就的，而是循序渐进的过程，不同年龄段的要求不一样，切不可随意拔高要求，也不能要求面面俱到。其实很多习惯之间有着千丝万缕的联系，只要坚持做到三五条好习惯，就一定会对综合能力的培养有帮助，所以家长们现在首先就要思考我的孩子要养成哪些重要习惯，从而带动其他好习惯的养成；其次要考虑平时怎样做才能促进好习惯的养成。

我们以“小学生要养成专心完成学习任务的习惯”为例，讲讲具体做法。

第一步：提高认识（为谁而学习）。可以找个适当的机会，跟孩子聊聊“为谁而学”。当然孩子一定会说“为自己”。没结束呢，会跟孩子聊天是咱们当爸妈的基本功，别把聊天变成单方面的说教，学会倾听孩子才是关键，听听他是怎么理解的。做这一步的时候要避免“唠叨和说教”。

（互动：你认为你的孩子要养成这样的习惯需要做到哪些？列三四条可以做到的）

第二步：明确行为规范。和孩子一起制订一份养成"专心学习"的习惯切实可行的计划，包括时间上的控制、行为上的约束、正确率的提高、作业的检查、奖惩措施等，然后写在契约上。

第三步：发挥榜样作用。找出身边的榜样来模仿，家长以身作则就更好了。这一步家长们特别要注意的是：切莫说一些伤人自尊的、拿别人家的孩子进行比较的话！

第四步：进行坚持不懈的行为训练。每天坚持这样做，一定会看到效果。有些家长学员私下会问我：老师，养成一种习惯大概要多久呢？我的回答是"长期坚持，不管多久"。我们所看到的"21天养成习惯"的，那都是"广告"，要想成为一个人的"印记"，就要长期坚持。我们可以和孩子一起商量一份行为训练计划（简单易操作），随着年龄的增长决定难易程度，达成一个目标后再调整难度。

第五步：及时评估和奖惩。这时候，家庭成员的支持是非常重要的，鼓励是首选，适当惩罚也有必要。对低年龄段的孩子可以尝试用"代币法"。什么是代币法？积分换奖品就是代币法。游戏为什么有趣？奖品不重要，认可和价值感才是重点。可以把奖品换成孩子最想做的一件事，制定在契约里。惩罚也是，可以用负强化法，当违反契约的时候拿掉他（她）的一个强化刺激物。比如：达成目标可以去游乐场，这是他（她）一心想去的地方，可是因为自己的意志不坚定失掉了这个机会，则作为惩罚。用"负强化"作为惩罚有两点要注意：第一点，我们的最终目的是促进孩子好习惯的养成，家长应该帮助孩子完成目标，所以惩罚不是目的，要求不宜定太高，树立解决困难、战胜挫折的信心更重要；第二点，一定要事先跟孩子商量好，不是家长说什么都凭自己高兴和一时兴起，这样很不尊重孩子。

已经形成的不良习惯怎么办？听到这里，一定有家长朋友会懊悔：怎么没早知道这些，现在孩子已经形成了一些坏习惯，怎么改呢？心理学家乌申斯基说："神经体不仅可以有天赋的反射，而且在活动的影响下也有掌握新的反射的能力。"坏习惯可以改变，但一定比一个新习惯的养成要难，所以，你对孩子的信任和耐心很重要哦。我们举个实例：如何改变做作业拖拉的不良习惯。

张晓是小学四年级的学生，他有个很不好的习惯让妈妈伤透了脑筋——做作业拖拉。明明是快则半个小时、慢则1个小时的功课，他每天都要写3个小时以上，每天都很迟才睡觉。老师说他其实反应很快，但是不专心，往往写几分钟就东张西望，提醒一下就好一点儿。为此，妈妈想了各种办法，专门抽时间陪他写作业。陪着的时候要好一点儿，可是只要妈妈一离开房间，他立刻我行我素。妈妈不能每天都专门陪，所以他的毛病一直没有改掉。张晓已经养成写作业不专心的习惯，要他写作业不起来走动、不东张西望实在不容易。儿童的不良行为，若是属于初犯，可以运用忽视、不直接做反应的方法来削弱。但事实上，真正初犯就被注意到的不良行为很少，多数是出现好多次以后才被发觉的。这些长期形成的行为，父母或老师发现的时候，已经相当顽固了。可是一般父母或老师往往忽略了这项关键因素，恨不得马上改善。因此，他们会把儿童所要改善不良行为的标准定得很高、很严格，这就容易造成双方对立的严峻形势。在面临此种情形时，运用区别强化的策略非常有效。在心理老师的指导下，张晓的妈妈开始采取习惯培养的措施。首先是观察，妈妈开始记录儿子到底是怎么写作业的，发现儿子写一个小时的作业，站起来上个厕所，不到10分钟站一回转两圈，然后又去厨房倒水，这样写作业能不磨蹭吗？于是妈妈对儿子说："妈妈相信你完全能够学习好，但是我刚才给你数了数，一个小时站了7回，是不是太多了？我看你写一个小时的作业站起来3回就差不多了吧。"儿子一愣，想不到妈妈挺宽容的，说3回就3回。妈妈继续说："如果你一个小时内站起来不超过3回，晚上6点钟播放的动画片可以多看（因为动画片对他有吸引力，儿子听了高兴得不得了）。"妈妈又说："先别开心，有奖必有罚，如果你一小时内写作业站起来超过了3回，当天晚上的电视就不能看，包括动画片。”达成协议后，就开始执行。结果5天下来，张晓有3天做到了，于是兴高采烈地看了动画片。但是有两天忘了，一到6点钟，他就急，因为不能看动画片，怎么央求妈妈也不能看。真正的教育是自我教育，真正的控制是自我控制。孩子就这样慢慢地改变了，一想到一个小时内只能站起来3回，就会慢慢地控制，并用争取晚上看动画片来激励自己。等他达到每小时离座不超过3次的标准时，妈妈再把标准依次提高到2次、1次。就这样，3个月后，张晓终于改掉了写作业拖拉的习惯。这个妈妈就是一个教子有方的好妈妈。从她的成功经验中，我们总结出改正坏习惯的基本法——加减法，也就是说，培养好习惯用加法，改正坏习惯用减法。如果想让孩子养成好习惯，就千方百计引导他坚持好的行为习惯，好的行为出现的次数越多，习惯养成越牢。我们可以借鉴这个做法，给孩子一个可以接受的过程，让他们慢慢地把坏习惯改掉而养成好习惯，或者说用好习惯代替坏习惯。这个例子告诉我们，要改掉一个坏习惯，需要用递减法和奖惩法。就是说，孩子的坏习惯，必然要有一个过程才能改掉，一般情况下，不能要求孩子一刀斩断，只要孩子的不良行为在减少，就应给予肯定甚至奖励。无论是养成一个好习惯还是改掉一个坏习惯，都需要及时评估，也就是要及时运用表扬、鼓励或者批评、惩罚等手段。

各位家长回去以后就操练起来，我想：有这些方法在手，再也不需要焦头烂额、大喊大叫了。

主题六：低年段儿童专注力的培养

思维导图导学

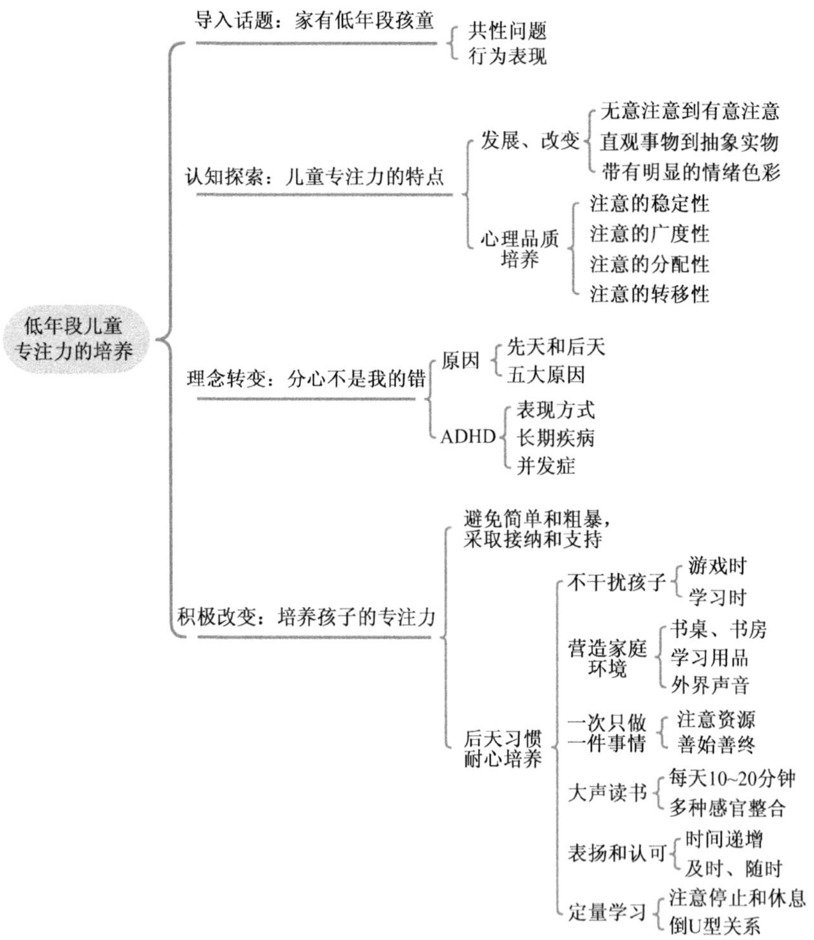

导入话题：家有低年段孩童

我曾经对一年级新生家长们做过一次问卷访谈和调查，发现大家说的烦恼很相似，在座的各位猜猜是什么？（互动）看来这真的是大家的心声。是的，一年级是孩子人生道路上的一个重要的转折点，活动环境、生活习惯上的变化，以及课业要求、内容的改变，让家长们有些喘不过气儿来，或多或少都会遇到一个共性问题：孩子在学习上的专注力。我们都知道专注力对于一个孩子学习的重要性，否则不会在发现自己的孩子在上课、写作业时分心、走神时便很紧张，在多次说教、纠正效果不明显之后，很焦虑很着急。在课程的第二个模块"了解孩子"的主题中，我也跟大家介绍了，孩子每个阶段的身心发展都有一定的规律，且在不断变化中，我们家长只要懂得遵循这些发展规律，并使用一些策略和方法，培养他（她）良好的注意力习惯，就会看到孩子的进步。

我们结合一些画面来看一看，低年级段儿童在学习时有哪些行为表现。

1. 上课不能专心听讲，易受环境干扰而分心。

2. 频繁地改变注意对象。

3. 做作业时不能全神贯注，家长描述为做做玩玩、粗心大意。

4. 对家长的指令心不在焉，似听非听。

5. 做事有始无终，常半途而废或虎头蛇尾。

6. 做作业拖拉，不断地以喝水、吃东西、小便等理由中断，做作业时间明显延长。

7. 凝视一处，走神、发呆、眼望老师，但脑子里不知想些什么。

8. 老师提问时常不知道提问的内容。

以上列举的，都是平时在教育中对孩子的观察，以及老师、家长的反馈，低年级段的孩子或多或少都会出现这些行为，有些经常发生，有些偶尔发生。但随着年龄的增长，加上教育者有意的训练，孩子们的专注力会越来越好的。

认知探索：儿童专注力的特点

专注力又称注意力，是智力的5个基本因素之一，是记忆力、观察力、想象力、思维力的准备状态，所以注意力被人们称为心灵的门户。研究表明：儿童的注意力是进行各种活动的必要条件，儿童没有对事物的注意，就没有对事物的认识。

首先，孩子的注意力不是静止不变的，而是一直在发展和变化的。注意力分为无意注意、有意注意和有意后注意。无意注意是没有预定的目的、不需要意志努力就能维持的注意。无意注意又叫不随意注意。你正在听讲，教室的门突然被人打开，你不由得看了一眼，这就是无意注意。强度大的、对比鲜明的、突然出现的、变化运动的、新颖的、自己感兴趣的、觉得有价值的刺激容易引起无意注意。有意注意是有预定的目的、需要付出一定意志努力才能维持的注意，又叫随意注意。上课认真听讲，下课专心读书，目不斜视，心不二用，这都是意志努力的结果。有意后注意是一种既有目的又无须意志努力的注意。比如：学骑自行车的时候，注意力非常集中，这是有意注意；学会骑自行车以后，作为交通工具天天要骑，慢慢地骑自行车成了熟练的技能，不需要多少注意骑自行车的动作就可以顺利进行下去，这时骑自行车就成了有意后注意。这就好比是对一件事情专注的习惯。

因此，低年级段小学生的注意力是由无意注意为主导逐渐向有意注意发展的。他们很容易被外界的声音、画面所干扰，对于学习还没有太多的理解和认识，只是在完成规定任务而已，而且大部分的孩子还是会以游戏为主，并没有真正地接受学习这项新的任务。这就会导致他们在课堂上注意力不集中，对学习没有一定的目的性。他们的注意对象由直观事物向抽象事物发展，而且他们的专注力带有明显的情绪色彩。所以，要保护低年级段孩子的学习兴趣，应多用有趣的语言、生动的表情来吸引他们的注意力。如果带着愉悦的心情去学习知识或者完成学习任务，能事半功倍哦！

其次，孩子的注意力培养不是一个孤立的心理过程，而是心理品质培养的过程。上课专心听讲，学习时集中注意力需要主动注意。注意包括 4 个品质：注意的稳定性、注意的广度性、注意的分配性和注意的转移性。注意的 4 个品质是随着孩子思维水平的成熟发展起来的。不同年龄、不同的后天学习将形成不同的注意力发展水平。小学生，尤其是 1~3 年级的孩子中常见的一些错误有：把 6 看成 9，把 d 看成 b，说明注意力的稳定发展水平还较低；一道练习题包含 6 个信息，孩子只抓了 5 个甚至 4 个，说明注意力的广度发展水平较低；题目做出来了，把答案抄在本子上却抄错了，说明注意力的分配发展水平不够；听课时老师已经讲了下一个新的内容，孩子还处在刚才有趣的事例中，说明注意力的转移发展水平还较低。有的孩子经常出错，原因就在于以上所举的 4 个品质的发展水平尚有不足，那么要改变这种现象，就应该致力于提高孩子注意力的发展水平，而不是做大量的题，以求熟练。还有，好多家长和老师觉得孩子坐不住、会分心，其实不同年龄段孩子专注力的时间持续程度也不一样，2~3 岁时专注时间为 10~12 分钟；5~6 岁时专注时间为 12~15 分钟；7~10 岁时专注时间为 20 分钟左右；10~12 岁时专注时间为 25 分钟左右；12 岁以上专注时间可以达到 30 分钟。无论是在课堂上还是在家里，孩子持续学习一段时间后，可以进行专注力训练，比如健脑操，有必要把他们准备"逃跑"的注意力给"抓"回来。因此，孩子学习时间过长反而会影响学习效率。

理念转变：分心不是我的错

我一直相信：没有一个孩子天生不想学习，不想学好，但是对于他们来说遇到的困难是不同的，每个孩子自身条件和成长轨迹不一样，学习对他们的挑战程度也不同。研究表明，影响孩子注意力的发展水平的原因有两个方面：先天因素和后天习惯。

1. 生理原因

孩子由于大脑发育不完善，神经系统兴奋和抑制过程发展不平衡，故而自制能力差。这是正常的，只要教养得法，随着年龄的增长，多数孩子能做到注意力集中。

2. 病理原因

儿童存在轻微脑组织损害、脑内神经递质代谢异常，另外，有听知觉或视知觉障碍的孩子也会被误以为充耳不闻、不注意听或视若无睹。这些情况需要得到专科医师指导下的治疗才能改善。

3. 环境原因

许多糖果、含咖啡因的饮料或掺有人工色素、防腐剂、添加剂的食物，会刺激孩子的情绪，影响其专注度。此外，学习环境混乱、嘈杂、干扰过多也会影响孩子的注意力。

4. 教育原因

① 父母教育态度是否一致？

② 是否太宠爱孩子，使孩子缺少行为规范？

③ 是否为孩子买过多的玩具或书籍？

④ 家庭生活步调是否太快令孩子不能适应？

⑤ 家里的活动是否太多，无法给孩子提供安静的环境？

⑥ 学习的过程中是否积累了不愉快的经验？例如孩子达不到老师、家长的要求，孩子注意力不好时大人给予负面强化等。

⑦ 孩子是否有情绪上的压力？家长是否过多地批评、数落孩子？

5. 心理原因

为了引起他人注意、得到关注，或者为了逃避父母给予的过重的负担，有些孩子会下意识地通过一些行为来达到目的。心理、学习压力过大，不良情绪、心理疾病等，都会影响注意力的集中。

注意力发展造成的影响，每个孩子都会遇到，尤其是低龄段的孩子，家长平时可以和他（她）一起做一些“寓教于乐”的专注力提升游戏来促进注意力的发展；而另一种情况是病理性原因造成的，专业名词叫"注意力多动缺损障碍（ADHD）"，又称多动症。这种情况是需要到正规医院去检测和治疗的，但却容易被老师和家长忽视，把它误认为发展或习惯问题，这样会耽误孩子的治疗。

多动症是一种起源于大脑的生物学疾病，由大脑中的神经递质去甲肾上腺素及多巴胺失衡造成，有两种表现方式：一种是冲动，缺乏自我激励的行为；另一种是在注意力、长期记忆和学习等方面出现障碍。儿童可能会孤立地出现上述一种问题，但大多数多动症患儿会同时出现两方面的问题。多动症是一种长期疾病，会影响到儿童的学习和行为，有60%到70%的多动症症状会一直伴随他们到成年；大约一半的多动症儿童还有某些学习障碍的困扰，比如诵读困难、语言障碍或数学较差，所以要尽早干预。刺激性药物治疗是多动症治疗的核心。研究结果表明：在没有先期采用药物治疗的前提下，大多数其他治疗方式相对没有成效，刺激性药物可以帮助孩子集中注意力、改善听课效果、接受管教。另外，对立违抗性障碍（ODD）是一种在40%到60%的多动症患儿身上出现的共病，当孩子同时患有多动症和对立违抗性障碍时，治疗会困难得多，并需要进行心理干预。这些知识家长们要懂，为了孩子也要了解。

积极改变：家长如何培养孩子的专注力

先天因素（多动症）肯定会给家长带来很多困扰，家长会因为应对不当而失去信心，或采取更多的惩罚措施。暴力及恶语相向的教育方式会埋下隐患，导致家庭关系无法挽回。父母要毫无怨言、全盘接受，因为孩子没有任何责任，如果这样的孩子能在早期得到家长的接纳和支持，将大幅减少孩子的逆反行为和其他负面后果。

至于后天习惯则需要父母慢慢地加以培养了。我这里有几点建议：

1. 不干扰孩子做他正在做的事情。家长不要认为玩游戏是一件无聊的事，孩子的注意力的培养，最初往往从游戏开始。孩子在游戏活动中，其注意力集中程度和稳定性较强。当孩子专注于做他（她）的小手工制作或观察小动物而忘记了吃饭时，父母切记不要干扰孩子，要耐心地等他（她）把事情完成。要知道，孩子沉浸于其兴趣的同时，就是在无意中培养自己的注意力。还有，在学习前可以跟孩子约定时间，但是学习时不要去打扰，送水果，不断地提醒写字姿势，不放心去偷瞄一下作业发现字没写好、答案有错忍不住教育……都不可取。

2. 营造一个有利于集中注意力的家庭学习环境。孩子的书桌上，只能放与书本等相应的学习用品，不要摆放玩具、食品；孩子们都喜欢颜色鲜艳、图案精美、功能多样的铅笔盒，但铅笔盒的功能应该越简单越好，铅笔和橡皮也要造型简单、功能单一，要减少无意注意的干扰；孩子的书房要收拾得简洁明亮，幼年的玩具要收起来，不要放在显眼的地方；孩子学习的时候不能有电视机、电话等声音干扰；父母要尽可能不在孩子学习时进进出出，大声干扰。此外，室内的光线也是一个容易被忽视的环节，光线柔和、适度有助于孩子集中注意力，为孩子创设安静、整洁的环境。

3. 让孩子一次只做一件事情。人的注意资源是有限的，分配在性质不同的事情上面，会严重消耗注意力的有效性。尤其是孩子的注意力正在发展过程中，同时进行多件事情，会损害注意的有效集中。所以，哪怕在孩子玩玩具的时候，也要关掉电视机；做作业的时候，不要放音乐。在做事过程中，孩子遇到困难，家长要想办法提高孩子克服困难的能力，使孩子具有一定的责任感。这样，孩子在做事的时候注意力就会集中，会去克服一些小的困难。久而久之，孩子就能养成善始善终做完每一件事的良好习惯。

4. 大声读书有利于训练注意力。每天安排一个时间段（10~20分钟）让孩子选择他们喜欢的小文章大声为父母朗读，这是一个使孩子口、眼、脑相互协调的过程。孩子在读书的过程中，尽量不读错、不读丢、不读断。其注意力必须高度集中，要把这种训练一直坚持下去。

5. 及时的表扬和认可。从 1 分钟开始，孩子只要保持 1 分钟的专注力，就予以称赞，再逐渐延长到 5 分钟、10 分钟……孩子小的时候自制力差，注意力集中的时间也比较短，这时候家长要努力引导，尽量减少对孩子唠叨和训斥的次数。如果孩子能够对一件事情持续一段时间，就及时给予表扬和认可，这样在外在动力的支持下孩子会有所进步。

6. 定量学习。让孩子在规定时间内分阶段完成学习任务，改定时为定量。如果孩子能够专心完成，父母要给予一定鼓励（表扬、抚摸、亲吻等），并让他（她）休息 5～10 分钟，再以同样的方式完成下面的学习。当孩子能够做得很好时，可逐步延长一次性集中做题的时间。要求孩子在审题的过程中，自己把题目的要求、条件用笔勾画出来，以防止走神出错。学习任务和学习效率成倒 U 型关系。《科学》杂志报道：那些家庭作业负担太重的孩子掌握的知识反而更少。

总之，无论何种情况，靠“反复叮咛”或“怒吼”是不能帮助孩子提高注意力的。我们常说从实际出发，对于孩子来说，这个实际就是他（她）当前的真实状态。如果你的孩子注意力不集中，心不在焉，无所用心，这就是一个真实孩子的实际情况，就是你教育孩子的依据和出发点。调整好自己的心态，心平气和地接受孩子的缺点，以此为出发点，然后慢慢地加以引导，这才是教育。

品格培养

主题七：谁的冰山在晃动——谈家长的情绪管理

思维导图导学

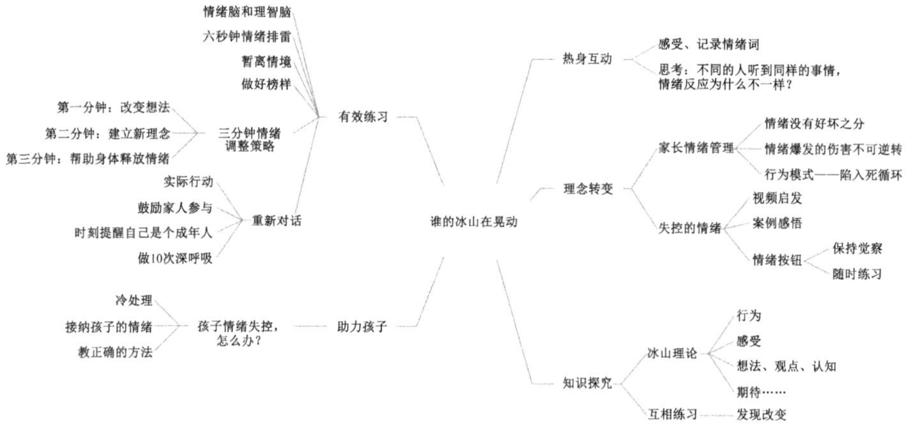

热身互动：根据事件描述情绪

欢迎大家回到“七点伴”讲堂。先跟着我做一个小练习，看看我们是否能根据文字的描述，准确地捕捉到情绪词。然后，根据我的提示语试着将你感受到的词语写下来：

（1）过年了，一家人开开心心围坐在桌边吃饭、聊天，看孩子们端起饮料敬长辈说几句祝福的话，那时候，你的心情是什么？（2）听到、看到媒体上报道湖北武汉爆发新冠病毒肺炎疫情，每天接收到大量的信息，一会儿说人传人，一会儿说封城了……你当时感受到什么？（3）我们进出的小区也管控起来了，我们每天需要待在家里隔离，这时候你的心情又发生了什么变化？（4）当看到疫情期间不计个人得失，甚至冒着生命危险逆行在前线的人们的时候，你的感受是什么？（5）当你看到媒体中报道有些人自私妄为、不顾他人安危的画面，你的感受又是怎样的？（6）学校方面延迟开学了，新课在网络上进行，你的感受是——

这些事情，每天都发生在我们身边，大家在刚才的过程中发现了什么？你们根据这些描述写下来的词语就是"情绪"，大家可以互相看一看彼此写的词语，你会发现每个人体验到的情绪是不一样的。为什么同样的事情发生在不同的人身上可能产生的情绪反应是不一样的呢？我后面还会带着大家再做一些练习，现在家长学员们可以先思考这个问题。

理念转变：给自己即将爆发的情绪按下暂停键

无论是高兴、开心、感动，还是焦虑、害怕、生气、愤怒……这些情绪是没有好坏之分的，我们所经历的这些情绪反应都是正常反应，但是如果有些情绪反应过激或者影响到日常生活了，就成了不合理的情绪。我想各位都可以脑补几个不合理情绪反应的场景出来。失控的情绪或者行为会给自己和他人带来伤害。我们今天的话题就是和大家聊一聊在家庭教育或者说亲子关系里家长情绪的管理。

很多家长在平时与孩子相处的时候已经注意到了自己的情绪问题。我在工作中发现，许多父母认为，只要孩子行为正常，我们便能维持父母的体面。事实上，让你不冲动、不吼叫、不发火的标准在哪里？孩子或者别人是很难搞清楚的，有时候可能自己都搞不清楚为什么当时发那么大的火。在跟一些家长交流的时候，他们会说：我告诉我自己要忍住，不能发火，大吼大叫不能解决问题……这些自我控制的话。很好，已经不错了。但是大家注意到今天主题上的"管理"这个词了吗？我没有用"控制"，用的是"管理"。为什么呢？如果情绪是一样东西，在你身上，你一忍再忍，它是不是就没有了，还是被你藏在某个角落里了？会不会哪一天冷不丁地爆发出来伤人伤己？

很多家庭的亲子关系就是这样破裂的，一次又一次的情绪爆发，把对方推向敌对的方向，这种伤害有时候是不可逆转的，这种破坏力的损伤也是很难修补的。尽管表面上看来是孩子的错误行为激怒了我们，其实家长失控的情绪和行为都跟眼前这个孩子做了什么无关，而是跟我们的心理品质和素养有关。我们来看一个视频（互动）。视频中的这个家长，情绪已经失控了，更可怕的是她的行为模式直接影响着自己的孩子，无形之中成了他（她）的坏榜样。我也曾经遇到一位父亲带着儿子来咨询，因为这个孩子的对立违抗行为比较严重，不少想法和做法都很偏执。在咨询中，这位父亲深有感触地告诉我，孩子小的时候每次遇到他不听话，自己的情绪就会失控，甚至会做出一些不理智的行为。比如：儿子小的时候很难管，气得他把儿子夹在胳膊下面，打开窗户要扔下去。当然他肯定只是吓唬吓唬儿子，但是现在看儿子这个样子，父亲觉得挺后悔的，这个“苦果”也只能自己慢慢品尝。家长什么时候开始改变都不晚，但是如果不去思考，思考后不尝试着迈出一步去改变，那么“历史”就会一遍一遍地重演，家庭教育就会陷入一个死循环。

当风暴酝酿的时候，父母的反应既可以促使它烟消云散，也可以让它发展为一场更大规模的海啸。如果想学会冷静面对孩子的行为及背后的感情风暴，就需要我们家长不断成长。当我们的情绪按钮按下时，不是被动应付，而是主动反应。我们觉察到自己已经开始失去情绪平衡了，那就要提醒自己，引导自己重新回到正确的轨道上。虽然这种内在的成长很难，但是它能促进我们成为更加平和的父母，每天都会有所进步。所以，我们要学会管理自己的情绪，即使孩子让你忍无可忍，你也要保持克制。

知识探究：冰山理论让你觉察自己的情绪

究竟是什么导致我们的情绪或者行为失控的呢？现在我带领大家通过一个练习来帮助自己理解和觉察。大家打开自己的笔记本跟着我一起写一写、画一画。（冰山）我们每次能看到的自己就像这座冰山一样，最上面可以看到的是我们的行为，在这里我举的例子就是自己失控的行为或者是一件事情最后呈现出来的糟糕的结果。比如，重重地摔门而去，放声大哭，打了孩子，等等。你可以写一件最近发生的事情。然后我们觉察一下，你当时的情绪是怎样的：生气、愤怒、委屈、难受、憋屈，还是有好几种交织在一起？我们接着再探索：你当时是怎么想的，这种想法会让你越想越生气、越想越愤怒、越想越委屈么？"看，这孩子真笨，无论我怎么教，都学不会。""怎么人家的孩子能听懂，他就听不懂呢？""我都这么辛苦了，他还不让我省心，我怎么生了这样的孩子？""我一个人上班那么累，回来还要忙他作业，家里面其他人都不闻不问，孩子又不是我一个人的，凭什么要我受这份罪？"……当你有了这些想法的时候，你能不生气和愤怒吗？能不委屈和伤心吗？一个人产生失控的情绪或行为，不是由发生了什么事情这样的客观原因决定的，而是由自己内心的想法，以及支撑你产生这些想法的观念、印刻在你思维里的认知造成的。这里有很大的空间，值得我们慢慢思考。所以，情绪管理不是靠跟自己说"别生气，忍住"就可以的，根源上就是要明白自己的什么想法导致了负面情绪，而负面情绪又为何触发了失控的行为。再想想：你的这些想法就一定是合理的吗？不妨跟自己的想法辩论一番，这才是做到了管理情绪。如果我们反过来，改变一下自己的想法，看看结果会有哪些不一样？咱们可以与旁边的同伴互相练习一下，看看自己的心情会发生怎样的变化。

有效练习：不让糟糕的情绪传递下去

请大家观看一段视频《踢猫效应》。这段视频告诉我们：糟糕的情绪会传递，最终的承受者是最弱小的群体或者自己最亲的人。如果你的孩子既是你身边最弱小的又是你最亲的人，而你又恰巧不太会管理自己到处乱窜的坏情绪，那么孩子很可能会"中招"。所以，各位家长，如果你是这位年轻的父亲，在工作中遇到不顺，受了气，你能觉察到自己的情绪吗？回到家看到孩子没写作业的那一幕，你会想什么呢？你怎么改变事情的结果和自己的行为呢？

没有哪位父母是完美的，因为人类本身就是不完美的。无论我们如何努力，也不可能永远从正面影响孩子。当孩子的某些行为激怒我们的时候，正是给了我们机会，按下内心的暂停键，管理好自己的情绪，学会疏导自身的压力，就会变得更加平和。

人就像机器一样，当你开始愤怒的时候，那是你的右脑已经开始反应了，为你做好了战斗准备。有研究表明，我们的左右大脑——左脑是理智的脑，右脑是情绪的脑，运转速度是不一样的，情绪脑运转速度比理智脑快 8 万倍左右，大概 6 秒钟。当人的情绪脑出来工作控制你行为的时候，要想理智不太可能，因为 6 秒以后，你的理智脑才能反应过来，最好的办法就是——什么也不要做，也叫作“六秒钟情绪排雷法”。当你觉得自己开始愤怒的时候，感觉到自己又会出现不理智行为的时候，你可以独自待一会儿，等心情平静以后再回来。你可以走到卫生间，往脸上泼点水，然后深呼吸，尽可能平静地对孩子说：“现在我非常生气，不能和你在这样的情况下说话，我需要休息 5 分钟左右镇定镇定。”暂时的退出，并不意味着孩子“战胜”了你。这样做，反而会让他（她）意识到情况有多么严重，同时也为他（她）树立了自我控制的榜样。还有一种特殊的情况是，当你对一个年龄比较小的孩子产生极端情绪时，你不可能离开他（她），因为孩子不够大的时候不能离开你的视线，或者他（她）还小，不能理解你离开其实是需要冷静，他（她）可能会有一种被遗弃的感觉，那你可以跟他（她）待在一个房间，只是距离拉开一些。无论你和孩子坐在一起，还是关上房门独自一个人，都需要利用这段时间镇定下来，不要继续想那么多的道理。刚才我们已经分析过了，如果这些想法是不合理的，想得越多，越会怎么样？会让你更加愤怒。也就是说，负面情绪的程度会加深。你可以选择安静地深呼吸，甚至心里面发泄一下，帮助自己迅速平静。这时候孩子在一旁其实在留意观察你的举动，不要总是想着他（她）做错了事，要给他（她）一个教训。事实上，在这样的一个过程中孩子就已经获得了一个极其重要的人生经验，就是如何积极地管理自己的情绪。

有些人会产生一些困惑，“你说避免吼叫的方式，首先是要让自己冷静下来，然后再和孩子讨论问题，但是当一个人感到愤怒的时候，没有办法很快冷静下来，可能需要更多的时间来分散自己的注意力，但是与此同时，孩子可能还会继续做错事情，怎么办?”下面跟大家介绍一个“三分钟情绪调整策略”，帮助你快速调整。第一分钟：默默思考到底什么想法让你情绪有如此大的波动。答案可能是“他三番五次不听我的话（其实这就是你有被尊重的需要，而你的需要没有得到满足，所以你认为孩子在挑战你的权威），或者他在故意捣乱，我是家长，我就有责任‘消灭’他的错误”。好，想一想，让你情绪波动的这些想法，是不是大多源自你内心的不安和恐惧。比如孩子犯错，你就觉得很有挫败感，你怀疑自己的能力，甚至害怕自己不是一个能胜任或者成功的家长，如果连这个都搞不定，自己就很失败。就是说你对当时情况的理解，并非真正源自对自己孩子的爱，这对孩子的成长是有阻碍的。第二分钟：要明白任何事物都有两面性。站在孩子的角度，想想自己小的时候，父母有没有出现过一两次类似的表现，你当时是怎么理解的?现在你成了父母，你的孩子也一样。如果这件事情，不是自己现在想的这样，还会有其他什么情况，或者说另一个版本是什么?考虑到情绪波动对教育孩子的影响，如果放弃原先的想法，你将对孩子做出什么反应?第三分钟：帮助你的身体释放情绪。按压手掌一侧的穴位，同时深呼吸。按压手掌时告诉自己，虽然我心情不佳，但我仍然可以选择镇定下来，控制这个局面。如果你发现自己在打哈欠，太棒了，说明你的身体正在放松。这种练习越多，你的身体放松速度也就越快。

各位，练习过这些方法以后，如果重新跟孩子接触，重新和孩子对话，你觉得会是怎样的一个状态？当然，要一下子改变平时的习惯有点难，但是如果我们决定有意识地去改变，我们家庭教育的效果就会越来越好。如果你决定开始练习如何更高效地与孩子沟通，我们还可以进行一些方法训练。

1. 实际行动。我们有意识地进行口头上的承诺还不够，最好坚持每天练习，成功的概率就会大大提高。如果你每次只是对已经发生的事情懊悔，那么一般什么变化都不会有，所以你可以从身边的环境开始做一些改变。比如，写下自己的愿望“我要以尊重的口吻和孩子讲话”这些鼓励性的标签，然后贴到一个你能够经常看到的地方。你还可以在脑海中经常做积极的想象。如果不再发怒，不再吼叫，我就会拥有一个更加温馨的家；我正以平和的态度回答孩子的问题，甚至用幽默的方式与他（她）交流，而不是尖声吼叫。经常这样想象，你的潜意识也会得到积极的回应，从而影响你的行为。

2. 鼓励家人参与。在一个家庭中，每个人都有责任保持一个平和的状态与家人相处，你不是一个人，所以，你需要得到家庭成员的支持。如果难以控制情绪的是你的另一半，或者你跟一个脾气比较暴躁的老人住在一起，那么你也要找一个家庭日，与他们达成共识。你同样要放下对其他人的指责和不满，大家把力用在一个方向上才能将事情推进得更加顺利。

3. 时刻提醒自己是个成年人。此时此刻，你的所作所为都将成为孩子效仿的对象。你可以看着孩子告诉他：“我在努力保持镇定，我不想吼叫，让我镇定下来，我们重新讨论，好不好？”你应该跟孩子表达的是你的生气和愤怒，而不是愤怒地表达。

4. 做 10 次深呼吸。做深呼吸的时候，尽量放慢速度，越慢越好，一次比一次慢，然后闭上眼睛尝试着听一听，你刚才的愤怒是想表达什么，想说什么？

各位家长学员，当你发现你不只是在教育孩子，同时也是在提升自我修养的时候，一定会感到前所未有的喜悦。

助力孩子：帮助他们学会调节自己的情绪

做家长的需要提升自我修养，这一点已经不容置疑了。但是，当我们面对情绪失控的孩子时，该怎么处理？一般来说，孩子在一个平和的情绪氛围内长大，对他们的情商培养是有积极推动作用的，这样的孩子很少有失控的情况出现。但是孩子毕竟年龄小，神经系统的发育也不健全，他们控制自身情绪的能力和应对外部压力的能力不足，也有可能会有情绪表达不当的时候。大多数比较冷静的父母可能采取冷处理的方式，离开那个场景，越远越好，甚至不搭理他（她），让他（她）自己待一会儿。逃避也是方法，我们也可以选择其他的应对方式。比如如果孩子表达情绪的方式不是很好，你是否还允许孩子将情绪表达出来？这是很重要的。如果我们一味地拒绝孩子表达自己的情绪，在他（她）怒吼的时候直接骂回去、打回去，那么孩子就会越来越压抑，甚至没有征兆地突然爆发，更不要说学习如何表达了。所以，接纳孩子的情绪很重要。

当一个认知发展有欠缺的小朋友在你面前发脾气、宣泄情绪的时候，我们可以采取最直接的方式，就是轻轻地拥抱他（她），拍拍他（她），给他（她）安抚。在安抚的时候尽量不要说“好了，好了，不要哭了，够了，别再哭了”这些看上去是安慰，实则阻碍他（她）情绪宣泄的语言。我们可以这么说，“我知道你这一刻难受极了，我知道你这一刻很生气，很生气……”试着用同理心帮助他（她）表达情绪。等他（她）情绪平复的时候再告诉他（她）：以后慢慢长大了，可以用写日记、跟他人讲一讲、听音乐、运动减压这些方式来表达负面情绪，减少失控的次数。学校的心理健康教育课上也会教给孩子这些知识，让他们进行练习。

今天的课程就到这里，希望爸爸妈妈们不仅仅是听到了，更重要的是在实践过程中学会运用。我们下一次再见！

主题八：自信的孩子一生幸福

思维导图导学

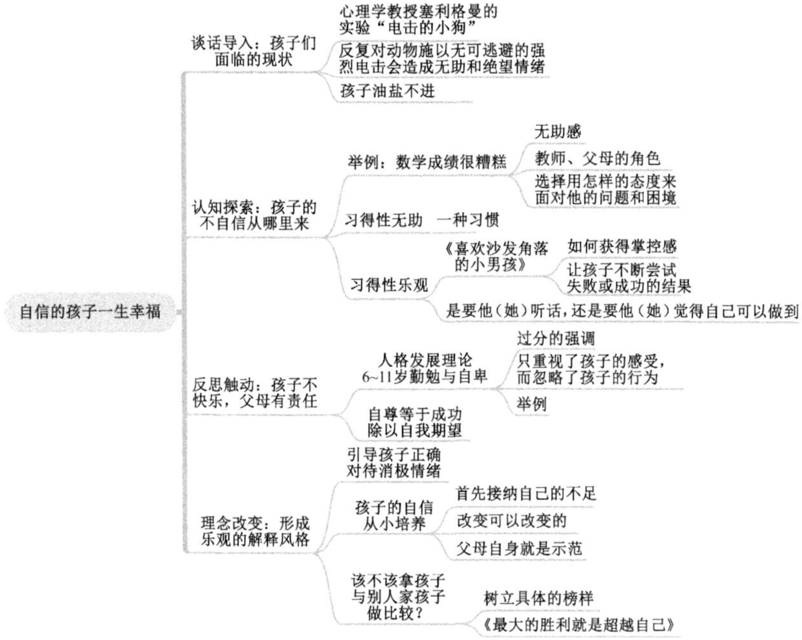

谈话导入：孩子们面临的现状

欢迎大家来到“七点伴”讲堂。有些时候，老师和家长会问我，儿童最需要培养的品质是什么？我想，儿童需要培养的品质有很多，但是乐观、兴趣和习惯是非常重要的，是儿童教育的目标和基础。没有浓厚的兴趣，就没有成长的动力；没有良好的习惯，就没有成长的保障，而兴趣和习惯都离不开乐观的个性。所以说孩子是否乐观，是否自信，是教育成败的根本标志。有些家长或者老师可能会说，某某孩子还不乐观么，整天傻乎乎的，根本不把批评当一回事。似乎在他们眼里只有批评的时候，哭了，难受了，才是受到影响的标志。那就错了，在这个世界上没有一个正常孩子是不在乎别人评价的。不在乎或者过了就忘，不是乐观和自信的表现，相反，这可能是孩子无助后的逃避。长此以往，孩子的发展动力会非常弱，孩子看上去似乎并不笨，甚至还很聪明，但做什么事情都提不起精神或者做不好。今天我们就以自信为主题，做一个小小的家庭教育讨论。

塞利格曼，是宾夕法尼亚大学著名的心理学教授。1967 年，塞利格曼用狗做了一项经典实验，叫"电击的小狗"。起初他把狗关在笼子里，只要蜂音器一响，就给狗施加难以忍受的电击。狗被关在笼子里逃避不了电击，于是在笼子里狂奔，屎滚尿流，惊恐哀叫。多次实验后，只要蜂音器一响，狗就趴在地上，惊恐哀叫，也不狂奔。后来实验者在电击前，把笼门打开了，此时狗不是逃走，而是不等电击出现就倒地呻吟和颤抖。它本来可以主动逃避，却绝望地等待痛苦的来临。为什么它会这样，连"狂奔，屎滚尿流，惊恐哀叫"这些本能都没有了呢？因为它们已经知道，那些是无用的。这一项研究显示，反复对动物施以无可逃避的强烈电击会造成无助和绝望情绪。

这个实验证明：当动物处于经过努力仍无法避开伤害的情境中时，它所获得的经验会使其消极地接受命运，而不再做任何尝试和努力。这个例子让你想到了什么呢？我们看到有很多孩子面对一些事情的时候，明明这些事情他（她）并没有做过，也从来没有失败过，却不敢去尝试。为什么呢？我还会遇到家长向我抱怨自己的孩子表扬没用，批评没用，打没用，骂没用，油盐不进，简直就是"死猪不怕开水烫"，甚至像这只连本能都没有了的小狗。为什么呢？

因为他们没有自信了，因为他们对这件事情抱着怀疑的态度，首先想到的是万一失败了，该怎么办？我们在教育中一定要培养孩子的自信心，这是将来孩子面对各种各样难题、困难的时候最坚实的保障。

认知探索：孩子的不自信从哪里来

首先我们来看一看孩子的不自信是从哪里来的？一个孩子某次数学成绩很糟糕，回家以后很难受，于是她说：“我永远都学不好数学了。我每次考数学都不会考好。我真的不聪明。”从孩子说的这三句话来看，这个孩子已经不止一次经历过数学考试的失败了。那孩子到底为什么会有这样的无助感呢？我们的老师和家长，在其中又扮演什么样的角色呢？请问在座的各位家长，当你们看到孩子的考卷以后，尤其是低年级，可能一次考试，你还不当回事儿，但是如果你发现有几次周围的同学几乎都是 100 分、99 分，而你的孩子几次考了 95 分，你会对孩子说什么？久而久之，你的孩子会选择用怎样的态度来面对他（她）的问题和困境呢？

人类面对许多无法控制的事件时的反应经常是试都不试就放弃了。这就是把无助当成了一种习惯——习得性无助。科学家曾经做过一个实验：将一只鲨鱼与一群热带鱼放在同一片水池中，中间用一片强化玻璃隔开。一开始鲨鱼不间断地试图冲撞玻璃，但是每次都会撞得自己遍体鳞伤，甚至好几次浑身破裂而出血。后来实验人员把那块玻璃拿出水面，意想不到的事发生了。每一次鲨鱼靠近原来所放玻璃处便自觉停止而放弃追逐。为什么会这样？是因为疼痛使它停止！是的，心里的疼痛也同样会让人停止。与之相反，有习得性无助的概念就有习得性乐观或者习得性自信。我们来听一个《喜欢沙发角落的小男孩》的故事。这是一位妈妈写的观察日记。她发现她的轩子最近非常喜欢沙发背后那块小小的布满灰尘的角落。他最喜欢从凳桌旁边挤过去，而且差一点被台灯打到头，但是他仍然想要挤到沙发后面那个有插座的地方去。妈妈不明白：为什么这个地方对他有如此的吸引力。所以妈妈想要阻止他，分散他的注意力，唱歌，利用小木偶发出各种怪声音，都没有效果。小男孩儿不屈不挠，母亲阻止他的方法也是越来越有创意。将婴儿车靠在沙发旁，这样他就过不去啦，可是只维持两分钟，这个小男孩儿又摇摇摆摆地走了过去，趴在地上从婴儿车底下钻了过去。最后妈妈搬了一箱书，放在婴儿车前面挡住他的去路。这个小家伙尝试了好儿次，想把腿抬起来，从上次的地方爬过去，但是箱子太大了，他又想把箱子推开，但是箱子太重啦，于是他用手臂帮助自己爬到箱子上面，然后一屁股跌坐在婴儿车上，又从婴儿车里爬起来，从沙发背后走过去。通过这次经历，妈妈看出这个小男孩非常喜欢攀越的挑战。为了避免孩子翻沙发受伤，妈妈就将他带到室外用箱子和枕头盖了一座城堡。妈妈把小木偶藏在城堡后面，并鼓励儿子去找。儿子每一次翻过城堡找到小木偶的时候就会转过头对妈妈说：“到了，到了！”其实一开始像绝大多数父母一样，妈妈不停地阻止小男孩的冒险行为，可他不愿意，还是在沙发背后玩，那里有许多电源插座。妈妈极力想堵住他的去路，但是小男孩却将这些障碍视如一项挑战，以坚定的意志找出了克服困难的方法。这时候，妈妈可以责骂儿子，因为他不肯听话，老是要到妈妈觉得危险的地方去，而妈妈的目的也只是想让儿子不要到那里去玩耍。但是当妈妈知道，儿子将障碍视为一种挑战以后，没有采用责骂的方式，而是选择分享儿子挑战成功后的骄傲。当儿子到达目的地时，妈妈是高兴的，然后还为他营造了一个安全的环境，创造新挑战。通过这些做法，妈妈帮助儿子得到了掌控自己的能力，并且尊重他，不断地为新的掌控创造机会。

由此可见，一个孩子悲观或者乐观，似乎就是孩子不断地经历失败，又不断地获得成功的结果。可是我们大部分家长都不会这样去做，因为他们想把孩子掌控在自己手里，并做了许多糟糕的示范，让孩子越来越没有信心去面对挑战和困境。

反思触动：孩子不快乐　家长有责任

还记得前几节课讲到的人格发展理论吗？咱们这个年龄段的孩子最重要的发展是什么？“勤勉与自卑。”有些家长会把孩子引入一个误区，即如果你听话了你就可以获得成功，而不是将获得成功的力量回归于孩子身上。久而久之，孩子又怎能有力量去面对和克服眼前的困难呢？有时候我们发现，当孩子在面前抱怨自己没有自信、做事不行的时候，家长都会强调他（她）很特别，他（她）是有能力的，以此来帮助孩子获得自尊和自信。但是当他真的遇到困难的时候，却不知道该如何引导他。所以孩子不快乐，父母有责任。责任之一，过分地强调了自尊教育。过分保护孩子的自尊心，怕自己的孩子被其他人的光芒遮住。但是家长的善意未必能帮助孩子提升自信，反而可能会打击他（她）的自尊，因为家长们只重视了孩子的感受，而忽略了孩子的行为。

一个孩子学习成绩非常好，老师对他的评价是：聪明、好奇、有创意。这个孩子除了体育成绩以外，其他成绩都很优秀。可他的两个好朋友的体育成绩都很好。一个偶然的机会，学校要选拔足球队的队员，他的父亲认为成为足球队队员会对他的体育发展有好处，就鼓励他去参加选拔考试。下课以后，这个孩子很不情愿地和他的朋友一起练习。但是出乎意料的是，在练习的过程中他感到很兴奋，甚至喜欢朋友设计的一些训练，因为他感觉自己有了进步。决定命运的一天到了。那天父亲陪着孩子来到球场，看到许多小男孩在踢足球，并经常跌倒，这个孩子的兴奋感立刻转变成了恐惧。可想而知，孩子奔跑练习的成绩不会好：倒数第二，他只接到了一个球，并且他所扔的球没有一个扔到接球者附近。预选结束以后，父亲看到孩子脸上难过的表情，自己心里也很难过。他对孩子说："我相信你在球场上的表现很好，你扔的球虽然没有都扔到线上，但是你有强壮的手臂，你可以继续练习扔球的准确性，那其实并不难。真的，我想你应该为自己感到自豪，我相信你明年就会被选入队的，这次只是不顺利而已。"孩子说："爸爸，你在讲什么，我很差的，我今年没有被选上，明年也不会被选上的。我真不敢相信，我竟然来参加预选，坦白说吧，我是一个笨家伙。"爸爸继续鼓励地说："你不应该这么说，你不能让自己有这种想法，我告诉你，你在球场上表现得不错，我觉得你和其他人一样好，我不要看到你垂头丧气的样子，你应该告诉自己，你做得很好，并且下次还会更好。""好吧，你说得很对，我做得很好，现在我们是不是可以回去了?"孩子既无奈又丧气地说。从这个案例当中我们可以看出来，其实父亲的用意是很好的，他看到孩子内心受到了伤害，立刻想要帮助他。像许多父母一样，他选择积极愉快的方法来提升孩子的自信心，他好言安慰孩子，希望能减轻他的痛苦，并使他振奋。但是父亲的方法却起了反作用，这个孩子不是一个单纯、好哄骗、急于将不愉快的真相忘掉的孩子，父亲的做法使孩子更加气馁，同时降低了他对自己的信心。

所以，自尊等于成功除以自我期望。这句话是什么意思呢？就是说我们得到的成功越多，并且期望越低，那么自尊感就会越强。我们可以通过让自己获得更多的成功和降低对自己的期望来提高自尊感。刚刚那个父亲如果想让孩子不失去信心，就要真实地接纳孩子的不足，同时让孩子看到自己已经做到了什么，然后再去指导孩子还能做什么。

理念改变：形成乐观的解释风格

很多家长都害怕孩子有不好的情绪，因为那会影响孩子的信心，使他们觉得自己不好、很糟糕。其实消极情绪，比如焦虑、郁闷，也是有存在意义的。一个人怎么可能一直保持积极情绪呢？消极情绪就像是一个报警系统，最大的好处就在于它提醒你遇到了困难，需要你看到、感受到自己的紧张、害怕、焦虑，想办法去面对它、跨越它。当孩子不会处理自己消极情绪的时候，家长就需要指导他（她）。比如：一个女孩，她在刚上初一的时候学数学受挫，自信心一再受打击，很沮丧。第一种家长这样说："老爸老妈数学细胞少，看来你也不是学数学的料。""真是笨到家了啊！你是扶不上墙的阿斗啊！"第二种家长这样说："孩子，你能学好数学，以前不是很好吗！""偶尔几次没考好也是正常的，再坚持一把就一定可以了！”“你这次没考好不是脑子笨，而是没有好好准备！”很显然，第一种家长的指责、放弃、怀疑会让孩子跌入谷底，而第二种家长是安慰和鼓励。有没有第三种方法？刚才讲的那个例子也告诉我们，一味地反驳孩子，纠正孩子的想法，比如“你又不笨，你能学好，只要你再努力一点，我女儿一定能学好”之类，看似在鼓励，实则对孩子没什么帮助，反而会让孩子产生更多的压力。所以，当孩子屡次失败而感到灰心丧气的时候，我们可以尝试这样做，先肯定她的难处：“看来，在这个地方你遇到麻烦了，这很正常，说明你有一颗上进的心，否则干吗难过。”这是表达你的一种理解。接着可以帮助她调动资源，比如“你在改变自己现状的时候，做过哪些努力，这些努力真的没用吗？”这样会有两种可能出现：一是孩子没做努力，光忙着伤心了。如果是这个情况，家长就可以和他一起找方法。二是孩子做过努力，效果不明显，但还是有用的。那家长就要帮助孩子适当降低期待，进步本来就是一点一滴的，期望值太高，对自信心的培养也不利，这叫调整目标。大家看，如果我们经常用第三种方法引导孩子面对挫折，结果会怎样？解决问题的时间会长一点，过程会复杂一点，但效果会更明显。久而久之，我们的孩子在遇到困难时就会形成属于自己的“解释风格”。能否形成乐观自信的“积极思维”的关键就是解释风格。解释风格从童年开始发展，如果未经干预，就会持续一辈子。积极的思维方式是“可以改变”，而消极的思维方式是“不能改变”。一个乐观自信的人能接纳自己的不足，在明知道有困难的情况下，还能往前走，这种解释风格就是乐观自信。

你能帮助你的孩子这样做吗？拿当今孩子们的学习来说，无论自家孩子在学习上处于哪个层次，家长都会有不同的焦虑感，这种现状导致不爱学习的孩子越来越多。我们都听过一个词——“乐学”。“乐学”的真正意义是什么？肯定不是“学习是快乐的”。大多数孩子都不喜欢写作业，家长、老师一听到学生抱怨学得苦、学得累就要纠正他们的思想：一个学生的天职就是学习，嫌苦嫌累怎么能学好呢？可是为什么不能带着“讨厌”去学习？如果一个孩子并不喜欢写作业，也讨厌整天坐在那里枯燥无味地听课，但他（她）还能坚持下去，还能完成老师的作业，甚至还能学好，多么棒啊！因为他在不断用自己的毅力、勇气、经验打败困难，来证明自己的能力，多有成就感啊。女儿上小学的时候，我曾经问她：“假如有两件事情难住了你，第一件事情你很快就解决了，第二件事情你花了好大的功夫才解决，你觉得哪一件事情让你更有成就感，让你获得的快乐更多？”“肯定是第二件事啦！”女儿不假思索地回答。看，孩子不是怕困难、怕吃苦，而是怕永远跨不过去那道坎。所以“乐学”的意义在于：在学习过程中能发展自己的能力跨越一个个障碍，这样的孩子才是快乐的。当孩子形成了积极思维，产生了良性循环，自信心就能建立起来。以后无论遇到什么困难，他们都能用乐观的心态积极面对。媒体上报道的“大学生保研失败跳楼了”“孩子和家长发生口角跳桥了”……这些恶性事件中的孩子学业上都不优秀吗？不见得吧。为什么会走这些极端的路？有没有形成积极应对困难的思维方式，跟学业优不优秀是两回事啊！

“人的一生是充满挫折的一生！”孩子第一次遭遇的“挫折事件”需要谨慎对待，因为这会成为他（她）一生中应付不良事件的标准。孩童乐观自信，父母自身就是示范。如果父母总是自怨自艾，怨怼社会，那么孩子也容易形成这种悲观风格。第二节课我们就讲过，要想改变孩子先要改变自己。

有些家长会疑惑：老师，我们平时能不能拿孩子跟别人的孩子作比较呢？这要看你的目的了。你应该给孩子树立一个榜样，而不是“你看，谁谁家的谁多好，他……你看看你……”榜样作用对孩子有触动，那是真心佩服和崇拜，榜样是作为奋斗目标去学习和超越的，不是用来打压和批判自家孩子的，更不能拿自己孩子的短板跟其他孩子的优势去比。介绍大家看一个视频《最大的胜利就是超越自己》，

看看这位妈妈在孩子经历失败的时候是怎么做的？（互动）

纵向比较，让孩子和自己比，和自己的过去比，看到一点一滴的进步，我们不断地为孩子鼓劲和加油；横向比较，让孩子自己找目标，定一个方向而不是全面发展，并帮助他（她）达成目标，培养孩子的良性竞争意识。请相信：我们的孩子会越来越出色！

到这里，我们“七点伴”讲堂四大模块 8 个主题就都讲完了，不知道通过一年的学习与参与，自己有怎样的提升呢？家长朋友们，希望大家用一些时间整理一下自己的笔记，回顾这一年来走过的家庭教育之路让你有哪些体验和改变，同时也期待大家踊跃报名“金种子讲堂”家长讲师团，把你的认知和实践化成经验，与其他家长分享，要靠你们将正确的家庭教育理念传递下去。谢谢！

智明而行无过矣：

“实验微讲堂”案例探索课程

学校面向家长、教师搭建了"案例探索式"培训平台——实验微讲堂，开展了以教育心理学、情绪管理、人际沟通、家庭教育指导等为主题的教育案例分析。收集家长、老师们亲身经历的教育案例，通过情景再现、支招讨论、案例点评等方式，一方面，指导家长以更合适的态度、情绪、角色实施家庭教育，在案例再现与讨论的过程中反思不足、学习技巧；另一方面，提升教师家庭教育指导，与家长沟通、解决特殊学生问题等方面的能力，带动青年教师迅速成长，同时推动学校整合型教师培养工作的发展。

学会等待

主题一：以疏代堵，以爱为源

案例篇

五味杂陈小镜头：

场景一

时间：晚饭后

地点：客厅

人物：小雨　小雨妈妈

（晚饭后，小雨练古筝的时间到了，妈妈正在洗碗，让小雨先将护指戴起来。隔了好半天，琴声仍然没有响起。妈妈放下正在洗的碗，走向客厅，见小雨在沙发前摆弄玩具。）

小雨妈妈：小雨，叫你把护指戴起来，你听到没有？

（小雨一副完全没有听到的样子，一动不动。）

小雨妈妈（快步走到小雨面前）：怎么回事？练琴时间到了，你今天准备磨蹭到几点？

（小雨斜眼看了看妈妈，不情愿地站了起来。）

小雨妈妈（皱着眉头，提高了嗓门）：快点，你今天还有一篇作文要写，这么磨磨蹭蹭准备几点睡觉！

（小雨慢腾腾地走到古筝面前，漫不经心地坐下来。）

小雨妈妈（气急败坏）：戴护指，听到没有！

（小雨开始戴护指，每戴一个都要拨弄一番，似乎在故意拖延时间。）

小雨妈妈（忍无可忍，一把夺过护指）：不要你戴了，我来帮你戴！

小雨（用力收回手）：我自己来——（继续慢吞吞地戴着……）

（就这样，20 分钟过去了，琴声依旧没有响起……）

场景二

地点：一个半小时后

人物：小雨　小雨妈妈　小雨爸爸

（小雨磕磕碰碰地练完了古筝，小雨妈妈的情绪已经濒临崩溃，无论妈妈怎样跟小雨交流，小雨就是我行我素，毫不配合。弹琴时，妈妈叫她这里要加快速度，小雨就故意放慢半拍；妈妈叫她那里要慢一点，小雨便指尖如飞，妈妈气到捶胸顿足。这时，小雨爸爸回来了。）

小雨妈妈：行了行了！不要弹了！一个半小时练得毫无用处，你写作文去吧。

（小雨依旧弹着不着调的曲子。）

小雨妈妈（大声喊着）：别弹了！写作文去！自己看看几点了！

小雨爸爸（阴沉着脸）：小雨，你听到妈妈说话了没有？不要弹了，回书房写作文。

（小雨将双手往琴上一放，猛地起身，一言不发地回到房间。）

（十多分钟后）

小雨妈妈：你这开头写的什么东西？肯定不行，重写。

小雨（轻声说）：我就这样写。

小雨爸爸（听见了妈妈的喊声，走进房间，看了看本子）：不行不行，重写重写。

小雨（冲着爸爸妈妈，撕心裂肺地喊起来）：我就这样写！

夜已深，书房的灯亮着，小雨的爸爸妈妈坐在客厅相视无言……

（袁雅秋老师收集）

交流篇

七嘴八舌来支招：

我看过一篇文章，用蜗牛去比喻孩子，劝我们对孩子多一点耐心和等待。然而在生活中，我们家长却每时每刻都被提醒着"时间不等人"。所以在沟通过程中，我们缺乏了耐心，我们在关键时刻经常会对孩子大发脾气。慢慢地，孩子就会对我们有了无声的反抗，以致越来越多隔阂横在我们与孩子之间。但是与其只在关键时刻对孩子大发脾气，不如早一点让孩子认识到时间的重要性。我们可以带孩子看一次日出日落，体会时间的变化；给孩子配一个小小的沙漏，帮助孩子了解时间的流逝。当孩子想要拖延的时候，认真倾听孩子不想做的理由，共同分析，想出解决办法。理解孩子的苦恼，分解他们的目标，帮助他们克服自己内心的障碍。在不要紧的事情面前，也可以偶尔让孩子尝一尝拖延磨蹭带来的苦果，这样孩子才能真正明白守时的必要性。理解、感同身受代替原来的抱怨和谩骂，我相信亲子关系一定会慢慢地得到改善，孩子也会更理解我们家长的想法。

（赵同学妈妈）

孩子是每个家庭的希望，教育孩子是父母的天职。打开生活"慢镜头"，可以看到，以上场景在每个家庭"战场"或多或少上演着。小雨的"消极怠工"，父母的"气急败坏"，让我们深思，该怎么办？我认为，亲子沟通的关键在于"平等"，用心沟通要做到"四个同"：同站位，站在跟孩子同等的位置，不随便摆出家长的权威；同尊重，尊重是相互的，要建立良好的沟通渠道；同参与，以伙伴的"角色"加入孩子的学习、生活中，做孩子的榜样；同成长，留足时间空间，留足宽容信心，成长路上经历风雨，方能看见彩虹。总之，不以"爱"之名，戒掉"为你好"，孩子的天地才会更广阔。

（吴同学妈妈）

改变自己，用心沟通。我们虽然是孩子的父母，但是在和孩子相处中是平等的关系，说话的语气和语调得尊重孩子，讲话方式切勿采用居高临下命令式口吻。与孩子沟通时，双方平视对方，温和幽默地讲出认真弹奏的好处，甚至可以假设一段邻居的夸奖提高孩子的兴趣。比如"隔壁王阿姨问妈妈，前天你们家传出的一段乐曲是放的配乐还是孩子自己弹奏的？非常棒！"树立孩子的信心！适当降低对孩子的期望，让孩子能够得着，再慢慢提高期望值。巧妙利用老师的威信给孩子订立完成时间，拆分任务，将孩子完成得好的舍去，在规定时间内先重点攻克完成得不好的，缓慢加压。

（鲍同学爸爸）

首先，少不了的是肯定。"小雨，昨天你弹琴的样子真美，我没有忍住，偷偷地给你拍了一张照片，你要不要看一下？""我真的佩服你呢，能把弹琴坚持下来，你让我明白了一个道理：获得美好事物的方法就是一份坚持。"其次，提出时间要求。"你休息一下吧，马上要弹琴了，练起来就是半小时，要不你吃点水果或者喝点水。"——创造练琴前的氛围。"休息五分钟还是十分钟呢？"——直接给出时间要求，但是要有选择，因为这才能体现妈妈在和小雨商量，而不是强势要求。"十分钟！"——人一般都喜欢做选择题，孩子也多会选择时间长一点的。"十分钟会不会太长？"妈妈可以不立即答应。小雨如果陈述了她要十分钟的原因的话，妈妈可以在思考后给予肯定。再其次，定闹钟。务必要让时间标注化，这样不仅可以让孩子有时间概念，还可以培养孩子言而有信的美好品质，也可以转移矛盾的方向。最后，强化肯定。如果孩子弹琴了，一定要再强化下，马上给予肯定和夸赞，甚至可以夸张点。

（周同学妈妈）

延伸篇

轻拨薄雾再思考：

"用心去看才看得清楚，本质的东西用肉眼是看不见的。"当孩子的情绪没有得到接纳和关注时，他们会用对抗的方式去回应他人。教育孩子如同大禹治水，宜"疏"不宜"堵"。对孩子出现的问题，如只是简单粗暴地制止事件发生，那平静的表象下则暗潮涌动。

你一定经常听到这样的话："不要玩了，去洗澡！""跟你说了多少次，还错！""你看看人家，再看看你！"诸如此类的话语，"堵"住了孩子内心真实的想法，"堵"住了父母和孩子沟通的通道。"堵"换来一时风平浪静，却极易使孩子产生逆反的心理和厌倦的情绪。

所以，家长要走进孩子心灵，找到他们内心的需要，了解他们的兴趣愿望，从关注孩子生命成长的角度，动之以情，晓之以理。在孩子的成长过程中，家长要适时捕捉时机，启发诱导，给予方法。让孩子从内心深处反思，激起情感共鸣，才是最行之有效的亲子沟通方式。

（镇江市教坛新秀　袁雅秋老师）

主题二：特别的你，特别的爱

案例篇

五味杂陈小镜头：

场景一

时间：放学排队时

地点：教室走廊

人物：聪聪　老师　众同学

（放学排队时，一名同学突然大喊，原来是被聪聪咬了。正在组织放学的老师赶紧过来处理。在关心了被咬同学的伤口后，老师与聪聪进行了对话。）

老师：聪聪，你怎么可以欺负同学呢？

聪聪：我没有！

众同学：我们都看到了，聪聪咬了！

老师：聪聪，好多小朋友都看到了。

聪聪（笑着）：对的（语气上扬），我咬了！

老师：为什么呢？

聪聪：好玩！（笑）

老师：那别人可以咬你一下吗？

聪聪：不可以。（笑）

老师：为什么不可以呢？你不也咬人了吗？

聪聪：就是不可以！

老师（无奈）：放学的时候，我要找你妈妈谈谈了。

聪聪：不要！

场景二

时间：放学时

地点：接送点

人物：老师　聪聪妈妈　聪聪

（聪聪来到接送点后，急着拉妈妈离开。老师赶紧叫住聪聪的妈妈，和她进行了交流。）

老师：聪聪妈妈，现在有时间吗？想和您聊一聊。

聪聪妈妈：有的有的，是我们家聪聪又犯错了吗？

老师：聪聪的课堂表现还是和之前一样，喜欢站起来跳着转圈圈，一打下课铃就大喊着跑出去。刚刚排队的时候咬了小朋友，问他为什么咬，他竟然说是因为好玩。

聪聪妈妈：哎呀，他又欺负同学啦！肯定是因为他爸爸最近不在家。他只怕他爸爸，不听我的。今天晚上，我让他爸爸教训他。被他咬的同学怎么样啊？严重吗？要不要我去买点东西，去看看他？

老师：还挺严重的，被咬的小朋友手臂都青了。我和小朋友家长交流过了，家长已经带孩子去医院处理了。我们需要一起找找办法，让聪聪以后不再欺负同学。

聪聪妈妈：老师，实在不好意思，又给您添麻烦了。我也没有办法，我已经从外地辞职回家专心陪读了，可他就只怕他爸爸，这件事我找他爸爸教育吧。

老师：他经常在课堂上转圈圈是什么原因呢？

聪聪妈妈：我们也带他去医院看过了，医生说他是大脑前庭平衡神经发育不良，只能通过转圈圈来保持平衡，我们也没有办法。

聪聪（不耐烦）：妈妈，快点，我们还要去上游泳课呢！

聪聪妈妈：不好意思，老师。他咬同学的事，回去后我会跟他爸爸说的。老师，孩子还有课，我们就先走了。老师，再见！

（聪聪是一个自控能力发展有一定欠缺的孩子，无法控制自己的言行。在学校里，老师使用了许多方法，却始终不能有效地改善他的情况。在与家长几次沟通交流后，孩子的变化也不大。）

（钱瑞阳老师）

交流篇

七嘴八舌来支招：

成长是一个漫长的过程，像聪聪这样的孩子更需要关爱、呵护和有效的教育引导。首先，在孩子的成长之路上，家庭教育是父母两个人的事，不能单单说孩子更听谁的话就由谁来管教。父母和孩子朝夕相处，接触的机会和时间最多，父母的言行和教育理念无时无刻不在潜移默化孩子的言谈举止，教育契机，不能浪费。其次，改变不可能一蹴而成，需要时间。既然聪聪在言行上存在无法自我控制的情况，那改正它势必需要一个过程。每一个孩子都渴望被肯定，期待被赞赏。我们发现孩子有了进步要多肯定、多鼓励，教育孩子更需要耐心。最后，多寻求专业人士的帮助。看到孩子无法控制自己的言行，聪聪的父母去医院咨询过医生，应该在这之后及时和老师取得联系，把专业医生的建议告知老师，家校合育，共商对策。美国心理学家霍华德·加德纳说过："每个孩子都是独一无二的，即使是普通的孩子，只要教育得法，也会成为不平凡的人。"寻找适合孩子个体的教育方法需要学校和家庭的联动，家校共育。

（韦俊婷老师）

在这个案例中，老师和家长沟通是无效的，家长也苦于找不到恰当有效的办法去教育孩子。作为老师，我们应该先了解现象背后最根本的原因，用我们的专业性知识去指导家长，大家一起去帮助孩子更好地成长。

应该先了解清楚孩子为什么要咬人。这类行为偏差可能有以下几种情况：（1）孩子发泄情绪的一种错误形式。（2）孩子语言表达能力不足，在说不清楚事情的时候会急躁。（3）出于挫败或报复，把攻击别人当武器使用。（4）可能出于好奇的模仿。（5）可能是因为缺乏关注。

如何阻止孩子继续咬人？（1）要立刻坚决地制止孩子的错误行为，同时严肃而明确地告诉孩子该行为的不对之处。若孩子继续，可以握住孩子的手，或者紧紧抱住，防止孩子再次咬人。需要注意的是，此时老师或者家长要保持冷静，不要责备或惩罚孩子，因为惩罚会引起孩子的愤怒和怨恨，导致他日后咬人咬得更凶。（2）要认同孩子的情绪，并采取倾听、共情的方式使孩子的情绪稳定下来。这是解决问题的基础，孩子情绪稳定，才有可能听从老师的劝告。同时，等孩子情绪稳定以后，才能判断孩子咬人的原因，及时从根源上解决。只有解决了咬人背后的问题，孩子才有可能不会再犯错。（3）事后，要教会孩子如何恰当地处理情绪，告诉孩子不能采用伤害别人或自己的方式，鼓励孩子找父母或老师把内心的想法倾诉出来，比如，允许孩子把内心的想法大声喊出来。

（陶虹老师）

教育家丁有宽说过："没有爱就没有教育。""爱"是人际沟通的纽带，教师对孩子赋予一颗爱心，得到的是学生的爱戴和拥护，对于聪聪这样的孩子这更是不言而喻的。

首先，聪聪会咬人，这看似一个行为问题，但我觉得对于孩子的行为问题通常要分析内在原因，而不是只纠正行为。这种现象应该是孩子情绪的一种宣泄，所以，要让孩子学会平和对待每件事。如果不解决根源问题，而想通过要求、惩罚、训斥等方式使孩子停止伤人行为，这不仅是缘木求鱼，而且会使孩子的行为更加恶劣。

其次，在教师和家长沟通时，聪聪一开始的阻挠和后面的想要离开，说明孩子并不像妈妈说的那样根本不怕她，聪聪还是很在意妈妈对他的看法的，所以家长一定要先了解自己的孩子，再尝试与孩子沟通。沟通中，要对孩子付出更多的关爱和注意语言规矩，但要适可而止，不要唠叨。教育是慢的艺术，学生的品格形成是一个长期训练的过程，家长和教师都要静待花开。特别的学生，给予特别的爱和教育。我们要走近孩子，用心观察，才能真正了解孩子。只有让孩子真实感受到家长、教师的关心和帮助，孩子才会接受管理，教育行为才会产生正面的教育效果。

（吴妍老师）

延伸篇

轻拨薄雾再思考：

目前，一部分家长对孩子的日常行为和学习成绩不满意，甚至会打骂孩子。其实，很大一部分原因是家长没有意识到孩子正处于儿童注意力缺陷发作期，随意打骂不但给孩子心理造成了巨大的伤害，还加重了孩子的症状。儿童注意力缺陷又叫儿童多动症或注意缺陷障碍，这是一种常见的儿童行为异常问题。这类患儿通常智能正常或基本正常，但是在学习、行为及情绪方面会存在一些缺陷，通常表现为注意力不易集中或集中的时间较短暂。

不妥行为出现后，聪聪妈妈对老师告知的聪聪咬人事件没有及时进行教育和纠正，而把问题留待爸爸解决。这样的做法不能让孩子认识到自己行为的错误，更不利于孩子纠正错误。当孩子没有养成良好的行为习惯时，需要每天练习，并逐渐用良好的行为替代不良的行为，使良好的行为变成一种习惯。

父母亲经常为孩子的事情或家庭琐事吵架或冷战会影响孩子做事情的注意力，应该避免在孩子面前激烈争吵（争辩），要营造和睦恩爱的家庭氛围，使孩子不用在潜意识中担心家庭出现变故并对自己的生活造成灾难性的影响。

这样多管齐下，一定能收到很好的矫正效果。

（润州区优秀班主任　吴丽凤老师）

学会合作

主题三：真诚以待，彼此信任

案例篇

五味杂陈小镜头：

场景一

时间：课间

地点：操场

人物：明明　同学 A　同学 B　老师

（同学们在操场上玩耍，明明也走到了操场上。明明是个比较内向的孩子，只是在操场上看大家玩。"砰"的一声，一名学生不小心把站在操场中央的明明撞倒了，明明的眼镜也摔坏了。）

同学 A：老师，老师，明明被撞倒了！眼镜都摔坏了！

老师：人在哪里？快带我去看看！

（老师找到明明，带他去医务室处理好擦伤，并找到相关同学了解情况。）

老师：怎么回事，为什么好好的摔倒了呢？A，你来说说当时什么情况。

同学 A：我看见 B 跑的时候撞到了明明。

同学 B（很自责，主动向老师承认了错误）：老师，对不起，是我不小心撞到了他。

（同学 B 向明明道了歉，明明原谅了他。）

场景二

时间：1 小时后

地点：教室门口

人物：明明爷爷　老师

（老师及时联系双方家长，告知孩子课间情况。1 小时后，明明的爷爷赶到学校，看见明明脸上的擦伤非常心疼，顿时气急。）

明明爷爷：我们把孩子送到学校不是看他受伤的！

老师：作为老师，我很理解家长看见孩子受伤时的着急心情。我一定会加强安全教育，并对孩子加强看护。

明明爷爷：有用吗？看看我家孩子都摔成这样了！

老师：孩子受伤是我们都不想看到的，您可以先看看孩子。我们也会及时与 B 家长沟通，由他们承担相应的赔偿。

（陆飞老师）

交流篇

七嘴八舌来支招：

类似这样的事件，其实在班级管理中时有发生。作为教师，虽牢固树立了安全意识，工作中小心再小心，但依旧可能避免不了孩子的受伤。对于家长而言，尤其是祖辈，都十分心疼孩子，生怕孩子受伤。面对这种情况，教师能够在第一时间联系家长，避免了矛盾再次发酵，并且第一时间将孩子送到医务室，请专业的医生诊疗，及时将情况告知家长，我觉得这位老师的做法是冷静、理性的。

其实，这类情况重在取得家长的理解和支持，关键在于“沟通”。我们要及时告知孩子的父母，说明事情的起因经过。作为父母，他们似乎更了解自己的孩子，能够理性地分析问题。在面对老人时，我们也要学会“共情”，体会老人的感受，可以适当地表扬孩子的勇敢、大度，真切地表达出对孩子受伤的心疼。

另外，“玩”是孩子的天性，我们不能剥夺孩子游戏的权利。作为老师，我们应该教会孩子怎么玩、怎样友好待人，做到文明课间、文明游戏。

（戴倩男老师）

随着家长对孩子关注度的不断提升，类似于此案例中的孩子受伤、家长情绪激动的现象也越来越普遍。孩子的教育离不开家庭和学校，只有解决家校合育中“理解与信任”的问题，才能让双方更好地合作。

此案例中，孩子受伤，家长心疼孩子，是出自家长对孩子的担心和疼爱。换位思考，以理解为前提的沟通不失为一个良方。将心比心、设身处地是达成理解的心理机制。作为教师，我们要站在对方的立场上去体验和思考问题，通过语言、动作、神情表达出对孩子的心疼，为增进理解奠定基础，这既是一种理解，也是一种关爱。同时，我们应当用真诚赢得家长的理解，让家长相信老师会全心付出，相信老师会对每一位学生负责。

（于童杰老师）

其实，家长和老师都知道，学校里孩子多，场地受限，磕磕碰碰是很难避免的。作为班主任，这也是我们工作中难免会遇到的问题。此案例中的老师解决问题的步骤值得借鉴。第一步就是要妥善处理孩子的伤情，陪伴孩子去医务室消毒并进行初步诊断。第二步是了解清楚事情的前因后果。案例中撞人的孩子不存在故意行为，且两人已经达成和解，这就避免了后续的矛盾。最后一步就是根据孩子的情况联系家长，告知家长如果需要医药方面的赔偿，班主任可以做好沟通工作。

那么现在棘手的就是孩子的爷爷不太愿意接受道歉。其实这也很正常，老人并不是不理解，也不是故意挑刺，只是实在太心疼孙子，一时情绪比较激动。此时，班主任不能也跟着激动，而应该先让老人坐下，进行安抚，把孩子去过医务室诊断无大碍和两人已经达成和解的情况向老人说明。然后打电话给孩子的父母，告知这一情况。一般来说，父母可以更为冷静客观地处理问题，可以让他们来劝说爷爷，加上爷爷看到孙子没有大碍，心情平复一些，自然就不会再着急了。

班主任老师遇到这种情况，最重要的就是要调整好自己的心态，无论是面对孩子还是家长，都不能跟着着急上火。耐心和冷静是班主任在工作时最应该保有的状态。

（蒋继妍老师）

延伸篇

轻拨薄雾再思考：

孩子长大，是个有点奇妙的事：看着他长高，看着他会走路，看着他越来越灵活。同样，在孩子进入校园之后，家长们用爱去远远地观望，会发现孩子的长大空间不是我们所能想象的。因此，当孩子在学校里发生一些小挫折、一些小意外时，我们可以和老师沟通交流，在确认问题不大的情况下，可以完全交给老师去处理，激发孩子战胜挫折的自信。这样反而能最大限度地发挥孩子的主观能动性，促进他的进步，也能让老师感受到家校配合默契，从而对班级的管理更加投入。有一种陪伴，叫作保护而不打扰；有一种信任，叫作有想法也放在心底。学校也是一个小世界，孩子在这个小世界里，能与同学和睦相处，能与老师大方交流，遇到事情很果敢，这难道不是他个人成长的体现吗？家长们一定要相信：有选择地放手，才能让孩子走得更好，他才能尝到人生百味，因为在他们的小群体里，他更需要在同伴中的存在感，也更需要在老师眼中的认同感！亲爱的家长们，孩子们在学校也需要有“表现”的时候，那么，就大胆放手，信任老师，给他们成长的机会吧！

（润州区优秀班主任　陈月芳老师）

主题四：爸妈互补，共助成长

案例篇

五味杂陈小镜头：

场景一

时间：晚饭后

地点：客厅

人物：浩浩　浩浩妈妈　浩浩爸爸

（浩浩妈妈在辅导孩子功课，妈妈比较严厉，给孩子布置了很多额外的练习。浩浩十分抗拒妈妈的教育方式，于是向爸爸求助……）

浩浩：不写了，不写了，妈妈布置的作业永远也写不完，我再也不用你辅导了。

浩浩妈妈：妈妈为你付出这么多，你怎么这么不听话呢！

（妈妈的情绪逐渐失控，不停数落孩子。）

浩浩（委屈得流出了眼泪）：我要爸爸辅导作业！

浩浩爸爸：媳妇儿，这是干嘛？完成老师布置的作业还不够吗？我们要给孩子一个快乐的童年！

（听了爸爸的话，浩浩一蹦三尺高。）

浩浩：爸爸万岁，爸爸万岁！

浩浩妈妈（怒极）：好，好！你有能耐！以后就你来辅导作业，我再也不管你们爷俩了！

（妈妈一时无言以对，干脆做起了甩手掌柜。从那天起，浩浩只完成老师布置的书面作业，从不预习新知识，更不复习巩固已经学过的知识。父子二人"其乐融融"，共度"快乐童年"。）

场景二

时间：离期末考试还有一个星期

地点：客厅

人物：浩浩　浩浩妈妈　浩浩爸爸

（转眼到了复习期间，浩浩的问题一下子暴露了出来，字词掌握不牢固，计算错误多，几次小练习做得一次比一次不理想。眼看期末考试的日子快到了，和谐了一学期的浩浩家里开始“鸡飞狗跳”起来。）

浩浩爸爸（要崩溃）：这么简单的练习，你居然错这么多！我要出去透透气！

浩浩：我不要爸爸辅导了，爸爸越教我的成绩越差了！

浩浩妈妈：我劝你们俩还是抓紧时间吧！马上 10 点钟了，还有数学和英语练习没订正呢！

浩浩：我要妈妈辅导，我要妈妈辅导！

（浩浩哭闹起来。）

浩浩妈妈：妈妈也不是神仙，没办法在几天内帮你巩固好一学期的功课！你自己说，下学期，让爸爸辅导还是妈妈辅导！

（回忆以前被妈妈题海战术支配的日子，再看看眼前的一张张糟糕的练习，浩浩犹豫了。家庭作业到底该让谁来辅导呢……）

（吴悠老师收集）

交流篇

七嘴八舌来支招：

战国时期的思想家韩非子曾说：“夫妻执政，子无适从。”意思就是夫妻二人各持己见处理家政，那么做儿女的就会感到无所适从。尤其在教育子女方面，如果爸爸妈妈也各持己见，甚至意见完全相左，孩子一定会无所适从，就像上面的这个案例一样。孩子无所适从，教育效果也就差强人意。

所以在家庭教育方面，特别是在孩子的学业辅导上，我个人认为，无论是爸爸辅导还是妈妈辅导，一定要统一夫妻二人的教育理念。可以先各自谈谈自己的教育理念，找出两人的教育理念的共同点和优点，把这些就作为家庭教育的理念和原则。这就保证在孩子面前，无论是谁在教育，无论出现什么问题，都是一个声音在发声，孩子就不会无所适从。

（余同学爸爸）

关于快乐教育，个人觉得在现行的教育体制下是很难行得通的，拥有了一个快乐的童年，那成年以后的生活呢？快乐教育，绝对不是每天玩两个小时的手机，也不是在一个低竞争的环境里虚度光阴。教育应该是德智体美劳全面发展，注重激发孩子的内动力及深入思考的能力，激发孩子的学习兴趣。让孩子该学的时候好好地学，该玩的时候放松地玩。我们作为家长，要陪同和指导孩子往前走，培养孩子坚忍不拔的品质，更好地面对以后的学习和生活。

（张同学妈妈）

我家孩子今年四年级。孩子在幼儿园阶段，我们也是主张"放养式教育"，希望孩子有一个快乐的童年。孩子进入小学后，明显跟不上班级半数以上孩子的学习节奏。我们夫妻俩商量后形成了统一的思想：根据孩子特点针对每门学科采取不同的教育方法。通过坚持每天半小时阅读，扩大孩子的知识面和词汇量，日积月累以期厚积薄发。通过背诵数学知识点和做一定量的题，消化巩固数学知识点，提高解题正确率。通过每天早晨坚持听英语课文，增强语感，辅助一定量的练习，提高英语水平。

我们相互配合，妈妈负责辅导孩子的功课，爸爸负责陪孩子一起读书，一起体育锻炼。我们常常鼓励孩子，即使孩子学习上遇到困难，我们也不会批评孩子，而是加强与孩子的交流，帮助她端正学习态度，掌握学习方法，激发求知热情。

（王同学妈妈）

延伸篇

轻拨薄雾再思考：

我们要承认，案例中的父母都是爱孩子的。但是由于爱的着力点不同，就会像一根拉力绳的两端，不断地拉扯孩子，有时偏左，有时偏右，或同时拽紧，这样会使孩子痛苦、有压迫感，甚至感到厌恶、窒息，而家长也会同样备感吃力。有一端放手，孩子和另一端都会倒下，导致家庭内部互相埋怨，孩子无所适从。所以父母，以及和孩子在一起生活的长辈必须统一教育观念，这才是真的为孩子的发展着想，为孩子的成长助力。

其实，家庭教育中，父亲的文化责任和母亲的文化责任是不同的。一个助力孩子的和谐家庭，父母会巧妙地利用自身的特点构建有自己文化特色的家庭教育。这样的方式打造的就是有灵魂的家庭教育，孩子不会是父母的傀儡，也不会任性地浪费光阴、自吃苦果。这样的家庭是有着统一的教育理念的，是对孩子的长远发展规划有目标、有阶段、有层次的，是在孩子成长过程中出现问题时会进行研究反思、尊重孩子的成长、愿意和孩子一起成长的……这样的家庭才是让孩子感受到爱，并且不畏惧困难、有精神内驱力、积极向上的、目标坚定的家庭。在这样的家庭环境中成长，无论孩子走向什么样的人生，都会是充满正能量的。

（润州区优秀班主任　何君老师）

学会放手

主题五：独立人生，自己开拓

案例篇

五味杂陈小镜头：

场景一

时间：放学前

地点：教室内

人物：林林　老师　同学

（放学收拾书包时，同学们又一次全部收拾完毕，静静等待着林林。只见林林手忙脚乱，文具、书本还都寻找不着家。每天都如此，同学们已经习惯了。）

林林：老师，我不会系围巾，跳绳我也不会捆……

同桌：我来帮你收拾书包吧，你赶紧去拿餐包！

周围的同学：林林，你的脚下全是垃圾！（动手帮忙捡起）

林林：老师，我的铅笔橡皮又找不到了！

老师：你用完后收进笔袋了吗？

林林：我放在桌子上的，怎么全没了啊！

（林林四周的同学为她忙作一团……）

场景二

地点：放学点

人物：林林　林林妈妈　王老师

（林林妈妈站在放学点等待。班级队伍出来后，林林妈妈直接去队伍最后找女儿。只见林林一手拎餐包，一手半拖着跳绳，腋下还夹着一把前一天落在学校的雨伞。再看肩上的书包，时不时滑落。林林慢慢跟在队伍的最后，时不时耸耸左右肩膀，想要把滑下肩头的书包带送回肩膀。）

林林妈妈（立马接过林林手中的东西）：又是最后一个，怎么回事呀，每天都这么慢！

林林（埋怨）：妈妈，你昨晚帮我收拾书包怎么连作业都没带？都怪你，今天被老师批评了。

林林妈妈：你这孩子，自己的东西自己不收拾吗？今天有没有把铅笔、橡皮带回来？

林林：没有，找了半天都没找到。

林林妈妈（不高兴）：每天带多少丢多少。

王老师：林林妈妈，孩子在学校确实总丢东西，这主要是生活习惯的问题，她不会整理自己的东西，做事没什么条理。

林林妈妈：是的，每天都没头没脑、丢三落四的，她的习惯为什么会这么差呀？我看别的孩子也不这样啊。

王老师：好的生活习惯要在生活中培养，你们要多放手让她自己做能做的小事，一直扶着她走的话，她就一直学不会自己走。

林林妈妈：我回去试一试，让她从收拾自己的书包做起。

（此后，林林妈妈开始陪着林林收拾书包。林林在学校有一定的变化，但不明显。）

（毛慧敏老师）

交流篇

七嘴八舌来支招：

孩子是否养成良好的生活习惯，对于后续孩子培养责任感、自信心，以及自己处理问题的能力都有影响。但是现在有些孩子会出现依赖性强、生活自理能力差等问题，以至于他们不能很好地适应新的环境，对他们的学习、生活也会造成不好的影响。所以，培养孩子的生活自理能力也是教育活动的重要内容之一。爱，既是一种感情，也是一种需要，更是一门艺术。作为老师，作为家长，我们都应该做到不溺爱、不包办，教会并培养孩子们自理的方法和技巧，让他们开拓自己的天地。

（周静怡老师）

很多时候我们重视了对孩子的智力投资，却容易轻视对孩子自理能力的培养。如果孩子一切生活全部由成人包揽，就会养成孩子事事依赖成人的坏习惯。孩子由于年龄小，在自理时常常不懂程序和方法，碰到实际困难时，如果我们不教会方法和步骤，只一味代替他（她）完成这件事，孩子就永远学不会自己去处理问题。平时在家时可以多给孩子自理的机会，如穿脱衣服、独立吃饭、独立洗漱、整理自己的物品等。家长们可以告诉孩子做这些事情的正确步骤，孩子其实是很有兴趣自己做的，当他们独立完成一件事时也会十分高兴和自豪。

（杨洁老师）

平时在学校可以看出很多孩子都在努力想做好一件事，比如收拾好自己的书包、快快吃完午饭，可是总是难以顺利地完成。孩子其实很有独立完成的愿望，只是缺乏经验和机会。平时我们可以根据孩子的生理发展特点，逐步地提出要求，让孩子从简到繁、从易到难，慢慢去完成一些力所能及的事情。孩子的生活自理能力是在实践中不断提升和巩固的，从而养成自觉做好自己力所能及的事情的习惯。成人对孩子做得好的，要及时给予表扬，给孩子们信心。同时无论是老师还是父母都要以身作则，起到表率作用。

（魏璐老师）

延伸篇

轻拨薄雾再思考：

每个家长都希望自己的孩子可以快快地长大，能够快速、高效地做好自己的事情，这就需要孩子尽快地形成自我管理的能力。小学生自控能力有限，在很大程度上需要外力的作用。内在的愿望和勇气加上外在力量的督促，才能使孩子真正形成良好的习惯。这正是我们养成教育的核心内容。

自我管理的能力源于一种本能，这是一种自我保护的本能。但是，这种本能会随着成长环境的变化而发生颠覆性的改变。其中，家长的溺爱和事事包办代替会使这种本能消失殆尽。真正的自我服务、自我管理是儿童发自内心的行动，要具有明确的目的性和计划性。因此，引导自我管理首先要从小强化。鉴于此，我们要培养小学生的自我管理能力，必须取得家长理解并积极配合。一方面，我们要对孩子们进行生活、学习的独立性教育；另一方面，我们又要爱护学生自我管理的积极性，经常进行成效巩固。因此，家长的配合就显得特别重要，它可以使学生的行为在学校和在家庭保持一致，以巩固培养成果。孩子们在家庭日常生活中的自我管理会反过来促进他们在学校的自我管理，从而形成一种良性循环，让孩子真正养成好习惯。

（润州区优秀班主任　王莹老师）

主题六：规矩约束，内化于心

案例篇

五味杂陈小镜头：

场景一

时间：16∶30，放学已过40分钟

地点：放学路上

人物：乒乒　乒乒奶奶　老师

（每天放学，乒乒奶奶都早早地来到学校门口接乒乒放学。但乒兵经常因为作业拖拉，被留在学校补课堂作业。今天，兵兵放学又晚了。老师把兵兵交给奶奶，在一边观察祖孙对话。）

兵兵奶奶（满面笑容，全然忘记已经等候了 40 分钟）：我的小祖宗，你终于出来啦！肚子饿了吧？

兵兵（快速脱下书包，扔给奶奶）：累死我了！

兵兵奶奶（接过书包背在身上）：走走走，奶奶给你烧了你最爱吃的排骨。

兵兵（皱着眉头，嘟囔着）：我不要吃排骨，我想吃炸鸡。

兵兵奶奶（笑嘻嘻地）：哎呀，炸鸡没有营养，咱们回家吃排骨，好不好？

兵兵（一把推开奶奶）：我不要！我就要吃炸鸡，我现在就要吃炸鸡。

（说着，兵兵向炸鸡店跑去。）

兵兵奶奶（背着书包，提着饭盒包，颤颤巍巍地跟在兵兵后面）：行！你慢一点，别摔着，奶奶给你买！

（兵兵头也不回，欢蹦乱跳地往前冲。老师无奈地看着祖孙俩远去。）

场景二

时间：放学后

地点：教室

人物：兵兵妈妈　老师

（兵兵作业拖拉严重，老师将兵兵妈妈请到学校交流。）

老师：兵兵妈妈，我想了解下兵兵在家完成作业的速度。

兵兵妈妈：老师呀，这个孩子可磨蹭了，谁都说不动他。说多了，爷爷奶奶还会跟我们生气。

老师：怎么会谁都说不动他呢？兵兵确实作业拖拉，但是他非常听话呀。

兵兵妈妈：真的吗，老师？他在家里就是个小霸王，谁说都不听呀！吃饭要爷爷奶奶追着喂，写作业不是要喝水就是要上厕所。一说他就跟我们大喊大叫，我们真是拿他一点办法都没有。

老师（陷入沉思）：可是，他在学校特别安静，哪怕和同学发生矛盾，他也从不吱声。我要是不去问他，他都不会对我说。

兵兵妈妈（非常意外）：老师，这和在家里简直判若两人啊……

老师：今天如果不和您交流，我也没想到他在家里是这样的。真是在家“小霸王”，在校“小绵羊”啊。其实咱们做家长的要想一想，是不是平时太过于娇惯，导致孩子一方面缺少规矩的约束，一方面缺少独立能力的培养。

（兵兵妈妈若有所思地点了点头……）

（袁雅秋老师）

交流篇

七嘴八舌来支招：

家是孩子第一个人际交往和情绪训练的课堂与实验室。如果父母本身就喜欢“窝里横”，孩子耳濡目染，自然会从家长身上得到暗示——我们在外人面前是需要收敛情绪的，但是在家里就可以肆无忌惮，反正家人也不能把我们怎么样。所以我们对家人的态度，要和在社交场合时保持一致，对家里的老人毕恭毕敬，对另一半体贴有加，即使夫妻之间有矛盾，也尽量通过沟通的方式化解，而不是动不动就歇斯底里。要让孩子感觉到，我们要把最有爱的一面给自己最在乎的人，而不是把最坏的脾气留给最亲密的人。

（赵同学妈妈）

不做“小绵羊”“小霸王”，看似两个问题，其实只要解决一个问题，那就是不让孩子做小霸王。孩子背书包这类事情，应该鼓励孩子自己去做，妈妈可以在上学前就跟孩子预设好：“昨天老师跟我说，兵兵在学校表现特别好，老师特别喜欢你，还问我在家是怎么培养的，这么优秀。昨天看到奶奶背着书包接你回家，老师问我乒乒是不是哪里不舒服?”……善意的谎言对孩子也是一种心理暗示，更是一种引导，它比直接要求效果更好。让孩子自己去思考，自己去权衡，就会有更加深刻的体验，就算第一次没有形成良性结果，也不必灰心，继续引导，因为教育不是命令，不是法律，它需要更长的时间，一旦形成良性结果，就会对孩子的自我肯定起到大大的促进作用，孩子的自信心、独立能力也能得到好的培养。无论孩子完成的行为结果在哪个层次，家长都要给予肯定和赞扬，从而再给出方向，进一步引导。孩子出现的任何问题，都需要找到问题的主体，抓准孩子的心理进行教育。出现问题不打击，以培养孩子健全的人格为终极目标即可，这需要我们“跟踪式”的教育，所以无论是家长还是老师，都不必急于一时。

（周同学妈妈）

父母要加强沟通，全方位了解孩子。孩子父母要加强与老师和长辈的沟通，了解孩子在视线范围以外的整体学习和生活状况。根据了解的情况，帮助孩子制订一个“衣、食、住、行、学”立体规矩。比如：接孩子放学时家长可以带一小份点心或水果给孩子填填肚子，不能随意点餐，能走路便不乘车，晚上执行学习计划时家长无突发状况不去打扰，等等。所有家庭成员都必须严格遵从这个规矩，一个声音说话。孩子有超出规矩以外的请求必须转由具体主管家长同意后方可执行，否则不予执行，切断孩子的“有求必应”。执行规矩孩子有抵触时要加强说教，跟孩子阐述制订规矩的原因，赢得孩子的理解。有了规矩还必须制订相配套的奖惩措施，让孩子能在遵守规矩时尝到“甜头”。

（鲍同学爸爸）

呵护孩子成长，关爱孩子健康，开发孩子智力，健全孩子人格，与学校、家庭密不可分。孩子教育从来不轻松。场景一中出现的乒乒奶奶，作为隔代亲的“代言人”，言语、行动具有十足代表性：无原则溺爱、不愿放手。场景二中，兵兵妈妈反映的在家“小霸王”和老师反映的在校“小绵羊”的情况，则让我们看到了一个“双重人格”的孩子。都说孩子生来像张白纸，成长的过程如同“涂鸦”。那么，遇见“兵兵”们，我们怎么办？首先，给予孩子足够关注，遇事及时沟通，处理好祖父母、父母与孩子的关系。其次，注重独立精神的培养，懂得放手，孩子能做的事情自己做。再次，强化规矩意识，遵规守纪，养成良好的行为习惯。最后，守护孩子的自尊心，多肯定、多鼓励，树立孩子的个人自信。总之，良好的教育能够培养起光明的内心世界，并使孩子成为一个快乐的人。

（吴同学妈妈）

延伸篇

轻拨薄雾再思考：

俗话说“三岁看大，七岁看老”，这个千百年来经验的总结，是有科学依据的。孩童时期是一个人习惯和心理意识形成的关键期。但在现实生活中，这个时期尤其是学龄前，很多孩子都接受着一种没有节奏的养育。有些家长，尤其是老人在教育上比较随意，溺爱骄纵、事事包办、毫无原则，使孩子的行为习惯不能得到正确、及时、适当地引导和纠正，因此孩子的性格甚至人格形成很多缺陷，如自私任性、懒惰散漫、蛮横霸道、胆怯脆弱等，这对孩子今后的学习生活、人际交往造成了负面影响。案例中的孩子“在校与在家不一致”这种“双重人格”，在现实中也并不少见。

发现了这一现象，我们家长也不要焦虑。首先要反思孩子“在校与在家不一致”的根源在哪里？

第一，因为学校“有规矩”要遵守，家里“没规矩”能放纵。“没有规矩不成方圆。”所以在生活中要给孩子从小“立规矩”，遇事不随便让步，培养孩子的规矩意识、责任意识。这是形成孩子健全人格的第一步。

第二，过度保护、事事代劳造成了“家里横，外面软”。家长要学会狠心拒绝帮忙，让孩子独自面对困难，适当“吃吃苦”“吃吃亏”，让孩子承担一定家务劳动，培养他的自理能力。这样孩子才能更加独立、自信、坚强。

第三，家庭成员教育方法不一致，孩子有“保护伞”“撑腰的”，家长管不了。这一点要和老人好好沟通，取得理解配合，孩子的教育才能事半功倍。

（镇江市“最美班主任”　陈玉莲老师）

学会陪伴

主题七：相伴左右，滋养情商

案例篇

五味杂陈小镜头：

场景一

时间：暑假的一天

地点：游乐园

人物：洋洋　洋洋妈妈　小女孩　小女孩妈妈

（暑假里洋洋妈妈带洋洋去游乐园，等待玩项目的时候需要排很长的队伍。洋洋和排在身后的小女孩很快熟络了起来，两人一边等，一边聊天玩耍。渐渐地，孩子们有些不耐烦了。）

小女孩：妈妈，怎么还没到我们呀，我脚都酸了！

小女孩妈妈：那你先蹲下……（话没说完）

洋洋（冲着女孩一脸惊讶）：她是你妈妈呀，我还以为是你奶奶呢。

洋洋妈妈（尴尬地把水杯递给儿子）：洋洋，喝水！

（洋洋妈妈不好意思地把脸扭向别处。）

场景二

地点：妈妈办公室

人物：洋洋　洋洋妈妈　妈妈同事

（洋洋一年前来妈妈办公室的时候，妈妈教洋洋喊同办公室的一位大龄未婚女同事为“姐姐”。洋洋不解，觉得姐姐都应该是大孩子，不应该是这么成熟的成年人，但还是勉为其难地喊了。后来，妈妈解释说，没有结婚的女性都称为姐姐。洋洋似懂非懂地接受了。一年后，洋洋又来到妈妈办公室。）

洋洋妈妈：洋洋，喊这位姐姐。

洋洋：姐姐，你好！

同事：你好，洋洋！

洋洋（对着同事）：姐姐，你什么时候结婚啊？

妈妈（无语于儿子哪壶不开提哪壶）：什么？小孩子管太多了吧……呵……呵呵。

同事（被戳了痛处）：呵呵。

（顾同学妈妈）

交流篇

七嘴八舌来支招：

孩子还小，不知道什么话该说什么话不该说，常常说些扫兴的、伤人自尊的话，这非常要不得。他们往往只在乎自己的想法，会忽略对方的感受。作为家长，可以找机会和孩子好好谈谈，让孩子学会换位思考，模仿孩子说话的方式说给他们听，让他们学会考虑并理解对方的感受，从而让他们知道这样说话是不对的。久而久之，孩子在解决日常问题时就会养成考虑他人感受的好习惯。

（宋同学妈妈）

常言道："好话一句三冬暖，冷言半句六月寒。"从上面两个案例中，我们可以看出每当洋洋"出言不逊"的时候，洋洋妈妈都会表现得很尴尬，因为洋洋妈妈知道这样说话就冒犯了别人。要想避免这种情况发生，情商教育就要从娃娃抓起。我们常说一个人情商高，是指他会说话，处世圆滑。其实，情商高更多地体现在理解他人的能力上，也就是一个人的共情力，这是人际交往中最重要的能力。而这一能力需要父母陪伴在左右，在真实的情境中一点一滴地指点孩子。一个有共情力的人，能够真正体会他人的感受，并适当地做出回应，让人感觉到被理解和被关注。人人都觉得自己是重要的，他觉得被理解就会感觉与我们投缘，我们就会获得良好的人际关系，这将有利于我们参与社会活动。孩子是天真幼稚的，不理解成人的世界是很正常的，作为父母，我们需要经常和孩子聊天，聊生活、聊心情，教会孩子认识世界、理解别人，而不能仅谈学习、仅提要求。

（孔同学爸爸）

《礼记》曾载："不失口于人。"这句话的意思是当我们讲话时，一定要注意听者感受，懂得换位思考，先思后言。案例中洋洋看似"童言无忌"，实则给他人带来伤害，是缺乏情商的一种表现。丹尼尔·戈尔曼曾说过："一个人的成功，IQ 的作用只占 20%，其余 80% 是 EQ 的因素，也就是做人的道理。"可见情商的重要性。从自我管理的角度讲，应当帮助孩子加强自我管理，学会自我认知，认识自己的长处与短处，学会自我调控，尤其学会控制坏情绪。从管理自身与环境的角度讲，家长应以身作则，有同理心，换位思考，理解别人，获得别人的理解，让孩子在潜移默化中接受教育。高情商的形成并非一蹴而就，而是一次终身学习，作为父母则是这一漫长过程的陪伴者。

（李同学妈妈）

人际大师约翰·戈特曼博士曾说："父母与孩子之间的情绪沟通方式，决定了孩子情商的养成。"在平时的生活中，作为家长，我们首先应该善于觉察孩子的情绪，无论孩子处于何种情绪中，我们都应该让孩子知道“人都会有情绪，这没有错，关键是如何表达它”。把自己放在孩子的位置，去体会孩子的感受，这就是“共情”。第二件要做的事情是通过与孩子的互动，引导并优化孩子的情商，把孩子的情绪看成培养情商的机会，而不是我们马上要解决掉的麻烦，通过倾听和认可，让孩子学会接纳自己的情绪，独立解决问题，正确处理自己的情绪。这样，我们可以培养孩子的自信和自我认同感，在此基础上帮助孩子认识和理解他人的感受，教育孩子多关心他人，学会倾听他人的意见和欣赏他人的优点，以此来提高孩子的社交能力和处理问题的能力。

（柳同学妈妈）

延伸篇

轻拨薄雾再思考：

孩子 3 岁时，说出这类话，我们惊喜；7 岁时，说出类似的话，我们感叹其天真；10 岁时再说，我们尴尬的同时需要思考如何发展孩子的社会性。作为社会成员的个体，为适应社会生活，孩子需要形成符合社会传统习俗的行为方式。言行有明显偏差的孩子很难被同伴、亲朋、他人接受，久而久之，会影响孩子的个性、情绪发展。

孩子的社会性能力包含情绪的表达、情感的调控、理解他人的能力、自我意识和性别意识的建立。这些需要在与外界环境相互作用的过程中逐渐实现。这类“尴尬”出现的主要原因是孩子社会认知、理解他人能力的不足，因此，我们发现“尴尬”后一定要勇敢地面对“尴尬”，为孩子创造社会交往的条件，如有同伴的家庭聚会、亲子公益活动等，带着孩子在真实环境中认识社会、理解他人。整个过程中，家长需要陪伴左右，适时提醒、巧妙纠错、指点技巧，帮助孩子准确地了解他人的观点、动机、情感，对他人的行为做出更恰当的反应。只有一点一点地告诉孩子怎样说、怎样做是礼貌的，孩子才能大方得体。

（镇江市骨干教师　张慧老师）

主题八：尊重天性，快乐陪玩

案例篇

五味杂陈小镜头：

场景一

时间：放学后

地点：客厅

人物：小瑞　小瑞妈妈

（放学时间已经过去了半个小时，小瑞还没到家，妈妈又担心又着急。这时门铃响了，小瑞回来了。）

小瑞妈妈：这都几点了？你还知道回来！去哪里野了？看看你这一身泥！

（看着满身污渍的小瑞，妈妈劈头盖脸就对儿子一顿训斥。）

（小瑞愣住了，似乎想辩解什么，随即又低下头，拎着书包往书房走去。）

小瑞妈妈：妈妈问你话呢，你怎么不回答！为什么放学不回家！

（见小瑞不说话，妈妈更生气了。而此时的小瑞正阴着脸一个人呆呆地坐在书桌旁边。）

场景二

时间：爸爸下班回家后

地点：客厅

人物：小瑞　小瑞妈妈　小瑞爸爸

（小瑞爸爸回来了，看见妈妈在生闷气，了解情况后，轻身走进了书房。）

小瑞爸爸（打趣）：怎么了？嘟着的嘴都可以挂油瓶了。

小瑞：妈妈她……

（儿子眼睛红红的，跟爸爸诉说了自己的委屈。沉闷的晚饭后，小瑞爸爸决定带儿子去“疯一把”，调节心情。于是，小区里的草坪上有了一大一小两个欢闹踢球的身影，儿子露出了开心的笑容。“中场”休息时，小瑞爸爸顺水推舟，进行了一次父子间的亲密沟通。）

小瑞爸爸：儿子，其实足球场上也会遇到很多不公平的判决，如果你被裁判误判了，该怎么办呢？

小瑞自信满满地说：我肯定会跟裁判说清楚呀，要求看回放，世界杯的赛场上我的偶像都是这么做的！

小瑞爸爸：我的儿子不愧是足球迷啊！其实人生何尝不是一场球赛呢，当我们被误解时，首先要把心态放平和，学会用合理的方式为自己辩解。

（小瑞似懂非懂地点了点头。）

小瑞爸爸：其实妈妈发火也是出于对你的爱，只是方式要改正。

（小瑞听了爸爸的一番话，歪着小脑袋想了一会。）

小瑞：我也不对，没有跟妈妈解释清楚，回到家我要和妈妈说对不起。

（小瑞爸爸在轻松的游戏过程中为儿子解了心结，并使家庭气氛更加和谐融洽。）

（吴悠老师收集）

交流篇

七嘴八舌来支招：

读完这个案例，我不禁想到自己和儿子亲身经历过的那件事。那天下着雨，我们家长接小孩的时候迟到了，到了校门口，儿子早已不见。老师和家长都很担心，立刻四处寻找。过了一会儿，儿子居然自己顶着小雨湿漉漉地跑回来了。这时，家里人的怒火都到了爆发点，对他一顿训斥。而作为爸爸的我很冷静，先让大家不要再骂了。接着，我带他一起去洗了个澡。洗澡的时候，我首先对儿子能自己安全走回家表示肯定，夸奖他成了真正的小男子汉。然后再讲清楚他这种行为存在太多的危险，给家人和老师带来了很多的担忧。而这些担忧，正是因为大家爱他。最后告诉他以后再出现这样的事件，应该怎么去做才是正确的。

在孩子出现问题时，我们应该保持冷静，耐心地聆听他的倾述。即使孩子真的错了，我们在纠正错误的同时，也要让孩子知道爸爸妈妈始终爱他，始终会跟他站在一起解决所有问题。

（夏同学爸爸）

育儿过程中难免会出现问题和困惑，开始，我也会和案例中的妈妈一样，脾气急躁，训斥孩子，结果事与愿违，问题没解决，还影响了亲子关系。后来，我和孩子妈妈专门报名参加了"七点伴"讲堂，在老师的指导下改变了自己的做法。

平时和孩子谈心时我会坐下来或者蹲下来，尽量和孩子平视，使用平和的语气，这样不会让孩子产生距离感。多采用启发式的方式和孩子交流，这样孩子更容易听进去。下班后和节假日我会尽量抽出时间陪伴孩子，和孩子一起运动、一起做游戏，在陪伴中增进感情。

（朱同学爸爸）

案例中妈妈的行为对孩子造成了极大的伤害。首先，妈妈不分青红皂白，劈头盖脸就是批评，没有给孩子解释的机会；其次，在孩子想辩解的时候，她又咄咄逼人。这样不仅使亲子关系更加疏离，而且会给孩子带来心理阴影使孩子遇事胆小、畏缩。相反，爸爸的行为就很值得称赞，爸爸以“玩笑”和“游戏”的方式让儿子放松心情，敞开心扉。

用心聆听、平等交流，一直是我的追求。睡前十分钟，我会到孩子房间，听他给我讲学校的事情，并且鼓励他不要“报喜不报忧”。孩子把我当成了他的朋友而不只是家长，很多“小秘密”都愿意和我分享。这样，孩子形成了积极、乐观、自信的性格。此外，在我们家，遇到意见不统一的时候，采用投票表决的方式。在遇到分歧的时候，我们也不会用家长的身份给孩子压力，充分做到了“以理服人”。

（洪同学妈妈）

延伸篇

轻拨薄雾再思考：

到了小学高年级阶段，孩子的叛逆心理不断增强，一些家长在教育孩子的过程中容易产生急躁或失望的情绪，一旦孩子出现各种问题，除了责怪就是不知所措。

孩子是主动学习的人，他们有着探索周围环境的强烈好奇。游戏为他们提供了丰富的学习内容和发现机会。与孩子们玩游戏时，许多父母会发现，孩子们的兴趣点往往与我们成年人不同。因此，为了进入孩子的世界并成为他的玩伴，父母必须首先善于观察孩子，同时放下成人的观点，才能真正体会孩子的需求和想法。作为父母，尊重孩子的天性，在轻松的亲子游戏中走进孩子的内心世界，才可能实现平等交流。在建立积极情感的基础之上，家长才可以有效地引导孩子走出叛逆。因此，我们需要有意识地营造一定氛围，以一种愉快的心情教育他们，这会使孩子更乐于接受意见。

（润州区十佳辅导员　吴悠老师）

学会指引

主题九：明确任务，学会担当

案例篇

五味杂陈小镜头：

场景一

时间：晚饭后

地点：客厅

人物：妈妈　爸爸　（监控中的）孩子

（妈妈躺在沙发上看手机，退出娱乐页面，切换到监控页面，看孩子在做什么。监控中的孩子坐在书桌前，手里拿着玩具刀切割橡皮，下面摊开摆放着今天的作业。爸爸拿着一盘水果走过来，坐到妈妈旁边。）

爸爸：看啥呢？

妈妈（生气）：看你的好儿子呢！到现在都没开始学习，本来学习就差，还这么不认真！

爸爸：小孩儿嘛，贪玩儿，正常。

（妈妈又气呼呼地看了一会儿，孩子还没有要写作业的意思。妈妈突然放下手机，站起身向孩子房间走去。爸爸坐在沙发上吃着水果无奈地摇摇头。）

场景二

时间：晚饭后

地点：孩子房间

人物：妈妈　爸爸　孩子

（妈妈直接推门进屋，吓了孩子一跳。孩子赶忙把手里的东西一丢，拿起笔开始写作业。）

妈妈：放学回家，让你快点写作业，你说上学累了休息一会再写。吃过晚饭，让你抓紧写，你又找理由说吃撑了要消消食。你看看这都几点了？你又想像昨天一样搞到10点多才睡觉啊！

（孩子惶恐地看着妈妈，遮遮掩掩地给妈妈看手底下写了一点点的作业，张着嘴想要辩驳。）

孩子：我在写呢……

妈妈：你写啥呢！这么半天就写两行！

（妈妈拿起作业本猛地拍在孩子面前。）

妈妈：你都多大了还得我看着你学习啊，前天的考试你得了多少分，你没数吗！你怎么这么不争气呢？

（妈妈声音越说越大，越来越激动，准备开始揍孩子。爸爸快步走进来把妈妈往后拉。）

爸爸：你干吗这么训孩子？有话不能好好说啊！

妈妈：好好说，怎么好好说？这都好好说了多少次了啊，有用吗？马上要期末考试了，再不好好教育就晚了！

（孩子大声反驳。）

孩子：这不公平！你们在外面玩手机，我就要这么辛苦地写作业，凭什么啊？我都是跟你学的！

（妈妈气得还要说什么，但被爸爸使劲拽了一下。爸爸蹲下来看着孩子泫然欲泣的样子，细声安慰。）

爸爸：妈妈就是想让你写完作业再玩，别着急，慢慢来啊。

（孩子犹犹豫豫地点点头，爸爸拽着孩子的手，还想说些什么。妈妈离开了房间，顺便带上了孩子的房门。）

（钟同学妈妈）

交流篇

七嘴八舌来支招：

看到案例，可以想象得到那种伴随着怒吼的失控场面，继续下去亲子关系会恶化。我的建议是：第一，要让孩子明白，作业其实是孩子作为学生的"工作"，是他自己的任务，如果没有做完，要让孩子承担这个行为带来的后果。只有让他体会到完成作业是自己的责任担当，才会带来行为上的改变；第二，妈妈可以在孩子遇到难题时给予辅助而不是"监视"；第三，用记事本罗列作业，提前和孩子计划好每项作业的完成时间，并让他自行选择先后顺序；第四，明确作息时间，时间一到准时上床休息；第五，家长偶尔给孩子报时，让孩子有个时间概念。最后，只有让孩子感受到信任，感受到自己的责任，才能有效改善拖延问题。

（龚同学妈妈）

案例中的妈妈：为了孩子学习使出了浑身解数，"说教、打骂、吼叫、监视"等；爸爸：不参与、不负责、适时安慰；孩子：无助、恐慌。父母都做了自认为没有错误的、对孩子好的事情，可是实际情况却是妈妈不相信孩子，孩子不按照家长的要求来做，爸爸很无奈。这样的现象在有学童的家庭还是常见的。我认为产生这一问题的主要原因是家庭教育中目标不明确，任务不细化。要做到目标明确，任务细化可从以下几个方面入手：（1）所有的参与者共同商量明确目标。（2）目标要接地气，短期目标要细化，孩子踮踮脚最多跳一下就可实现，手把手教会孩子怎么做，如果一次不行，就两次、三次……足够的耐心教足够多的次数，通过一个一个小目标的实现完成独立成人成才的大目标。（3）人人参与，奖惩有度。如果谈学习，那就全家都学习看书；如果说劳动，那就一起来劳动；如果要运动，那就一起强身健体。过程中随时表扬，即时纠错（就事论事，切不可翻旧账），定期批评（行为到思想定期梳理）。

（田同学妈妈）

妈妈的性格脾气决定了孩子的未来，学做一位“好”妈妈，在孩子的成长过程中尤为重要。

1. 榜样式妈妈。想要孩子专心完成作业，家长就要先树立起专心做事的典范。场景一，妈妈是否可以这样做：弹性放手，和孩子约定好完成作业的时间，在规定时间里完成作业，获得奖励；若未能在规定时间完成作业将受到一定的惩罚。全程陪伴，捧起一本自己喜爱的书，在边上陪着孩子度过这段需要安静、专注的时间。在孩子开小差的时候，轻轻提醒一下孩子，让他始终可以专注于作业，慢慢地养成良好的习惯。

2. 尊重式妈妈。在学习的过程中，孩子需要的是一位尊重他需求，理解他想法的妈妈，而不是一位“母老虎”。场景二，妈妈是否可以这样做：有话好好说，把孩子看作一个有独立思想的“人”，耐心和孩子沟通，了解他一拖再拖不想写作业的原因，适当地满足孩子的要求，和他“谈判”，达成双赢的局面。

当然，爸爸也是孩子学习和成长过程中不可或缺的角色。希望我们都可以成为智慧型家长。

（黄燕老师）

延伸篇

轻拨薄雾再思考：

著名教育家叶圣陶先生说：“什么是教育，简单一句话，就是要养成良好的习惯。”

作业的完成是教育过程中重要的一环，作业既是反馈、调控教学过程的实践活动，也是在教师的指导下，由学生独立运用和亲自体验知识、技能的教育过程。通过作业教学，使学生巩固、内化学得的知识技能，充分发挥师生双方的主观能动性。作业的按时、高效完成看似只是教育的过程之一，但其实是孩子习惯的养成过程。孩子现在用什么样的态度对待作业，将来就会以什么样的态度对待生活。

所以，我们应该让学生明确按时完成作业是作为学生应该有的义务，在学生时代能游刃自如地将作业按时按质完成，将来长大了就能合理安排自己的学习、工作、生活，成为一个有担当的人！

（江苏省辅导员基本功竞赛一等奖获得者　袁莉老师）

主题十：善于计划，把握规律

案例篇

五味杂陈小镜头：

场景一

时间：18∶30，放学回家后2小时

地点：家中

人物：天天　天天爸爸

（天天爸爸加班，比往常晚回家1个多小时，回到家后，看见天天正在慌忙地收拾书桌上的课外书，而书包却放在旁边，连拉链都没有拉开。）

天天爸爸：天天，作业完成得怎么样了？

天天：……（低着头，迅速把课外书放在一旁，打开书包，拿出文具盒、英语书和作业记录本。）

天天爸爸：不会吧？你一个字还没有写？你回家都干什么了啊？

天天：我……我……我在看《老象恩仇记》（沈石溪的动物小说）。我看得入迷了，忘记写作业了。

天天爸爸（生气）：都和你说过多少次了，虽然看课外书是好事，但必须要先把作业完成啊。你赶紧做作业，做好作业才能吃饭！

天天：啊！可是我的肚子饿了，难道要饿着肚子做作业？

天天爸爸：是你颠倒了完成作业的顺序，相应的后果你必须承担！

（全家等天天完成作业，晚上8点才吃晚饭。）

场景二

时间：晚上8点

地点：家中餐桌上

人物：天天　天天爸爸　天天爷爷

（这么晚才开饭，大家都饿得不行，埋着头狼吞虎咽，谁也没有说话。天天知道这一切都是因为全家人在等他完成作业，情绪明显有些低落。大家快吃完的时候，爸爸说话了。）

天天爸爸：天天，你意识到今天的问题在哪儿了吗？

天天：是的，我不应该先看课外书，应该先把作业写好。

天天爸爸：爱读书是个好习惯，可以学到很多知识。但是，相对于读课外书来说，完成作业显得更加迫切。在时间有限的情况下，应该首先完成最紧迫的事情，然后再做其他事情。

天天：好的，我明白了。

（闷声不吭的爷爷开始说话。）

天天爷爷：天天，今天爷爷做的芹菜炒肉丝好吃吗？

天天：嗯，好吃呢。

天天爷爷：那你知道做这道菜应该先炒肉丝，还是先炒芹菜吗？

天天：嗯？有什么区别吗？不就是一起放进锅里面炒吗？

天天爷爷：不是的，如果一起炒就没有这么好吃了。

天天：为什么呢？

天天爷爷：因为肉不容易熟，而芹菜是蔬菜，很容易就会熟过了头。如果一起放进锅里，要么肉还是生的，要么芹菜就炒烂了。所以，你觉得应该先炒什么？

天天：哦，我知道了，应该先炒肉丝，等一会再把芹菜放进去，这样就正好。

天天爸爸：聪明！所以啊，做事情之前，一定要想清楚先干什么，然后干什么，最后干什么，只有遵循规律，我们才能做好一件事情。

天天：嗯。作业是我今天必须要完成的，不能拖到明天，而课外书今天没时间看也没关系，明天还可以看。

（刘同学爸爸）

交流篇

七嘴八舌来支招：

这样的现象很多孩子身上都发生过，我家孩子曾经也有过，我发现后跟他进行了一次详谈。我先肯定他爱看书是好事，妈妈很高兴；然后告诉他事有轻重缓急，必须要做的事情应该先做完。孩子很懂事，表示下次会注意。

遇到这样的事情，家长不需要过于焦虑，可以换位思考。对于孩子来说，看课外书是他感兴趣的，所以他会先做自己感兴趣的事情，这其实无可厚非。问题只是出在选择看书的时间上，家长平心静气地进行引导，尤其要先肯定爱看书是好事，这样孩子会觉得家长也是理解自己的，接下来的沟通也能更好地进行。

（刘玲玲老师）

看到案例，我不由想起：一次，孩子放学回来后，把书包放一边，坐那儿看课外书。我问他作业都完成了没，他回我："还没写，我想先看会儿书，歇一会儿。"孩子能把看书当作放松解压的方式，是值得肯定的。作为妈妈，深知孩子学习一天的辛苦，但是，也必须引导孩子养成放学后先完成作业再做其他事情的习惯。于是，我对他说："好的，再看几分钟，喝点水，然后就尽快把作业先完成哦，否则你看着书，心里还记挂着作业，那书也看不踏实。先把作业完成了，可以定下心慢慢看书。"

遇到这样的事，作为家长，我们不能急躁，不能一味地指责孩子，我们应该在肯定的基础上，正确地引导他们，教会他们把时间合理划分好，更好地管理时间。

（徐鑫老师）

案例中的场景似曾相识，也一度让我哭笑不得。这里分享一下我的做法。首先，我们必须肯定孩子，看课外书是无可非议的好事；其次，告诉孩子“在对的时间做对的事”，你在没有完成作业的情况下看课外书，甚至一边写作业一边看课外书，这样只会导致两件事都不能很好地完成。

和孩子剖析其中的利弊后，教孩子如何学会时间管理。第一步“作业管理”，让孩子每天做作业前，根据任务的轻重缓急，先列一个清单，理清哪些任务先做，哪些任务后做，每完成一项，就在清单上画上钩，让孩子体会到完成任务的成就感。第二步“时间管理”，当孩子已经可以比较熟练地通过清单管理自己的作业任务后，可以再教孩子进行时间管理。在开始每项任务之前，让孩子先做时间估算，然后记录一下完成所需的实际时间。这样不但有助于提升孩子做作业的专注力，而且一段时间后孩子就能够在做每项作业时都有自己内心的越来越准确的预估，对时间的掌控能力就提高了。总之，看课外书和写作业本不矛盾，家长可以鼓励孩子制订时间计划，时间资源利用得好，对孩子的生活和学习会起到事半功倍的效果。

（李同学妈妈）

延伸篇

轻拨薄雾再思考：

时间观念模糊的孩子在学习和生活上的条理性比较弱，在一些团体活动中，做事效率也明显落后于人。相反，懂得时间管理的孩子更自律，自主性强，还有较强的自我管理能力。这些孩子做事的效率比较高，往往也能成为群体中比较出色的学生。因此，养成良好的时间管理习惯，会给孩子的学习、生活等多方面带来良性影响。

时间管理即通过事先规划和运用一定的技巧、方法等实现对时间的灵活有效运用，从而高效完成目标的过程。小学阶段是习惯养成的关键期，对孩子的成长至关重要。我们要注重培养孩子的时间管理能力，促进孩子的自我成长。

首先，帮助孩子理解时间的意义，明白时间的重要性。

"一寸光阴一寸金"，跟成人相比，由于孩子的生活阅历不足，他们天生对时间有着"感知惰性"。家长和老师则要帮助孩子树立正确的时间观念，让他们认识到时间的重要性，学会珍惜时间。家长可以带着孩子充分认识时间，体验每分每秒的时光；带着孩子玩一些关于时间的游戏；和孩子一起观看珍惜时间的动画片或者相关视频。这样孩子对于时间的认识会更加深刻。

其次，培养孩子制订计划的能力，拓宽时间的维度。

家长除了关注放学后这一个时间段，还要关注孩子一周、一月的时间规划，提高孩子事件排程的能力，通过日历工具，教孩子学会对事情的轻重缓急设立优先级别。告诉那些刚开始制订计划的孩子，任务完成的时间别定得太紧。比如预计自己完成某一项事情需要 20 分钟，那么可以计划用 30 分钟。让时间宽裕一些，但尽量保证每天给自己规定的任务都能完成。在一天结束的时候，前一天计划的事情都做完，可以给孩子很大的成就感，增强其继续制订和执行计划的信心和动力。这样循序渐进，再慢慢提高标准，才能真正高效地利用时间。

最后，注意及时反馈，在时间体验中增强获得感。

反馈在孩子学习技能、不断成长的过程中起着很重要的作用。孩子在锻炼自己的时间把控能力时有任何的进步，家长的肯定和鼓励都会让孩子更高效地学习。同时，对于孩子出现的一些问题，也要及时给予教育和引导，让孩子认识到自己身上存在的不足，以帮助孩子树立"有则改之，无则加勉"的意识。这里，家长切记不要给孩子临时增加学习任务。家长或老师的及时反馈能让孩子体验到"赚到"

的时间，扩大体验生活的范围，体验到高效学习带来的甜头，提升自我管理的能力。

培养孩子的时间管理能力，老师是引路人，更重要的在于家长的引导、陪伴、榜样。水滴石穿，聚沙成塔，这是一个漫长的过程。孩子经过不断地计划、执行、否定、修改、执行……一定能学会时间管理，真正地提高学习能力，做好时间的主人。

（润州区优秀班主任　顾月花老师）

且来花里听笙歌：

“成长少年说”解忧杂货铺实践课程

我们发现孩子们成长中的困惑有很多是同龄人的共性问题，也许高年级的学长作为过来人，能有更多的宝贵经验帮助学弟学妹们跨越眼前的障碍，于是设计了这个既可以为同学们保密，又可以让大家互相帮助的心理健康教育平台。学校每周将小学部和中学部"心语信箱"里的同学来信进行分类并讨论，然后根据不同内容分别邀请高年级学长、学校家委会的家长和专业的心理老师为大家答疑解惑。华笺入我箧，解君千千结！这个"杂货铺"装满了同学们成长的烦恼，装满了家长们的理解，也装满了老师们的爱与期待。

同学们，大胆说出心声吧！

我想有个幸福家

各位老师、各位同学：

我是镇江实验学校学生心理健康发展中心的陈老师。我是六（3）班的小可。我是六（3）班的梓潇。

陈老师：学生心理健康发展中心新推出的《成长少年说》节目，在老师们的精心准备下，今天和大家见面了。本期的交流主题是"我想有个幸福家"，在"心语信箱"的众多来信中，我发现好多同学都谈到了关于家庭的困惑。老师挑选出有代表性的来信，并且邀请了镇江实验学校"七点伴"讲堂"亲子社团"中的家长参与回复，家长们给出了好多金点子。我们一起来听一听同学们的心声吧。

主题一：冷漠的爸爸 vs 暴躁的妈妈

1. 小可：这是一位来自四年级同学的留言——

我每天和爸爸说的话，两只手、十根手指头都数得清。每天除了“拜拜”“吃饭了”“好睡觉了”，就无话可说了。其余时间就是他干他的，我干我的，绝不会关心一下对方，或是聊天。其实，我也想关心一下爸爸的工作、生活……可不好意思开口，每当看到别人和自己的爸爸有说有笑，我也很羡慕。

家长回复

你好同学：

其实阿姨小时候也有过这样的阶段，那时候的我性格比较内敛，我的父亲也是比较内敛的性格，加上那段时间我们相处的时间比较少，经常感觉和他无话可说，还会觉得特别尴尬！但是，这并没有影响我和我父亲的感情哦。随着你慢慢长大，我相信你和爸爸的感情会越来越好！只要你相信你有一个爱你的父亲！

默默支持你的一位阿姨

宝贝，你知道吗，给你生命的是你的爸爸妈妈，抚养你长大的也是你的爸爸妈妈。爱孩子是父母的本能，父母疼爱孩子的方式有很多种，可能他们认为，给你提供安静的生活、学习条件是最好的方式，他们是想让你有更多的时间学习，怕打扰你，但是他们却忽视了给你爱的陪伴。其实你可以早点将自己的作业安排好，主动和父母沟通，告诉他们你的想法，可以聊一些学校里的趣事或者学习上的困惑，他们会很乐意与你分享的！

陈老师：原来，不同的陪伴方式都是爱的表达，你也可以先大胆地向爸爸表达你对他的爱！

2. 梓潇：这是一位来自四年级同学的困惑——

近期，我有一些没有解开的小心结。姐姐上了高中，因为学习问题家里每天鸡飞狗跳的。我听得心烦意乱，担心家人的关系会越来越差。妈妈怕耽误我的学习，把我送到了奶奶家。妈妈和姐姐天天吵架，妈妈吵得头疼，姐姐也无心学习。请问您有办法可以缓解她们的关系吗？

家长回复

孩子，看到来信很是感动，说明你希望家庭和睦，成员开开心心。你长大了，也是发挥你才智的时候了。首先你要去找妈妈谈谈。妈妈多半是因为姐姐成绩不尽如人意而焦虑，你应该告诉她，她的目的是好的。通过交谈，要让妈妈放下焦虑、改变态度，由你来和姐姐沟通，缓解矛盾。然后你再找姐姐谈谈，说明妈妈的出发点是好的，让姐姐安心学习，自己制定目标，一步一步去实现。告诉姐姐自己已经劝过妈妈了，妈妈也理解了，让姐姐态度好点儿。这样两边做做工作，缓解她们的关系。

同学：

你好！

看了你写的这封信，我真要为你点赞。因为作为家中最小的孩子，已经能够做到关心妈妈和姐姐，努力营造和谐的家庭氛围，这足以让我们感受到，你是一个非常有责任心的孩子！你能够非常清晰地讲述你们家现在遇到的一些困惑，也说明你非常爱你的家庭，爱家庭中的每一位亲人。至于你提到的姐姐和妈妈的关系问题，总结来看，应该都是学习引起的矛盾，对吗？其实我觉得这个问题需要妈妈和姐姐静下心来交流一下。妈妈不要总是看成绩，要多多关注学习过程，与姐姐一起找找学习成绩不太好的原因。姐姐也要对自己提要求，梳理每阶段的学习目标，慢慢进步！也可以通过阅读书籍、查阅资料、请教老师等方法，提升自己的学习成绩。我想，办法总比困难多，只要肯努力，成功就在前方！相信妈妈、姐姐，也相信你的家庭一定可以克服困难，和谐幸福哦！加油吧！

陈老师：是的，今天回家就和姐姐约好，共同努力学习，消除妈妈的焦虑，一家人都会很幸福！

3. 小可：一位来自四年级的同学在“心语信箱”的留言——

爸爸每天都在说我这样不好、那样不好，人家怎样怎样，太烦了。数学和英语测试，我一样都考不好，爸爸说我永远都不会考到100分，更别说被评为“四美两会阳光娃”了。每天回家写作业都写到好迟好迟，也不知道怎么回事。

陈老师：同学，对于你的困惑，有两位家长志愿者给予了回复。

家长回复

宝贝：

你好！

你要知道世界上没有两片完全一样的叶子，何况是人呢？可能爸爸更在乎你的学习成绩，那是因为他希望你长大后能够少吃苦。我想你的爸爸妈妈是特别爱你的，只是他们不会表达出来。如果你觉得爸爸妈妈对你的否定太多，其实你完全可以自己去找爸爸妈妈聊聊，把你的想法告诉他们，希望爸爸妈妈多多鼓励你。而且我要告诉你的是成绩并不能代表一切，只要你认真努力就可以了。未来是属于你们的，加油！

我也是一位家长，曾经我也和你的爸爸妈妈一样这样对待自己的孩子，但是我发现我错了，我没有站在孩子们的角度去考虑问题，永远只会对他们高标准严要求。其实有些事情我们家长自己也做不到，有的时候我们家长要调整好心态，多鼓励孩子，和孩子共进退！

陈老师：同学，你听明白了吗？相信父母责备的语言背后，一定都是对你深深的爱。

4. 梓潇：一位来自四年级的同学在“心语信箱”留言这样说——

在家里，我的妈妈总是很暴躁，作业有一点点错就打骂我，我话还没说完，她就开始指责我。有时候，我没做错什么，她却总是乱打人。她把一本《父母的语言》看完了，里面讲的都是如何更好地去教育孩子。她怎么就不照样去做呢？

家长回复

孩子：

你好！

你的来信收到了。第一，字里行间看得出你对妈妈有看法！如果妈妈下次再动手打你，你可以对妈妈说：“蒋老师告诉我们，一个人可以表达他的愤怒，但是不能愤怒地去表达，动手打人就更不对了！”第二，我也看到了一个愿意改变自己的妈妈。我想说，妈妈能认真地把《父母的语言》读完就说明她可能已经意识到自己的行为是错误的，也想认真努力地去做一个合格的妈妈呢！你是第一次做孩子，可是妈妈也是第一次做母亲哦，你愿意给妈妈一点时间吗？

陈老师：好吧，同学们，我们也体谅体谅妈妈，耐心等待正在改变的她吧。

主题二：给二孩家庭的调和剂

5. 梓潇：这是一位五年级的同学在“心语信箱”的留言——

一天晚上，我正在看电视。突然，弟弟走了过来，把电视调台了。我冲着弟弟大吼：“你干什么？”“不就调个台吗？你书看完啦？”弟弟说。听了这话，我无可奈何地走进了房间，看起了书。弟弟见我不打他、不骂他，便愈发嚣张起来，把我的书撕了一页。我轻轻打了他一下，他便大哭："妈，姐姐打我，好痛!"妈妈不管三七二十一，先臭骂了我一顿。我很难过，又无处哭诉。老师，您能帮我解决吗?

家长回复

亲爱的同学：

看了你的留言，阿姨感同身受，因为我也是一个二宝妈妈，和你一样，我的女儿也有一个这样"调皮"的弟弟。在家里常常听到姐弟俩争吵哭闹的声音，姐姐赢了，弟弟就哭，弟弟胜了，姐姐就很委屈。阿姨想告诉你的是，你适当的谦让，既能表现你的大度，又能化解吵闹，相信你的谦让妈妈会看在眼里的，并且会告诉弟弟，姐姐这次让了你，你要记住，如果你不改正，以后可没有人会像姐姐这样无私地让着你。随着弟弟慢慢长大，他会明白这些道理，也会知道有个疼他的姐姐。你给弟弟做了榜样，也能让家庭更和睦和谐。爸爸妈妈会因为有这么懂事的女儿而感到欣慰，从而更好地教导弟弟，不能霸道不能自私。阿姨希望你有任何心里话都可以跟你的妈妈交流沟通，不要憋在心里，这样的你会更阳光更快乐！祝你开心，学习进步！

陈老师：哦，做个谦让、有责任心的姐姐，可以让家庭关系变得更和睦，你学会了吗?

6. 小可：下面是一位六年级同学的心声——

我们家有四个孩子，周末的时候，我们往往会因为一件小事争吵起来，也会因为妈妈偏袒了一个人而感到烦恼。妹妹的成绩不太好，妈妈经常会让我去辅导她，我为此感到烦恼。

家长回复

亲爱的小孩：

我想跟你说说我的感受，我自己是在一个兄弟姐妹四人的大家庭里长大的。回忆自己小时候，跟兄弟姐妹们时有争吵，甚至会打架，但是，这些争吵和打闹真的不会影响我们的感情。现在我们大了，各自成家，尽管不像小时候那样天天见面，但心里都有对方。你想想，每天被挂念，是不是很幸福？而我，现在做了三个孩子的妈妈，家里确实会吵闹。我想，一个妈妈可能在某一刻会偏袒某一个孩子，但是到下一刻一定会找到平衡给另外的孩子更多的关爱。也就是说，某刻不是永恒，长久看，妈妈给每个孩子的爱是均衡的！

陈老师：这真是一种别样的童年，同学，你也好好享受兄弟姐妹之间的亲情和幸福吧！

结尾语：家，一个让人温暖的字眼，我们每个人都应该为了家庭的幸福，或者做出自己的让步，或者表达自己的想法，或者承担该有的责任，用真情打动家人，用行动改变你我。相信今天的《成长少年说》一定对你有所启发，那么大家就去尝试改变吧！下一期的节目更精彩，主题为"嗨，亲爱的伙伴！"我们一起来聊聊你和伙伴之间的恩恩怨怨、是是非非，让我们一起来期待吧！

敬爱的老师、亲爱的同学们，我们下次再见！

嗨，亲爱的伙伴！

各位老师、各位同学：

你们期待已久的《成长少年说》节目，今天又和大家见面了。我是陈老师。我是六（3）班的宇峰。我是六（3）班的婉莹。

陈老师：本期的话题为"嗨，亲爱的伙伴！"当我们早晨告别父母，走进美丽的校园，这一天中接触最多的就是身边的小伙伴，我们一起学习探讨，一起玩耍嬉戏，偶尔也会产生一些小矛盾。随着矛盾的升级，双方的情绪会影响彼此的心情，这样的心结该怎么解呢？今天我们请来了初中部的大哥哥、大姐姐们，因为他们也曾经和你们一样，遇到过类似的烦恼，让我们一起来听听他们的好办法吧！

主题一：坦诚面对，交真正的朋友

1. 婉莹：“心语信箱”收到一位四年级同学的来信，他说——

尊敬的老师，我最近遇到了交友的问题。我有一位好朋友，我们虽然认识的时间不长，但友谊很深厚，可最近遇到了一个小插曲。运动会上，她的座位在我的前面。我听一位男同学说了一个笑话，便想说给她听，但被她再三拒绝。前两次我还没觉得有什么，但后面的七八次尝试都没有得到回应。我想，可能是她心情不好，就不再计较，谁知体育课上还是如此。被她一而再、再而三地拒绝，我有点疑惑：她是有新朋友了吗？不可能是这样吧。课间时、课外活动时她都这样。同学们都说：“你就放弃吧。”可我不想在这个孤独的时候陪伴我的人离开，我该怎么办呢？

学生回复

同学：

你好！

凡事总会有个原因，她肯定不会无缘无故地疏远你，既然出现这种情况，就可能是你们之间出现了一些小小的问题，有可能是你不小心伤害到她了，也有可能是她自己最近心情不太好。如果你真诚地想挽留她，就从她疏远你的原因入手去了解情况。

如果你的好朋友只是疏远你一个人，你需要自我反省，想想自己是否有什么地方使她不开心了，有时你一个微小的举动就有可能伤了她的心，或者你们之间可能产生了误会。这时沟通尤为重要，应说清楚你感觉到她不理你之后的内心感受。

若是你的好朋友对其他同学也不理睬，则可能是她遇上了困难、有烦心事。这时你要担起好朋友的责任，上前安慰她，坦诚地对待她，她也会被你所温暖，逐渐敞开心扉的。

八（15）班　梅同学

陈老师：从大姐姐的这段话中，我听到了这几个关键词：委婉地沟通、主动承担责任、坦诚对待。如果你也这样尝试一下，可能你俩的关系就会变得融洽了！

2. 宇峰：接下来是一位五年级同学的来信——

最近一段时间，也不知道怎么的，我感觉心里特别烦，就连口头禅也成了"烦死了"。有时特别想发泄烦躁的情绪，就冲着别人发火。发完火又感觉有点后悔，感到自己这样做不太好，但是有时候真是控制不了。你们说我该怎么办呢？

学生回复

亲爱的同学：

你好！

让你总是出现心情烦躁的原因可能是以下几种：作业太多，压力太大，很少运动，不怎么与人交流。其实烦躁这种情绪，它总是一阵一阵的，你如果想每天都放松身心，那方法很简单，只要转移一下你的注意力就行了。比如：空闲时，可以出门欣赏大自然的美景，也可以多多与人交谈，跟别人分享自己内心的想法。

我相信你会变得更好的，加油！

徐同学

陈老师：俗话说，解铃还须系铃人。首先需要调整好自己的心态，让阳光洒进自己的心里，然后才能用微笑感染周围的朋友。同学们试一试吧！

3. 婉莹：这是一位五年级同学的来信——

我有一块很好看的橡皮，我的一个同学很喜欢它。他几次向我借我都没有同意。有一天我的那块橡皮不见了，可那个同学的桌上却有一块一模一样的。我怀疑他拿了我的橡皮，便把他的那块橡皮抢了过来，可后来，我发现我误会他了。我该怎么向他道歉呢？

学生回复

同学：

你好！

很高兴有机会可以帮助你。了解了你的烦恼，我想，或许你可以给他一句真诚的道歉，并给他一个开心的微笑。如果可以，你就挑选一份精致的小礼物送给他，并告诉他希望他可以接受你的道歉。

希望我的建议可以帮助到你。

陈老师：大姐姐告诉你，遇事要冷静，才不会伤害到伙伴。如果无意中伤害到别人，就要真诚地道歉，想办法挽回和伙伴之间的友谊。你学会了吗？

4. 宇峰：下面是一位四年级同学的来信——

我的烦恼是：最近我和同学们老是发生矛盾，不是因为取外号，就是因为误会别人，因此吵架了，真是让我好难受呀！

学生回复

学弟：

你好！

我是八年级的学姐，你所遇到的烦恼我也曾遇到过，其实很多人也都遇到过，所以不必太过纠结。成长的路上总会或多或少遇到这样的困惑或烦恼，有的时候被朋友误解，有的时候被他人嘲笑。首先，我们要保持平和的心态，很多时候朋友之间也许只是开开玩笑，只要不是太过分就好了。其次，要多和朋友进行沟通，告诉他们你的真实想法，这样可以使你们的友情更加坚固。真正的朋友是可以接受对方真诚的建议的。如果三观不合，那也不必勉强。最后，不要打架！武力不能解决任何问题，反而会使矛盾激化。如果有人打了你，要及时告诉老师和家长，让打你的人受到正义的“制裁”！

祝你拥有志同道合的朋友和多彩的小学生活！

陈老师：大姐姐刚才说到了“真正的朋友”，同学们思考一下，你认为真正的朋友应该是什么样的呢？

婉莹：真正的朋友就应该相互理解、相互帮助。

陈老师：是啊，希望同学们都能找到自己真正的朋友，同时自己也应该做伙伴的真正的朋友！

5. 婉莹：有一位五年级同学给我们留言，他说——

在班上我有一个十分要好的同学，她的动作比较快，我的动作比较慢。有一次，因为体育课前我们一直找跳绳，可是没有找到，所以上体育课时迟到了。体育老师很生气，打电话给班主任老师。老师批评了我，她却说是因为等我迟到了，可是她也没有带跳绳，她却没有解释，把全部的责任推向我。我伤心难过也很气愤。这样的事有过好多次，她总说我不理解她。我们还能做朋友吗？老师，希望你能帮我解答。谢谢！

学生回复

亲爱的同学：

你的来信我已阅读，首先要给你点个赞，你有勇气把自己的烦恼诉说出来，倾诉也是一种解决烦恼的方式。学生时期的朋友是相对单纯的，同学之间的相处有时会出现不公、不平、不等，但这些都是小问题，没有必要在某件事上纠结，放宽心，抬高眼界，过一段时间，你会发现之前在你眼中的困难和烦恼都算不得什么。俗话说，吃亏是福，退一步想，这些事也是你人生的磨砺。

但愿我的答复可以帮到你，让你走出烦恼，向自己的人生目标前进！

陈老师：宇峰，大姐姐的留言中，你印象最深的是什么？

宇峰：给我印象最深的一句话是“吃亏是福”，我突然明白这是交朋友时最高的一种境界。以前我觉得自己不能受委屈，否则我就受不了了，现在我想通了：即使我和朋友相处时遇到了不公平的事，我也能心平气和地面对了。这是在磨练我的耐心，开阔我的胸襟呢！

陈老师：是啊，现在练就大胸襟，未来才有大格局，你一定会有更多的好朋友！

主题二：相信自己，提升自我品位

6. 宇峰：接下来是一位四年级同学的来信，我觉得他有点特别，他说——

老师，我是一名从外地转学过来的小学生。大家都不太认识我，在学校几乎没有同学和我玩。我很孤独，你能帮助我吗？

学生回复

同学：

你好！

离开家乡，来到新的学校读书可能会使你感到孤独，但这并不是同学们不和你玩的主要原因。他们也很希望尽快与你成为朋友，只不过他们不够了解你。想要融入这个新集体，不必害羞，只需要展示出自己最真实的一面，主动了解他人。你可以试着在下课时与他们一起玩，聊一聊你们共同的爱好或其他。如果短时间内你还是没有知心朋友，也不要气馁。也许他们之间已经有了小小的默契，你只需要把心思放在学习上，发展兴趣爱好，努力让自己变得更加优秀。同时，做最好的自己，善良、自信、真实、大方，让人如沐春风。这样的你，很快将会收获许多朋友。

你未必光芒万丈，但始终温暖有光。希望我能帮到你，加油！

八（16）班　叶同学

陈老师：我们镇江实验学校是一个温暖的大集体，每一个新来的同学，我们都很欢迎。你来学校快要一学期了，相信你肯定已经有好朋友了吧！

7. 婉莹：这是一位六年级同学的来信，她自己认为——

在朋友们眼里，我似乎就是空气，可有可无，我好像不重要。我无法融入她们，她们也不带我玩，还说我很烦。

学生回复

亲爱的同学：

你好！

很高兴能接到你的来信，也很乐意帮你解答你心里的问题，希望这封回信对你有所帮助！

关于你的问题呢，我们先来聊聊什么是朋友吧。一个真正的朋友，是你高兴时与你分享快乐，是你幸福时使幸福增倍，是你困难时使困难分解，是你孤单时帮你赶走它，是你落魄时给你鼓励的那个人。

“患难见真情，烈火见真金”，这是我们对朋友的要求，同时也是判断友情真伪的一种标准，更是说明友情需要提炼和升华。

我们的身边有形形色色的人，所以“选择”就至关重要了。记得曾经有一年中考的题目叫作“近朱者赤，近墨者黑”。由此也可看出选择朋友的重要性。对于那些只受无出的朋友——他们只会在有困难的时候来找你，忘记带某件东西的时候来找你，饿了来找你，渴了来找你……而当你出现一丁点问题时，他们却消失得无影无踪，对于这些人，跟他们继续交往就完全没有必要了。他们只是看上了你的天真和善良，而你也只是他们成功路上的一块铺地石而已。

然后呢，就是如何与朋友交往。在你的字里行间，我隐约感到了你内心的不自信。关于这一点，我以为最重要的就是提升自己的能力、成绩，包括培养兴趣爱好等。你在课外时间里，多去培养自己的特长，努力使自己的内心世界丰富起来。当你的本领提升后，自然会有很多同学来与你做朋友了。

我能说的可能也就这么多啦，记住，最重要的一点是“相信自己”。

八（4）班　叶同学

陈老师：这位大哥哥和前面的大姐姐同时提到了一点，就是在交朋友时，不用着急，而是要先提升自己的自信、能力等。也就是说，等到你自身优秀之后，佩服你的人就会主动成为你的朋友。相信自己，默默耕耘，静等花开！

8. 宇峰：一位四年级同学这样说自己——

我总是不讨人喜欢，也没有朋友，只能默默地站在一个角落，心里好像有一块大石头。请你帮帮我，让我走出黑暗，面对光明，在阳光下快乐成长。

学生回复

亲爱的同学：

也许是你的某一件事处理得不够好，使你在班上不太受欢迎，但是每个孩子都是讨人喜欢的。你要变得更自信，积极地融入班集体。在心里不舒服、很压抑的时候，你可以听听歌，做一做自己喜欢的事。永远不要沉默，活泼、乐观是属于你的，加油！

八（3）班　黄同学

陈老师：同学，不要这样否定自己，假如真的是自己的不足，只要你愿意改变，你会拥有属于你的真正的朋友！相信自己，虽然眼前的不一定让你满意，但是，最好的朋友会在未来等着你！

体验引导：

亲爱的同学们，闭上眼睛，平静地一呼一吸，回忆你心目中好朋友的笑脸。为了你们之间的友谊，他（她）可能付出了很多，而这些你平时都没有发现。再回忆你之前做过的一件错事，那次你误会了朋友，你可能说了伤害朋友的话语。如果现在你有机会让时间暂停，你会对你的朋友们做些什么呢？是一句真诚的道歉，还是一个友好的微笑？现在慢慢地睁开眼睛，走到你朋友的面前，尝试着去做一做，说不定你马上就会有收获的！

结束语：世界那么大，人生那么长，我相信，走到哪里，朋友都是你的牵挂。希望你用真诚和善良，赢得朋友的尊重。也希望你用宽容和友好，对待身边的每一个朋友。多年以后，你们再次相见，大家道一声：嗨，亲爱的伙伴！

敬爱的老师们，亲爱的同学们，本期的《成长少年说》节目就要结束了，我们下次再见！

中考解忧绿色通道

"解忧杂货铺"聆听你的心声，大手拉小手解决你的烦恼，欢迎大家收听《成长少年说·中考解忧绿色通道》！

主题一：压力与困惑

亲爱的同学们，在这学期开学第一天的心理班会课上，我们向全体初三同学发出了"解忧集结号"，希望能通过一个有效的方式，与大家共同面对困难和挫折，让你在中考的这段路上走得更加顺畅。

陈老师：近期，老师收到了近百份"困惑卡"，同时我们将大家写的信做了一些整理，发现很多同学遇到的困惑和问题都是相似的。于是，学校出面邀请心理老师、家委会的家长们和镇江市第一中学高一（9）班的部分优秀学长共同参与到这个活动中来，得到了他们的积极回应。他们从不同的角度回复了你们的来信，这些回复会在每周五的班会课时间传递给你们，希望大家在这些回信中有所收获。

家长回复

亲爱的孩子：

你好，看到你写的烦恼，作为一位初中学子的妈妈，我有话想对你说。

首先，我觉得你是一个孝顺父母的好孩子，你能为自己与爸爸妈妈起争执而反思自己“是不是有些过分”，说明你从心里是爱着爸爸妈妈的。你能考虑到他们的感受，我想你的父母也能够感受到你对他们的爱。

其次，作为一个妈妈，我也有过和孩子沟通不畅的经历，当我看到我的孩子因为没有按照我的期望去做的时候，我的内心其实只是想善意地提醒她及时改正，但是当她沉浸在自己的世界里无视我的提醒时，我就会不自觉地在她的耳边唠叨，一遍又一遍地重复同样的话。因为我们也是第一次当父母，不知道面对已经长大了的你们到底应该怎样去对话，要说你们是小孩子，你们肯定不服气。是啊，你们现在个个都比我们长得高、长得壮，走在路上看背影一个个都像成年人，但是真要将你们当成年人去看待，你们有时候还不能很好地拥有自控力，不能够合理安排好自己的学习和生活，时不时还会出些小状况、冒点小情绪让我们担心，这些都是我们不敢放心的理由。我想，如果在我们父母开始唠叨的时候，你们能够第一时间心平气和地表达你们的感受，解释清楚你们当下的想法，我想我们也能够理解，好好说话其实是对我们双方的要求。只有在平和的情绪下沟通才能听到彼此真正的想法，理解彼此，从而达到沟通的效果，你说是吗？

当然，也不是光要你去改变，父母也需要改变。不过如果你觉得自己在慢慢长大，也不妨先迈开第一步，主动表达自己需要家长在中考阶段给予你怎样的支持。

陈老师：接下来这封同学的来信是想请心理老师蒋老师回应的。他最近遇到了很多问题，不知如何去解决，因为不敢向其他人透露，每天憋在心里非常难受。首先是家庭矛盾，他感觉父母对自己不理解，总是说一些打击自己的话；其次是朋友同学的问题，觉得所有人都讨厌自己，不想搭理自己，或者只是说一些敷衍的话搪塞自己；再之就是关于学习上自律的事情，没办法控制自己贪玩的心理。下面就请心理老师蒋老师为你作答。

老师回复

亲爱的同学：

你好！

连续收到你的两封来信，颇有些惊讶。信上写了很多话，从这些话中，老师似乎感受到你在倾吐一直困扰着你的种种烦恼，现在把这些烦恼一起写在纸上，是不是舒服一点儿？这也是我们鼓励大家通过这些方式表达自己烦恼的原因，当有些不快倾诉出来的时候，你也释怀了不少。

你罗列了一系列困扰你的问题：有和父母之间的家庭矛盾，有因为自己的个性比较内向而没有朋友，还有就是学业的困扰，觉得不够自律，对未来有担心，正如你信上所说，真的是憋了一肚子心事。一个人在某段时期会因为一个不佳的心境，也许是某件事引发，导致以往一系列不愉快的事情都浮现在脑海里，挥之不去，然后令自己的心情更坏。这就是一种恶性循环，一旦进入这样的循环，对自己是相当不利的。利用这个机会，老师给你几个建议，也希望能给遇到相同困境的各位同学带来帮助。

1. 在这么多问题中找一找最困扰你的、当下你最想解决的问题是什么。如果这个问题是最近发生的，你可以自己评估一下它的等级。比如：1～10 分，已经影响你与别人相处、日常生活受阻（茶饭不思、睡不着等）、学习受影响很严重的问题就是 10 分，这是最高级别。8 分以上建议你找专业的心理老师聊一聊，也许可以帮你找到深层的原因。如果是 8 分以下，你就自己评估一下，过一段时间有可能不良影响会越来越淡。

2. 如果困扰你的问题已经存在很长时间了，那么老师建议你能暂时放一放，想象自己在心里的某一处按一下暂停键；或者想象自己拥有一个保险箱，把这个困扰暂时放进这个保险箱里上锁、保管，并告诉自己：困扰我的问题不是不解决，而是不在现在解决。一是现在不是很恰当的时机，因为再过 40 多天，我将有一次人生中的较为重要的挑战——中考；二是也许我现在的能力还不足以解决当下的问题，与其一时半会儿解决不了困扰其中，不如再让它陪伴我走过一段路程。

3. 剩下的就是学业问题，我想这是咱们大多数同学的共性问题，也是很多其他问题的触燃点。如果你有好多的困扰早不爆发晚不爆发，偏偏在这个节骨眼上爆发的话，中考压力带来的各种情绪就有可能是你的触燃点。我想问大家一个问题：在你们心中怎样定义自己是成功的。很多同学把考上高中、考上更好的高中、考上好高中里面更好的班作为定义自己成功的标准。这没有错，但很局限，因为你并没有看到自己的努力，你努力地一次又一次超越自己，才能算成功者。所以你的目标不是别人，是你自己。建议你先弄清楚自己当下的起点是什么，从今天开始一步一步向前迈进，无论结果如何，明确自己在一直前进就行了。这样，你会发现你身上背负的“壳”没有了，轻松上阵、目光向前，相信你会走得更踏实。所以，你要想的就是你每天还能做什么。

希望我的回应能帮助你暂时走出困境。同时也谢谢同学们的倾听！

镇江实验学校学生心理健康发展中心　（蒋）静老师

2020 年 4 月

主题二：迷茫与奋斗

陈老师：各位初三的学子们，近期的学习进程还顺利吗？第三期《解忧杂货铺》节目如约而至了。本次我们的解忧主题是"迷茫与奋斗"，让我们先听一位同学的来信：

自从升入九年级之后，一直处于很迷茫的状态，有时候会对自己产生深刻的怀疑。学业不够好，处理事情的能力薄弱，不能很好地完成老师交待的任务，写作业总不能定心，一个小时的任务得花上两个小时，质量又不高。每天还觉得忙碌得像停不下来的陀螺，但是日积月累下来好像也没什么收获，心里其实真的很愁闷，但又怕老师同伴失望而伪装自己。确实觉得目前的状态有些超负荷了。

中考的日期慢慢临近，我相信在学习中出现类似问题的同学肯定不在少数，让我们一起来听听高一（9）班孔同学是怎么建议的吧！

初三的学弟、学妹：

你们好！我是正就读于一中的学姐，以下是我个人的一些建议：

首先，你说你很迷茫。别担心，一年前的我也是迷茫而没有方向的，面对中考这样未知但又十分重要的考试，不知所措是人之常情。当你被这样的情绪困住的时候，不如静下心来想想：自己对中考有没有什么目标，考哪所学校，什么样的班级，抑或总分大约多少。这些目标一定要是你自己真正想去实现的，这样在你迷茫或是想松懈时，目标也许就能成为你的动力。

其次，你觉得自己忙碌但又没有收获。也许目前看来确实如此，毕竟学业成绩和处理事情能力的提升，并非一日之功。但你要相信，努力一定会有回报。而中考，相对而言是公平的，所以，前行，不要停下！即便你不认识路，为你指明方向的，不是停止，而是前进！哪怕遇到一些意外失误，相信我，别气馁，坚持下去，时间自然会给你满意的答案！

最后，初三的忙碌是不可避免的。因此，学习时更要做到专注、高效。但并不是说无时无刻都要学习，下课时不如休息一会儿，上课时效率也许更高。决不放弃之心，将成为贯穿逆境之光，学弟、学妹们，为了自己未来不后悔，加油吧！

我所能给你的，终究只是一些建议，真正重要的还是你们自己要调整心态，定下目标，并坚持不懈地努力，愿早日走出迷茫，中考取得满意的成绩，期待在一中校园见到你！

高一（9）班　孔同学

主持人：

感谢雨歆大姐姐给我们带来前进的动力，让我们的心灵如沐春风，正处于迷茫中的你，是不是有了问题的答案了呢？

陈老师：接下来让我们听听一位奋斗学子的困惑，在目前的备考中，他认为有以下三点矛盾亟须解决：

1. 作业太多，晚上写完学校的作业就没有时间再额外做题，不额外做题我就觉得自己不够努力，但是如果熬夜，第二天就困得上不了课。

2. 感到焦虑……

3. 觉不够睡……

听起来这位同学是陷入了一个关于刷题的循环矛盾中，不刷题就代表着不努力，就会引起焦虑情绪；如果刷题了，熬夜导致睡眠不足。这确实是太让人为难了。别急，对于这么难以解决的问题，高一（9）班的蒋同学、王同学两位“学霸”强强联手，给出让你满意的答案。我们一起来听：

学生回复

正在为中考奋斗的你：

我不知道你是谁，但我们有缘以字会面，也算是一段特殊之经历。首先我想说，努力是相对的，它并不以你做题的多少来衡量，质量也是重要的标准，但这并不是说不要多做题。我们以辩证的思维看问题，题目是无穷的，这首先决定了刷题的局限性，而你个人时间是有限的。正如你所说：熬夜又会起反作用，导致上课效率低下。所以把你做过的题目的价值发挥到最大，这才是比刷题更重要的手段。简单说来，就是吃透自己做过的题很关键。你的第一个问题实际上不成为一个实质命题，而是你应当改变自己"做题不多就是不努力"的思维。

而对于焦虑的问题，我想告诉你，焦虑是一种正常的状态，你首先得接受它，而不是一感到焦虑就有"啊，我完了"这样的想法。其次是想办法调节它，所谓用放松的方式来解压，其实都是治标不治本的，你要直面自己焦虑的根源。当然，体现在你身上是升学压力。说句老实话，升学压力多来源于常常暗示自己"我可能考不上"，这种暗示显然是多余的。真正考不上的话，你还要努力干嘛？但如果你是那种在分数线上下徘徊的人，为什么不暗示自己："努力，我就可能会考上！"但更好的办法还是实实在在地投入学习，把自己磨练到有把握考上的层次，有一种我丢掉 30 分照样能考上高中的气概，这样你就真的成功了。

最后说睡眠不够的问题，通俗一点说就是总犯困，对吧？这点我想告诉你，只要没困到你上课听不清老师讲什么，你的睡眠就是够的。人活着，总是要有毅力支撑的。初三是个坎，你现在奋斗 30 多天是为了换你未来的幸福啊！现在还不苦点累点，浪费了初三的光阴有何意义呢？上了高中睡眠会更少，困，本身只是一种感觉，克服它只需要信念的力量。当然，补觉的办法也是有的，比如课间十分钟打个盹，这样说不定会好点。讲实话我也喜欢睡觉，但是觉是睡不完的呀，你延长半个小时睡眠还是会困，只有靠自己的毅力去克服。

当然，我是以过来人的角度在说这些话。总之一件事，摆正自己的心态，中考和高考一样，只是一场考试。加油！

镇江一中　高一（9）班　蒋同学、王同学

陈老师：同学们，让我们用热烈的掌声向这两位学长的回应表示感谢！迷茫者、奋斗者，现在你知道该怎样去面对最后的挑战了吗？中考是一场长跑，人生更是一场长跑，只有今天付诸实践，你才会看见明天的曙光。希望你现在每天积累正能量，可以在中考中金榜题名，进入你心目中的理想高中。

最后，老师送你们一句话：当全世界都在说放弃时，告诉自己再试一次，不要轻易放弃。优秀与平庸，只有一步之遥。加油！

给即将中考的你

同学们：

一模的结束意味着离中考又近了一步，虽然成绩还没有出来，但是各种情绪已经不约而至。此时此刻，无论你产生了怎样的情绪，第一步请先接纳它，因为这些情绪产生的背后一定是你对自己的期望和要求。然后，想想还有 30 天的时间，你还可以为自己、为你的中考做什么？我从不认为有压力是件坏事，因为压力还可能是动力的源泉，关键是我们怎么才能把压力变成动力。一模的作用是让大家查漏补缺，哪怕找出一点来也好。你首先要做的就是分析自己在这次模考中出现的问题。有的是知识点掌握得不够牢固，有的是时间分配上不够合理，有的是考卷上出现了多处由审题不清、看错题而导致的失误。千万别小看分析问题的作用，在这最后的一个月里，这也许会帮助你向前迈进一大步。所以未必刷题越多越好，瞄准靶向目标，针对自己的问题采取措施才最重要。比如：考试中因为看错题失误较多的同学，你就要在审题上做一些训练，刻意圈画一些关键词或者关键条件。有些同学之前恐怕对这些方法会不屑一顾，认为这是小学生要做的，往往正是一些你不屑于做的小细节，才能改变你的浮躁，让你更稳定、更沉着。关键的考试，每一分对你都很重要，哪怕你一个月的改变可以为你争取一分，都是值得的，而且，也许不止。

等第一步做对了，后期《中考解忧通道》的节目中会继续给大家提供一些应对中考的技巧和心理调节方法。一模过后，同学们可能会产生一些新的疑惑，我们也联系好了镇江中学的优秀学长们，他们正等待着你们的来信。今天，老师会给每个班下发几张“解忧卡”，经过这么长时间，大家对心理健康教育的理念是不是更多了一些了解，接纳度更高一些了？班主任老师不必用指派的方式将卡给班上的同学。谁需要就写一写，也可以几个有相同困惑的同学一起商量着怎么把问题表达出来，尽量把问题写具体一些。这次，我们也改变一下方法，不用班主任统一收取，这样可以减少同学们的顾虑。没有拿到“解忧卡”的同学，也可以用自己的纸写。下周一中午，心理老师会打开信箱收集大家的来信，及时送到镇中学长手里。另外，在这几期信箱开启的过程中，老师读到了一些不适合公开的内容，也就是不是共性的问题，那么后面我们希望你务必留下自己的班级和姓名，老师会单独给你回信，并承诺帮你保密。

好了，同学们，相信老师，也相信你自己，让我们一起相伴度过这最后一个月的时光，用我们的努力让伫立在校园的“奋斗石”熠熠生辉。当我们回忆起这段日子时，一个非常重要的词将开启同学们新的人生篇章，那就是——无悔。

镇江实验学校学生心理健康发展中心　静老师

2020 年 5 月

委婉拒绝后，我们还做好朋友

各位老师、各位同学：

我是镇江实验学校学生心理健康发展中心的蒋老师。我是六（3）班的茹涵。我是六（3）班的小哲。

蒋老师：本期的《成长少年说》节目，我们交流的话题是“委婉拒绝后，我们还做好朋友”。在“心语信箱”的众多来信中，我发现好多同学都谈到了与朋友相处时的困惑，老师挑选出相关来信，邀请了镇江实验学校“七点伴”讲堂中的家长和来自镇江中学的学长们参与回复。他们回忆了自己的童年友谊，说出了自己交友时的切身体会，我们一起来听。

主题一：“过火”的友谊，让我望而却步

1. 茹涵：一位来自五年级的刘同学在“心语信箱”的留言——

我有两个好朋友，乐乐和婷婷，可是最近她们却发生了纠纷，想和对方绝交。下课后，她俩分别来找我，都让我站在她们自己的那一边，还当着我的面说对方的坏话，让我不要和对方做朋友了。我想方设法劝她们和好，可她们不愿意，还认为是我背叛了，我该怎么办？

学生回复

亲爱的刘同学：

你好！

得知你的两个好朋友之间产生了一些小误会，并且波及你们三个人的友谊，我非常能理解你现在的感受。因为我在小学时，也像你一样有着“铁三角”的友谊，维持好这样的友谊真的很不容易。我想，乐乐和婷婷所说的“绝交”也只是一时的气话，你可以尝试安抚一下她们受伤的心，同时也问一问这两位同学到底是因为什么事情才有了这些矛盾，矛盾的根源在哪里，可以悄悄为两位同学搭建一座沟通的桥梁，多鼓励她们去和对方交流。谁有错，谁应该主动向对方道歉，说开了就好了。当然，在好朋友的背后说坏话或许是致命伤害，所以千万不要为了迎合一方而这么做，当面告诉朋友才是更加合理的

方式。只要耐心交流，多换位思考，你们一定能解决这个问题。

蒋老师：孩子，我也有些话想对你说。正所谓“当局者迷，旁观者清”，你之所以感到烦恼，是因为你的两个好朋友都有自己的小情绪，有对彼此的抱怨，这也很正常，倒不一定非要急着去尽快调解，可以试试把问题交给时间。你现在要做的就是多保持中立，多多宽慰两人。有些时候朋友就是这样，吵了又和，和了又吵，也许你那两个朋友过几天将事情遗忘了，又和好了呢？这也是说不准的事儿。期望你的朋友们早日和好，让你的困扰烟消云散。

2. 小哲：一位来自三年级的司同学在“心语信箱”留言这样说——

老师，您好！我最近有些苦恼，因为我带了一支新的自动笔到学校，坐在我前面的一位同学梦琪非常喜欢，可是她的妈妈不给她买。她就希望我能把我的送给她，天天跟我要，我不想送给她，可是又怕破坏了我们俩的友情，我该怎么办？蒋老师，您快点回答我吧！求回信！

蒋老师回复

亲爱的孩子：

见信好！

看了你的信，感觉到你是一个心思细腻、很看重友情的小姑娘，老师很欣赏你这一点。也不知道现在你的烦恼解决了没有，友谊的小船有没有因为你不想把自己心爱的自动笔送给她而翻呢？友谊是我们人生中非常重要的一部分，应该珍视，可是朋友就一定要无所保留吗？友谊不是委屈自己换来的，如果这件事你并不愿意做，但因为怕得罪人，怕破坏你们之间的友情而委曲求全，你想想这样的友情是靠什么维持的？能长久吗？这次你委屈地答应了她，那么下次呢，下下次呢？如果自动笔不是她盯着你要，而是你心甘情愿地送给她，心里是舒服的，甚至是自豪的，那种情况又不一样了。你的好朋友要反思自己做得对不对，看到自己喜欢的东西，妈妈不买，就向好朋友讨要让对方为难，这不是珍惜友谊的做法。因为有一种友谊叫不让好朋友为难。所以，孩子，你完全可以很坚定地对她说：“这是我新买的自动笔，我可以借给你用用，但是你要还给我。”只要你足够坚定，我相信，她一定会意识到她自身的问题。事后，你再主动找她说一说自己内心的想法，希望朋友之间也能互相尊重。我想，你的好朋友一定会理解你的，加油哦！

蒋老师：原来，好朋友之间的“好”，也是有限度的，不是什么都可以无偿分享，也不是什么都可以无条件地占有。我们是好朋友，我们相处的原则可以是：不随便麻烦，不无故打扰，不给朋友添负担。这样的好朋友我也很欣赏！

主题二：最好的成长，从说“不”开始

3. 小哲：这是一位二年级的小同学在“心语信箱”的留言——

在我们班中，我有一个最要好的朋友轩轩，我们下课喜欢在一起玩，也在一起学魔方。最近不知道什么原因，他给我取了一个外号，叫“康师傅”，就是因为我姓康，他到哪里都喜欢叫我的这个外号，很烦！我不想再听到他叫我这个外号了，为此我很苦恼。

学生回复

同学：

你好！

听说你最好的朋友给你取了个你不喜欢的外号，你对此十分困扰。我想说的是请先放轻松，你可以委婉地向轩轩表达自己的想法。既然他是你最好的朋友，你一定也不想失去他，对吗？那么想想如果你和他争吵，用指责对方的方式来表达自己的不满，他会停止不再喊你的外号吗？如果他一时还改不过来，还是要喊你的外号的话，那么

哥哥教你一个好方法哦。当别人用外号喊你的时候，你不要答应他，只有叫你自己真实的名字时才应声。这样过一段时间，你的好朋友也许就会察觉到，给你取的这个外号没有什么意义和乐趣，自然就不会再说啦！所以记住：摆明自己的态度，正面处理，在自己的意愿得到尊重的同时，注重同学间的友好相处就可以了。试试看吧，相信你可以解决这个烦恼的！

家长回复

孩子：

其实在叔叔看来，你的同学给你取的并不是那种恶意的、带有侮辱性的绰号。有很多时候，同学之间取的绰号，确实是开玩笑的，有的时候通过这种绰号，反而能体现你们之间的亲密度，只有最铁的朋友之间才会这么称呼，所以你也不必太伤心。每个人在自己的学生时代，可能都会有绰号，比如大头啊、小胖啊。现在到了我这个年龄再想想，这些都成了我们童年美好的回忆。但是，如果说你确实不想接受这个外号，你又不好意思当面去跟他说，你可以通过写纸条的方式来跟他好好沟通。既然你们是好朋友，那么他应该能意识到这种不雅的称呼对你会造成伤害，相信他会改的。希望你们能重新做回好朋友，加油吧！

4. 茹涵：这是来自六年级的王同学的困惑——

我平时没那么爱说话，朋友也只有一个，那就是田田，但是她的朋友却很多，她有时不高兴了，就会跟我说"绝交"。我特别讨厌她说出"绝交"这两个字，友谊是相互的，难道她一个人能决定我们两个人之间的感情吗？昨天，轮到她放学留下来打扫教室，可是她却对我说："你能帮我把第四组扫一下吗？我今天要去上小课。"说完还没等我说话她就走了。可是我家长已经在学校门口等我了，所以我没答应她。果不其然，第二天上英语课，有好友结对合作活动时，她就选了别人而没有选我。我需要向她道歉，来挽回这段友谊吗？

学生回复

亲爱的同学：

你好！

听了你的烦恼，学姐想对你说：每个人都希望能有知心朋友，能互相倾诉、互相理解、互相安慰，可真正的友谊是需要双方共同支持的，单方面一味付出却得不到回应，这样的友谊是不会长久的。从你的来信能看出来，她应该不是第一次叫你做事，互相帮忙是应该的，可不能强迫别人。你勇敢地说出了“不”，合理表达了自己的想法，我真想给你点个大大的赞！也许你觉得这样做，就会失去“唯一的朋友”，并为此感到难过，但实际上你结束了一段不平等的关系。你可以尝试主动和老师、同学多一些交流，真诚地对别人微笑，热心地帮助身边的同学。时间长了，你会发现，同学们也会回报你微笑。同时，自信大胆地参与学校的活动，一定会有人发现你身上的闪光点，乐意和你成为真正的朋友。加油！

蒋老师：亲爱的孩子，看到你的倾诉，老师不由得想起自己上中学的时候，曾经迎合过一个跟我看起来很投缘的朋友，可是她却不像我一般地去珍惜这段友谊，让我时常郁郁寡欢。直至我在余秋雨先生的文章里读到这样一段话，才让我豁然开朗，从此解开了心结，今天，老师想把这段话与你分享。

“成熟是一种明亮而不刺眼的光辉，一种圆润而不腻耳的音响，一种不再需要对别人察言观色的从容，一种终于停止向周围申诉求告的大气，一种不理会哄闹的微笑，一种洗刷了偏激的淡漠，一种无须声张的厚实，一种能够看得很远却又并不陡峭的高度。”

自此以后，我好像一下子“成熟”了。看，我们是风华正茂的少年，从不需要依附任何人成长。我想，她作为你唯一的朋友，她身上一定有你喜欢的优点，或许她也曾给过你温暖和帮助，所以如果你想继续拥有这个朋友，不妨与她真诚地谈一次，把你和她相处的感受告诉她。如果她不愿意接受你的想法而改变的话，老师建议你坚定地对她说："朋友，再见！"

相信那一刻，你一定会感觉很轻松，接下来的时光，努力地用阅读去充实自己，当别的同学谈到一些你也感兴趣的话题时，试着参与进去。记住：友谊，终究是珍贵的，需要大家一起来呵护。愿你拥有真诚美好的友谊！

结尾语：当我们不再依附于任何人，而开始真正尊重我们自己的内心，那一刻，才是成长的开始！相信今天的《成长少年说》一定会对你有所启发，那么大家就去尝试对不合理的要求和状态说"不"吧！下一期的主题为"毕业季，敞开心扉尽情说"，让我们一起来期待吧！

敬爱的老师、亲爱的同学们，我们下次再见！

毕业季，敞开心扉尽情说

各位老师、各位同学：

我是镇江实验学校学生心理健康发展中心的凌老师，《成长少年说》节目又和大家见面了。我是主持六（4）班的沛君。我是六（4）班的泽宇。

凌老师：青涩懵懂的学子，总以为毕业还很遥远，日子还很长，可是，真的要毕业了，才发现时光竟是那样的匆匆，仿佛转眼即逝。毕业季，内心承载着太多的不舍、太多的伤感、太多的憧憬、太多的迷茫……需要倾诉，需要倾听，更需要贴心的交流。本期交流的主题为"毕业季，敞开心扉尽情说"。

在"心语信箱"的众多来信中，六年级的毕业学子们通过手中的笔，表达了他们对母校、对老师、对同学的留恋之情，现在，就让我们一起来听一听吧。

主题一：回首过去，依依不舍

1. 沛君：快毕业了，回首过去，许多同学心中充满了不舍，有许多话想对老师倾诉。请听来自六（7）班的颂缘同学在“心语信箱”的留言——

我爱上体育课，是因为一位老师，她也是我们的大姐姐，她姓苏。在我摔倒时，苏老师将我扶起，关切地问：“怎么了，疼不疼？”练习技能时，有人没学会，苏老师就一遍又一遍地教，直到我们每个人都学会；期末复习时，为了让我们放松，她总会和我们玩一些有趣的游戏……可是，马上就要毕业了，我们在一起的时间屈指可数，心里真是难过，真不知道以后还能不能遇到这样一位像大姐姐一样的老师。我会永远记住苏老师关心我们的点点滴滴，珍藏这一份爱，希望苏老师也能记住我。

颂缘同学：

你好！

真没想到，你把我当成了大姐姐，我是多么的荣幸啊，有这么多可爱的小弟弟、小妹妹。我很高兴在人生路上能够陪你们走一段，和你们玩在一起、乐在一起。很多时候，我会很啰嗦地让你们一遍又一遍地练习，是希望你们能学会更多的体育技能，拥有不怕困难、坚持奋斗的体育精神。不用担心哦，相信你们会遇到更好的老师。人生路上还有很多精彩的风景，在新老师的引领下，你们一定能收获更多！虽然我们希望时间的脚步慢一点，再慢一点，但是离别时刻还是即将来临。我会永远记住你们的，祝福你们，为你们加油、呐喊！

凌老师：同学们，虽然你们离开了苏老师，但老师会永远记住你们，祝福你们。相信，你们以后一定会遇到更多的好老师，也希望你们拥有“不怕困难，顽强拼搏”的体育精神。

2. 泽宇：来自六（3）班的萧莹同学在“心语信箱”的留言——

我即将离开这所书香满满、团结友爱的学校，内心依依不舍。最让我不舍的是杨老师，她就如同春日绽放的花朵，那甜甜的微笑早已存进我的心房。记得有一次，我帮老师做事，马虎的我送错了地方，内心十分愧疚。老师却拍了拍我的肩膀，笑着说：“没关系。”我知道这是老师在安慰我。如今就要离开杨老师了，就要离开母校了。走之前，我想我会失声痛哭的。我爱你，杨老师！我爱你，我的母校！

萧莹同学：

你好！

看到你的来信，从前的点滴又浮现在眼前。还记得你经常从办公室外探个脑袋，笑眯眯地问我“有没有需要帮忙的事”的模样；还记得你每天中午手脚麻利地归置好饭菜，每一次总是先帮同学们打菜，自己要到最后才吃，有时候饭菜都冷了，可是你没有抱怨，依然笑眯眯的。转眼间小学的六年生活就这样结束了，看着你们一点点地长高，一点点地懂事，老师心里充满了幸福，充满了骄傲。离别在即，也掠过一丝忧伤，带着留恋，带着不舍，老师祝愿你们都有一个美好的未来，进入中学后，用自信勇敢书写新的辉煌。

凌老师：离开你们，老师心中也充满了不舍。让我们将曾经的美好时光珍藏，也将这一份不舍化为前进的动力，继续好好地学习、生活。

3. 沛君：六（11）班的梓轩同学也在“心语信箱”留言了——

六年级，我庆幸遇到了我的人生导师——王老师。五年级期末，各门学科我都没有考好，遭受挫折的我甚至有点儿厌学。但在刚开学的那个傍晚，我发生了改变。那一天，王老师和我详细地谈了很久，针对我的薄弱点，给了我不少建议：多阅读，多练习……尤其要做到不懂就问。一开始我还有一些不好意思，但渐渐地，我就不再那么害怕了，时常会在家校联系本上写下自己课上不太懂的东西。每一次，王老师都会当面给我解答，渐渐地我的成绩得到提升。这一切都源于那位勤勤恳恳的王老师。即将毕业，我是多么舍不得王老师。王老师，谢谢您！

梓轩同学：

你好！

看到了你的来信，我感到无比高兴，我没有想到，一次小小的谈话能给你带来那么大的帮助，能让你打开心结，对自己充满信心！你的进步，更应归功于你的勤奋努力。今后，当你遇到困难时，也要主动地去寻找帮助，勇敢地战胜困难。谢谢你，感谢你让我再一次感受到作为一个老师的幸福。

凌老师：同学们，我们都是懂得感恩的好孩子，都会感谢曾经为我们辛勤付出的好老师。老师同样也要感谢你们，是你们让我们感受到做老师的幸福。谢谢！

4. 泽宇：快毕业了，不少同学想对同学倾诉心声。请听来自六（7）班的一宁同学在“心语信箱”的留言——

小学六年，我遇到了一位知心好友。前不久我过生日，意外地从她手中得到了一个与她的一模一样的电子暖手宝。这只是因为有一次下课，我夸她的电子暖手宝好看。仅仅一句话，没想到她竟记在了心里。看着手中的暖手宝，我的心里也暖暖的。我知道知音难觅，所以格外珍惜这份珍贵的友谊。马上就要毕业了，分开是必然的，我想我一定会努力守护这一份美好。亲爱的朋友，你呢？

亲爱的朋友：

知音难觅，知己难求。在这偌大的世界里遇见你，并成为无话不谈的知心朋友，真是一件难得而神奇的事。

当我听到你真切的话语时，我的内心也被你温暖了。都说人生最珍贵的时光是童年，那最珍贵的情谊当数童年的友情。这个暖手宝，是我送你的生日礼物，同时也是我们之间美好友谊的见证，我们都同样珍视这份纯真的友谊。

就让这份情谊陪我们长大，就算以后我们分开，哪怕相隔万里，这段美好的回忆也会一直长存在我们心中，这份真挚的友情会长青不老，不是吗？

——你的好闺蜜

凌老师：两位同学的友谊真令人感动。六年了，相信每位同学都用真心培育了美好的友谊之树，品尝到了甜蜜的友谊之果。

5. 沛君：这是六（10）班的潆心同学在"心语信箱"的留言——

亲爱的同学们：

与我一路向前、挥洒汗水、热情洋溢的你们，是否与我一样依稀记得过去发生的点点滴滴，是否也与我一样曾期盼着放学的"叮铃铃"，盼着毕业假期……年华飞逝，即将散去的人影而今常会浮现在梦里，此刻我再也不盼了。我真想，永远坐在教室里，听你们爽朗的笑声，看你们灿烂的笑脸。我爱我们共同的家，我早已习惯你们的帮助，早已习惯我们彼此间的默契配合。让我们珍惜当下的朝夕相处，憧憬未来的前程似锦。

亲爱的潆心：

是啊，时光飞逝。转眼间，六年过去了，便到了分离之时，有不舍，但也有对新世界的向往。我也曾和你一样向往着新世界，渴求着未来，期盼着一切新事物。但到了六年级后，只希望时间能过得慢一点，再慢一点，更是希望时间永远停止在这一刻，又或是希望能回到同学们刚相遇的时候，再过一个六年。可是，不行，我们还需继续在时间的长河中游览下去。可是，你不必烦恼，人有悲欢离合，月有阴晴圆缺。每个人都会经历离别，又会遇到新的伙伴。每个人都会离开同学、老师、朋友、父母，乃至这个世界。我们珍惜这短暂的相聚，过好现在的每一分每一秒，岂不快哉？这仅仅是短暂的分离，我相信在未来，我们终有重新相遇的一天。我们即将走出这个校园，但这一走并不是永别，同学之间也是如此，可以留下对方的联系方式，加个微信，留个电话号码，保持联系。这样想有没有让你豁然开朗呢?

凌老师：同学们，你们有没有豁然开朗呢？这位同学说得多好：人有悲欢离合，月有阴晴圆缺。每个人都会经历离别，但又会遇到新的伙伴。同学们，不要伤感，相信未来会更美好，我们还会再重逢。

主题二：展望未来，美好期待

6. 泽宇：毕业了，展望未来，同学们心中既有无限的憧憬，也有迷茫困惑。让我们来听听六（3）班炎乐同学的心情，她说——

时光真是一松手就溜走了，还剩下几个月我就要小学毕业了。就要离开我的同学、老师，尤其是就要离开数学胡老师，真是难舍啊。以前我十分害怕数学，现在居然喜欢上了数学，特别喜欢上数学课。就是因为我发现胡老师讲课讲得特别好，风趣幽默，深入浅出。每个知识点都会不厌其烦地教我们。我害怕毕业的到来，因为胡老师再也不能教我了。我也担心到初中后，又对数学失去了希望。

炎乐同学：

你好！

时光荏苒，不知不觉老师与你相知相识已经一个学期了，看着你在数学的殿堂里求知若渴，愈闯愈勇，老师打心眼儿里为你骄傲、自豪！不久，你将进入初中，老师坚信，凭着你的这份勤奋、这份热情、这份自信，还有我的祝福，继续努力，勇敢向前，就一定能到达理想的彼岸。加油哦！

凌老师：听了胡老师的话，不再担心了吧。同学们，你们虽然与老师分别了，但是老师会一直为你们加油的，有信心吗?

7. 沛君：相信同学们一定充满了信心。"心语信箱"中还收到了六（4）班昱含同学的留言。请听听她的烦恼——

随着小升初的临近，各种烦恼随之而来。比如上的辅导班越来越多，可能奔波了一天也不能休息一下，而且父母总以"我那是为你好"的名义让我学这学那，我该怎么办？究竟要怎样面对小升初？

家长回复 1

孩子们：

你们好！

大家是不是觉得学习很辛苦？我也曾经历过小升初、中考、高考，一路走来，的确感受到读书是比较辛苦的，尤其是中考、高考，竞争很激烈，得起早贪黑地学习很多知识。但是读书又是很有用的。2008 年轰动全国的高考"白卷考生"徐孟南，最终以打工十年的心酸经历于 2018 年重返高考考场，想要弥补曾经的遗憾。他说了这么一段话："如果当时有人劝劝我，我一定不会这么任性。我花了十年的时间才明白了一个道理，成绩虽然不是一切，却能阻挡你得到很多东西。"孩子们，让我们静静地回味这个曾经轰动全国的事件。

同学们，你们有没有想过：如果不读书，读不好书，又会是怎样的结果？你会失去很多机会，只能被时代洪流裹挟着。虽然现在得上各种辅导班，但至少现在吃的苦，未来会让你的视野和眼界不一样，让你有更多的选择权和改变命运的机会。不管你承不承认，手握一份不错的学历，也许不会让你走向巅峰，但至少可以保障你，不会被时代甩入谷底。所以孩子们，读书吧，认真读书。

家长回复 2

孩子们：

你们好！

小升初是一个门槛，是打牢小学知识基础的重要阶段，所以，我们应该以认真、严谨的学习态度来对待小升初的最后阶段。做好每一科目的预习、复习，搭建好自己的基础学习框架；适当地上一些课外辅导学习班，巩固基础，拓展延伸；细心对待每一次的作业、测验，错题要仔细回味，避免犯同样的错，日结日清，“积小胜为大胜”，稳步提高自己的成绩；同时也要锻炼好自己的身体，德智体美劳同步发展。加油！

凌老师：同学们，辛苦与快乐是相伴相生的。我们累着，但我们也快乐着，让自己的生活变得充实，让自己的人生变得更加有意义。老师、家长们都在为你们加油！

8. 泽宇：同学们，我们一起努力，充实地度过小学阶段的最后一段时光！最后，再来听听六（3）班宇翔同学对老师们想说的毕业感言——

敬爱的老师们：

我只不过是你们千百个学生中的一员，也许只是你们人生中的一个匆匆过客，但是你们却是我一生中最值得尊敬的人。小学六年的时光里，是你们，让我学到了那么多知识；是你们，给了我散发着幽香的暖暖师情。你们成为我生命中必不可少的一分子。当初，有那么多美好的东西，我没有珍惜，现在，我追悔莫及。真不想面对毕业，因为我不愿离开你们。我希望我永不长大，永远在这里，因为，这里有你们相伴。未来又会怎样呢？我又该如何去面对呢？

亲爱的同学们：

每到毕业季，老师们幸福着，也痛苦着。看着自己心爱的学生振翅欲飞，既难过又欣慰，真的是“盼你飞，又怕你飞，盼你们能去更高远的天空翱翔，又怕你们羽翼未丰，迷失了方向”。孩子，也许原来的你，并不能完全理解老师的良苦用心，甚至误解老师对你的严格要求就是“不爱你”，其实，老师的爱，往往隐藏在严厉的教诲中，偶尔的严厉，只是想为你的飞翔插上翅膀。现在看着你因为毕业散场而伤感落泪，老师的心里也是一样的充满不舍。只是，天下没有不散的筵席。相信你们毕业后定会重整旗鼓，奔赴新的人生战场，面向新的征程。老师会记住过去和你们相处的点点滴滴，也希望你们用行动去实现美好的未来！珍惜当下，做好自己！孩子们加油吧！

在以后的岁月中，你一定还会有困惑、烦恼、挫折，但请相信，这些都是我们每一个人成长所必须经历的，因为它们会让你更加勇敢、智慧、优秀……所以，请以积极的心态去对待每一天、每个人、每件事！希望你在今后的每一天都能遇见最美的自己！

凌老师：是的，困惑、烦恼、挫折，是我们每一个人成长所必须经历的，所以我们不必害怕，用积极的心态去面对。它们会让我们更加勇敢、智慧、优秀！

结束语：

同学们，栀子花开的季节，挥手分别的时候。弹指一挥间，你们即将毕业了。不要伤感，不要迷茫，绽放笑颜，扬帆起航。老师衷心地祝福你们：在以后的人生道路上，用自己的勇气、毅力与自信作笔，用自己的真诚与拼搏为墨，去描绘自己的灿烂人生！你们都是顽强的种子，定能勇敢地冲破泥沙，将嫩绿的新芽伸出地面，指向天空，书写自己的精彩！

相信今天的《成长少年说》一定会对你有所启发，让我们带着美好的愿望走进中学，三年之后我们再来母校相聚！敬爱的老师、亲爱的同学们，我们下次再见！

相伴唯有雕梁燕：

“拥抱生活”亲子课外社团课程

休息日、节假日正是父母和孩子相处的大好时光，也是进行家庭教育的大好契机。但是，家长通常会觉得自己太忙，或者根本不懂什么是高质量的陪伴而导致亲子沟通不畅。整合德育主题日的父亲节、母亲节、重阳节、春节、元宵节等好机会，充分利用联盟型家庭教育基地的校外资源，学校建立了"拥抱生活"亲子课外社团。课程分为"传承与展望""阅读与思维""艺术与修养""故乡与远方"4个模块。

传承与展望

中华民族几千年来形成的博大精深的优秀传统文化，如同一座宝库。今天中国的青少年，正是明天中华民族、中华文化伟大复兴的担当者，理应正确地应对各种文化认同的挑战，增强对中华优秀传统文化，对国家、对中华民族的认同，并接过传承弘扬中华优秀传统文化的接力棒，真正成为建设祖国和民族复兴的后备队和生力军。

加强传统文化在青少年中的传承，学校是主要阵地，教师是引路人。而家庭是青少年人生中的第一课堂，父母是第一任老师。我们应营造良好的家庭氛围，使青少年通过言行、举止、习俗、节日等具体形式耳濡目染；开展亲子活动，使青少年在形式多样的活动中受到中华优秀传统文化的熏陶。将传统文化中诸如孔融让梨、悬梁刺股、自强不息、和谐为贵、劝善抑恶、见义勇为等传统美德渗透进青少年的言谈、举止、思想、价值观、思维方式，内化为他们的精神品质，使其形成正确的世界观、价值观、人生观。

引领青少年到社会生活中体验传统文化的魅力，拓展青少年学习传统文化的空间，让传统文化教育与学校的课外活动相结合，与亲子活动相结合，与青少年的精神、人生发展需求相结合，通过手工制作、知识竞赛、表演、演讲、网络、多媒体等活泼新颖的形式，激发青少年探索的兴趣，使他们真正认识和体会到传统文化与他们息息相关，只有这样，优秀传统文化才会真正在他们身上产生作用。

主题一：传承——我们都是龙的传人

【活动1】

茶香四溢　情满校园

——小小茶艺师公益培训亲子活动

一、活动目标

1. 加深学生对茶艺的真正理解，使学生学到茶艺知识，学会泡茶艺术，懂得修身养性及礼之用、和为贵等茶道之礼。

2. 促进学生之间的交流与合作，提高学生的动手和人际交往能力，以及适应社会、融入社会的能力。

3. 弘扬孝道文化，提升学生的文化素养。

二、活动主题

茶香四溢　情满校园

三、活动对象

镇江实验学校二~六年级学生

四、活动时间

2017 年 1 月 14 日—1 月 19 日 上午 9：00—11：00

五、活动地点

镇江实验学校学生心理健康教育发展中心

六、联办单位

镇江实验学校

江苏省静老师心理名师工作室

润州区图书馆

镇江市关爱青少年校外活动实验中心

七、活动内容

分为理论课和实践课（教授茶知识、茶礼，培训泡茶技术）

八、活动前期准备

与茶艺师许老师沟通，安排上课时间。

茶艺师准备茶具、茶叶等必需品。

联系场地准备。

【活动评析】

中国茶文化博大精深，饮茶已有几千年的历史。镇江实验学校联合江苏省静老师心理名师工作室、润州区图书馆、镇江市关爱青少年校外活动实验中心举办的为期 6 天的“茶香四溢　情满校园”——小小茶艺师公益培训亲子活动，不仅弘扬、推广了茶文化，更搭建了亲子沟通交流的平台。

父母是孩子的第一任老师，亲子教育蕴含着亲子间的需求与默契，体现在生活的点点滴滴中。小小茶艺师们在高级茶艺师许老师的悉心指导下，在父母的陪伴下，不仅仅学习了茶文化知识，演绎了茶礼仪动作，体现了茶艺之美，更在活动中感受到了一杯茶后面的孝道。培训活动中，许老师布置了一个小任务，让孩子们向现场的父母敬茶行礼，向父母说一句暖心的话，这就让中华传统文化发扬到每一个家庭，加强了家庭关系的黏合度，营造出更为健康和谐的家庭氛围。

【活动建议】

1. 百善孝为先。茶之本在人，人之本在孝，故茶道之中始终贯穿着中华民族的孝道精神。从孝道的“忠、孝、廉、节”到茶道的“廉、美、和、敬”，我们不难发现，茶道源于孝道，茶道体现孝道。茶道以“和”为最高境界，中华民间茶礼反映了国人这种笃高谊、重和睦的优秀品德，也充分表达了对孝文化“老吾老以及人之老，幼吾幼以及人之幼”和谐价值的追求。茶中有孝道，一品知人情。

建议以茶道为引，拓展影响整个华夏民族的孝道文化，让学生体验更多的家庭亲情与感恩之情。

2. 弘扬茶文化。也许对许多现代人来说，特别是对学生来说，喝茶只是一种生活习惯。其实，茶，不仅仅是一门充满挑战的学问，更是一种历史悠久的文化。我们作为中华儿女，需要传承和弘扬的不仅仅是茶艺，更是茶文化、茶礼仪、茶社交……因而，我们可以引导开展相应的亲子课外主题探究活动，品茶香、修茶德、诵茶文、习茶艺、展茶乐等，让茶文化进校园、进家庭，弘扬优秀传统文化。

【活动 2】

梦溪园里说沈括

——亲子作文指导公益活动

一、活动意义

梦溪园是中国北宋时期伟大的科学家和进步的政治活动家沈括（1031—1095）晚年居住的地方。他在此写成了闻名世界的科学巨著《梦溪笔谈》。现代研究中国科技史的英国科学家李约瑟博士称赞《梦溪笔谈》为“十一世纪的科学坐标”。《梦溪笔谈》被世人称为“中国科学史上的里程碑”。沈括，字存中，号“梦溪丈人”，北宋钱塘（今浙江杭州）人，我国古代杰出的科学家、博洽的学者和进步的政治活动家。

二、活动目标

1. 提升亲子热爱家乡的感情。

2. 激发亲子爱科学的热情。

3. 增加亲子沟通，促进亲子交流。

三、活动流程

1. 10 对亲子在张晓波老师的带领下参观梦溪园，了解沈括生平，跟随游园线路进行作文指导。

2. 参加活动的学生写一篇体验日记，择优在媒体上发布。

四、主讲老师

张晓波（作家、江苏省优秀阅读推广人）

五、活动时间

2019年11月17日（周日）上午9：00

六、活动地点

梦溪园

七、参加对象

镇江实验学校小学部三~六年级10对亲子

八、主办、联办单位

润州区图书馆

镇江实验学校学生心理健康教育发展中心

润苑阅读社

江苏省静老师心理名师工作室

【活动评析】

国内旅游资源丰富，亲子游产品众多，既有引人神往的秀美山川、滨海沙滩、雨林河谷等大自然风光，也有寓教于乐、好玩好逛的大型主题乐园，还有历史悠久、文化丰富的历史遗迹。学习历史、品读文化、增长知识，是不少家长带娃出游的主要目的。

梦溪园是中国北宋时期伟大的科学家和进步的政治活动家沈括晚年居住的地方。他在此写成的闻名世界的科学巨著《梦溪笔谈》，一直都是镇江的名片，是镇江的骄傲。在梦溪园邀请江苏省优秀阅读推广人、作家张晓波老师担任主讲老师，为10对亲子进行"亲子作文指导"显得格外有深意。

【活动建议】

1. 交流，无处不在。亲子间的多样性活动，能拓宽亲子间沟通交流的广度，会给亲子双方都带来乐趣，既让孩子体会到创造和成功的欢乐，也让家长体会到参与交流的幸福，有利于增进家长和孩子之间的情感交流，更影响到孩子的多样性发展。只要我们有亲子沟通交流的意识，随时随地都可以在活动的各个环节中做到沟通无极限。

2. 感受，城市文化。城市在发展，文化是魂魄，镇江因沈括而更有文化内涵。梦溪园的沈括像，放眼远眺，气宇轩昂……走近沈括像，你似乎可以感受到，“他”远望的目光里，或许藏着那滔滔不绝的长江水，还有这方土地上勤劳奋斗的镇江人。镇江作为历史文化名城，从古至今有无数文人墨客驻足流连。我们的亲子活动就可以以沈括为例，开展系列历史人物寻访活动，去南山探昭明太子读书台，往北固寻刘备招亲遗迹，来金山感王昌龄“一片冰心在玉壶”的情谊……地方人文资源是我们开展亲子活动的一个立足点，这部分的资源可以给亲子双方提供源源不断的新鲜感悟。

【活动 3】

我和中国结有个约会

——亲子中国结公益课堂活动

一、活动概述

亲子活动，有利于增进父母与子女的情感交流。古希腊哲学家曾经说过：感情是由交流堆积而成的。任何一种感情的升华都有赖于交流。血浓于水，虽然亲子之情是与生俱来的，但是我们在工作和学习上花费了大部分的时间和精力，家长与孩子一起玩的时间明显减少了。那么为什么不找一个阳光明媚的周末与孩子一起亲手编织一个有中国传统文化特色的中国结呢？这种有意义的公益活动会让你的孩子更爱你，也可以使疲惫的心得到放松，可以享受真正的快乐！

二、主讲老师

镇江民间文化艺术馆老师

三、活动招募

30 对亲子

四、活动地点

镇江实验学校 4 楼微格教室

五、活动时间

2019 年 2 月 2 日下午 2：30—4：30

六、组织、联办单位

润州区图书馆

江苏省静老师心理名师工作室

饭米粒亲子俱乐部

【活动评析】

中国结，因其外观对称精致，代表中国悠久的历史，符合中国传统装饰习俗和审美观念，寓意着团结、幸福和平安，而深受大众的喜爱。

“镇江实验学校·阳光父母学堂”联合“镇江市文广集团·饭米粒亲子俱乐部”开展“我和中国结有个约会”——亲子中国结公益课堂活动，邀请了 30 对亲子参加。整场活动分为中国结的介绍、中国结的制作过程、中国结成品展示三个环节。在镇江民间文化艺术馆王老师的带领下，大家认真地学习编织技法，在制作过程中小朋友亲密无间地与父母合作，氛围温馨，一幕幕美好瞬间被定格下来。

【活动建议】

1. 幸福中国结，折射良好家风。中国家庭一向喜欢悬挂中国结，取其幸福团圆之意。这小小的中国结，也成为中国家庭文化的一个象征。中国传统文化非常注重家庭，一向重视家庭教化和家风建设，培育优秀家风成为历代先贤立家处世之本，贵名节、重家声成为中华民族家齐、国治、天下平的优良传统。俗话说，家和万事兴。活动中，在亲子合作完成中国结后，主讲老师可以中国结的象征寓意和使用形式等，引导学生对中国结展开深入探讨，进而迁移到家庭文化、家风等，为涵养良好家风打下基础，让良好家风在亲情中升华。

2. 小小中国结，体现民间文化。民间文化是人民大众的文化、生活的文化。它生于民间、兴于民间、藏于民间，最接地气，最好地保留了中华文化的根脉，留下了中华文化的特殊印记。在镇江民间文化艺术馆王老师的带领下，以“中国结”这一民间技艺为切入点，可以引导学生从神话传说到民间习俗，从民间礼仪到传统节日，从民间手工艺到民间艺术表演，开展丰富多彩的民间文化主题探究活动，传播、弘扬民间智慧，从而使学生更深刻地感悟中华优秀传统文化。

主题二：展望——相伴拥有美的成长

【活动1】

我眼中的西津渡

——“走进西津渡”系列公益活动

一、活动目标

1. 游览西津渡，追溯城市历史的足迹，倾听历史的诉说。

2. 通过走进西津渡活动，加强学生面对面的情感交流，增强学生的人际交往能力，让他们放下手中的电子产品，让“宅男宅女”走出房门。

3. 让学生感受古城历史的悠远，了解家乡文化古迹，宣扬家乡文化，做好家乡的代言人，培养他们热爱祖国、热爱家乡的情感。

二、活动时间

2017 年 1 月 17 日下午 1：00

三、活动地点

西津渡镇江菜馆石碑处集中，寻访西津渡。

四、准备工作

1. 查找地方文献资料，了解西津渡文化。

a. 图书：《西津论丛（一）（二）》《西津渡道教研究》《品味镇江》《杜秋娘》《风雨西津渡》《西津渡诗词》《镇江古泉老井》。

b. 网络：查找西津渡旅游攻略。

2. 乔老师准备解说词，向读者推荐2本关于西津渡的书（《风雨西津渡》《西津渡诗词》），自带"小蜜蜂"扩音器。

3. 周老师拍照，制作"走进西津渡"的旗子。

4. 为每个小组准备纸张和画笔。

五、活动流程

1. 学生组队，分成小组。

2. 乔老师讲西津渡名胜故事，特级教师陆老师给孩子们讲述西津渡文化与叙事性写作。

3. 每组亲子完成任务卡（保密）。

4. 参观救生会。

六、组织、联办单位

润州区图书馆

江苏省静老师心理名师工作室

金泉社区

七、注意事项

每位学生由大人全程陪同，准时到达集中地点，学生不允许带手机。

【活动评析】

在"走进西津渡"公益活动中，大家怀着探古情怀，与西津渡进行了一次亲密的约会；在乔老师娓娓动听的讲解中，大家身临其境，仿佛集体穿越，与古人一同穿梭于古街。

江苏省语文特级教师陆老师通过对一个个景点描述式的介绍，又把大家从古代拉回了现代。参与活动的亲子纷纷参与到"我与名师"的讨论互动环节中，场面气氛热烈。陆老师幽默风趣的讲解引来了大家一阵阵爽朗的笑声。

大家在活动中不仅了解了救生会、待渡亭、蒜山等景点及发生在这些景点的美妙动人的故事，而且从本次活动中认识了新朋友，收获了友谊。

【活动建议】

行走在西津渡有着深深车辙印记的石板路上，穿过高高的元代石塔，眼前仿佛涌现出千百年前的镇江老百姓的身影，他们用自己的勤劳、坚毅、奋斗书写着镇江的历史，刻下了镇江的烙印。活动中，在展现历史文化的同时，如果能走进文化的背后，走近创造文化的古人身边，感受他们的精神，则更能让伟大的民族精神和优秀的传统文化一起发扬光大。

【活动 2】

寻访人文古迹　心系爱国情怀

——“探访广肇公所”亲子作文指导公益活动

忙碌的期末考试结束啦，家长和孩子们是不是感到格外轻松？迎来快乐的暑假之前，我们将为大家组织系列亲子作文指导公益活动，让我们和江苏省优秀阅读推广人、作家张晓波老师一起走进广肇公所，了解一下孙中山先生当年在镇江的下榻之处，听张老师和我们谈谈写作之道，赶快加入吧！

一、活动目标

1. 培养亲子热爱家乡的情感。

2. 提高亲子阅读和写作的质量。

二、活动时间

2019 年 6 月 29 日（周六）下午 3：00

三、活动地点

广肇公所门口集合（镇江博物馆对面）

四、参加人数

镇江实验学校小学部 12 对亲子

五、活动准备

1. 家长负责孩子全程安全与参观礼仪。

2. 肖老师负责拍照工作。

六、主办、联办单位

润州区图书馆

润苑阅读社

镇江实验学校学生心理健康教育发展中心

【活动评析】

江苏省优秀阅读推广人、作家张晓波老师带领12对亲子开始镇江广肇公所探访之旅。公所位于江苏镇江城西伯先路，由当年广州、肇庆两府旅镇客商合力兴建，是两地商人聚会和洽谈业务的场所，故名广肇公所。此地是近现代镇江商业繁荣的象征，孙中山到镇江视察时曾下榻在此。

12对亲子跟着张老师的脚步漫步于大西路——江苏省第一条柏油马路。只要你留心，处处是人文古迹。广肇公所，就是承载着历史记忆的一座老建筑……张老师精彩的讲解让大家不仅仅是参加了一次亲子公益作文活动，更从中掌握了阅读和写作的技巧，还坚定了民族自信、文化自信，接受了一次爱国主义教育。

【活动建议】

广肇公所是古时广东广州、肇庆两府商旅来镇江经商的同乡会建筑，对繁荣镇江近代工商业的发展做过历史贡献。镇江是一座历史文化名城，需要一代又一代镇江人的不懈努力才能更加繁荣昌盛。本次活动可以在理想教育方面加以拓展，不仅能促使学生感知父母事业、工作的意义，而且能激发学生热爱家乡、建设家乡的热情。

【活动3】

拥抱生活　共同成长

——"品读古运河韵味"亲子作文指导公益活动

作为一名地道的镇江人，您去过镇江市古运河历史文化展室吗？了解镇江古运河两岸共有90余处文化遗产吗？江苏省优秀阅读推广人、作家张晓波老师将带领大家参观古运河历史文化展室，了解古运河历史，品读古运河风光，感受镇江人的骄傲。

一、活动目标

1. 培养亲子热爱家乡的情怀。

2. 提高亲子写作技巧。

二、活动时间

2019 年 8 月 24 日（周六）上午 9：00

三、活动地点

古运河京口闸

四、参加人数

12 对亲子（二~六年级）

五、活动准备

1. 家长负责孩子全程安全与参观礼仪。

2. 肖老师负责拍照工作。

六、主办、联办单位

润州区图书馆

镇江实验学校学生心理健康教育发展中心

润苑阅读社

【活动评析】

江苏省优秀阅读推广人、作家张晓波老师作为本次活动的主讲老师，向 12 对亲子详细解读了古运河镇江段的历史：西起平政桥，东至江南运河谏壁三叉河口，由城区西北向东南蜿蜒穿过，全长 16. 69 公里，集水面积 80. 81 平方公里，在京口闸及丹徒镇设有节制闸，属于受控水系。古运河是镇江市主城区最重要的防洪排涝河道，也是唯一一条贯穿主城区的河道。活动中，大家细细欣赏了古运河的旖旎风光。在张老师的悉心讲解下，12 对亲子不仅在活动中了解了京杭大运河是祖先留给我们的珍贵的物质和精神财富，古运河在今天依然发挥着防洪排涝、美化城市、传承文脉、游览观光等作用，还了解、掌握了写作新技巧，知道可以用四季来描写古运河的风景，让文章的写作质量更上一个台阶。亲子共同参加活动，不仅仅促进了亲子之间的沟通与交流，更增走了亲子之间的感情。

【活动建议】

作为青少年，我们做些什么才能帮助千年古运河焕发新颜，再现底蕴？这次亲子活动，还可以和志愿者活动相联系，让每一对参加活动的亲子，都成为保护古运河的志愿者，在近距离感受运河两岸厚重文化底蕴的同时，成为古运河文化韵味的传承弘扬者。

阅读与思维

主题一：阅读——打开视野的天窗

莎士比亚说：“书籍是全世界的营养品。生活里没有书籍，就好像没有阳光；智慧里没有书籍，就好像鸟儿没有翅膀。”对于所有人而言，阅读最大的好处在于：它让求知的人从中获知，让无知的人变得有知。人们通过阅读来获取信息、认识世界、发展思维、开阔视野，感受智慧的光泽。阅读还能陶冶人们的情操，提升修养。

对于学生来说，阅读显得尤为重要。它可以让学生开阔视野，增长知识，良好的阅读能力还可以使学生进一步巩固学到的各种知识，融会贯通，形成一种良性的循环。小学阶段是人记忆、学习的黄金时期，多阅读有利于智力的开发、个性的发展和思想品德素质的提升。可以说，阅读对学生的终身发展有着特别重要的意义。

亲子阅读是让孩子和家长共同分享阅读过程的一种阅读方式。父母和孩子共读一本书，营造家庭读书氛围，很容易让孩子感受到读书的快乐，从而爱上阅读。基于此，学校应大力提倡亲子阅读，开展亲子阅读活动。

【活动1】

《鲍勃是个艺术家》

——“布谷读绘本”亲子绘本阅读活动

一、活动意义

绘本，英文称 picture book，是指以绘画为主、兼附少量文字的图书。绘本是儿童在接触纯文字图书之前的过渡读物，而这个过渡需要父母与孩子的双向互动才能获得最大的收益，因此绘本与漫画和连环画又有不同。绘本图为主、文为辅的特点，给予小读者无限的阅读空间。同一绘本由不同的父母和孩子阅读，会有不同的收获。

经常阅读绘本，孩子之间、家庭之间，彼此分享阅读的喜乐，不仅会获取知识，也会有情感上的满足。

二、内容预告

内容简介：鲍勃是一只大鸟。有一天散步时，因为自己的缺点突然受到大家的嘲讽，它觉得十分难过，想了很多办法都不能改变自己身体的缺点。直到有一天，鲍勃路过艺术展览馆，它的灵感来了！它究竟做了什么，让自己在大家心目中成了天才呢？甚至连它的缺点也成了“简约之美”！

三、活动时间

2021 年 1 月 3 日（周日）下午 1：30

四、活动地点

西津渡二楼南书房

五、参加对象

一、二年级学生家庭

六、主讲老师

顾悦（中级绘本阅读指导师、小学语文教师）

【活动分析】

“布谷读绘本”是学校开展的亲子绘本阅读培训的系列活动，对培养孩子的阅读兴趣和能力，以及促进亲子关系有着重要意义。

绘本能激发孩子的阅读兴趣。绘本绘制精美，画面卡通化，文字很简单却留了极大的想象空间，能引起孩子的阅读兴趣。在活动中，顾老师带领大家完成切土豆丝的热身小游戏后，进入了鲍勃的世界。鲍勃因为有两条纤细的腿而受到大家的嘲讽，它觉得十分难过，想了很多办法都不能让腿变粗。直到有一天，鲍勃路过艺术馆，它的灵感来了！它开始用颜料在自己的尖嘴上作画，模仿大画家亨利·马蒂斯、杰克逊·波洛克，自己设计各种奇妙的尖嘴造型。在大家的眼里，鲍勃成了天才，就连它的细腿也成了"简约之美"。孩子们在活动中兴致勃勃，和鲍勃一起体会成功的喜悦。

绘本阅读能促进孩子思维和语言的发展。活动中，顾老师教会亲子看扉页的阅读策略，进行前后连贯阅读，采用启发提问等方式帮助小读者进行自我认知，正确认识自己的优点和缺点，知道被欺负了该怎么处理。对绘本中鲍勃的遭遇，以及现实生活中如果自己遇见类似情况的处理策略，小读者认真思考并进行了激烈的讨论，小读者的爸爸妈妈也积极参与进来。

亲子绘本阅读能建立和谐的亲子关系。本场《鲍勃是个艺术家》亲子绘本阅读活动，不仅带给家庭亲子阅读的快乐，而且加深了亲子之间的感情。

【活动建议】

亲子共读绘本已受到越来越多家庭的重视。在此过程中，父母帮孩子打开了认识世界的窗口，培养了孩子的阅读习惯，促进了孩子思维能力的发展和审美情趣的提高，有利于维系和谐的亲子关系。学校可多组织亲子绘本阅读的培训活动。在活动中，可以指导家长和孩子共读绘本，采用不同的阅读形式，读后进行交流，以及把书中获得的知识、道理与现实生活联系起来、付诸行动，等等。另外，也可以指导家长如何去选择绘本，要考虑到孩子的年龄和性格特点。不要一味追求绘本的阅读量，而应注意孩子读绘本的节奏。可以按照记忆曲线周期性的规律，阅读一些绘本，温故知新才是好的方式。

【活动2】

《苏北少年“堂吉诃德”》

——亲子阅读品鉴汇活动

一、活动意义

为提升亲子阅读水平、促进亲子感情沟通，镇江实验学校联合学校家庭教育联盟基地——润州区图书馆、西津渡二楼南书房、镇江市关爱青少年校外活动实验中心、江苏省静老师名师心理工作室举办《苏北少年“堂吉诃德”》亲子阅读品鉴汇活动。

本场亲子读书会是2020年镇江实验学校“读童书·共成长”寻找童书里的亲子时光系列读书活动之一，旨在培养孩子的阅读习惯和阅读兴趣，以及带动家长跟着孩子一起学习成长。在孩子的童年时期，家长通过亲子阅读高质量陪伴孩子，走进并滋润孩子的精神世界，进行心灵的交流和碰撞。

二、内容预告

《苏北少年“堂吉诃德”》的作者是茅盾文学奖得主毕飞宇。该书以记叙性非虚构文体为孩子讲述作者在兴化农村成长的童年生活。其中，“红领巾泳裤”“奶奶的蚕豆”等情节感人至深。全文庄重与诙谐并具，情感与记忆交织，是不可多得的佳作。

三、活动时间

2020年9月26日（周六）下午2：00—3：30

四、活动地点

西津渡二楼南书房

五、参加对象

20组小学中高年级学生家庭

六、主讲老师

陈芸（小学语文教师）

【活动分析】

“读童书·共成长”系列活动让家长和孩子共读儿童文学作品，

了解阅读文学作品的方法，让亲子之间的沟通交流更密切，营造书香家庭的浓郁诗书氛围。

亲子阅读活动，家长和孩子一起学习好的阅读方法，从阅读中收获更多。《苏北少年“堂吉诃德”》是作家毕飞宇对童年生活的回忆录，由童年情景、我和动物们、大地等七部分构成。陈老师带领20组学生家庭，帮助大家从作者的简历、作者的写作风格、作品的背景、作者的童年经历等六部分梳理全书的内容，让大家站在作者的角度理解作者的喜怒哀乐，了解那个物质匮乏的年代，以及作者的期盼、等待和梦想。

亲子阅读活动，让家长和孩子之间的沟通交流更密切，更易建立和谐的亲子关系。《苏北少年“堂吉诃德”》亲子读书会受到大家的欢迎，在读书会上，家长和孩子们进行了精彩的发言，讲述了亲子阅读的感受和体验。家长表示，通过共读，父母与孩子共同学习，一同成长；共读，创造了父母与孩子沟通的机会，亲子之间可以分享读书的感动和乐趣；共读可以带给孩子欢喜、智慧、希望和勇气。

亲子阅读能营造浓郁的家庭读书氛围。在此过程中，家长和孩子一起收获更多的知识，懂得更多的道理，对生活有更多的感悟，对阅读有更多的渴望，让家中有浓郁的读书氛围。

【活动建议】

亲子阅读被越来越多的年轻父母所认可。父母和孩子共读儿童文学作品，能培养孩子的学习兴趣、口语表达能力、拓展思维等。更重要的是，共读可以给父母创造与孩子沟通及分享读书乐趣的机会。学校组织的亲子阅读活动，可以让家长和孩子更多地表达阅读中的感受，帮助他们解决阅读时的困惑，为他们提供更多更好的阅读方法，带领他们从不同视角关注书中的情节、语言、人物、作者想表达的思想等。另外，亲子阅读活动可以指导家长如何为孩子选择课外书，如何在家庭中正确地陪伴孩子阅读，让孩子学会倾听、思考、表达，和孩子一起享受读书带来的乐趣。

主题二：思维——开启智慧的大门

恩格斯说："思维是地球上最美的花。"思维是人类认识世界、改造世界的最重要的主观来源。思维是智力的核心，是创造力的源泉。自古以来，"学以思为贵"，思维培养是教育的本质目标之一。"授人以鱼不如授人以渔"，这里的"渔"实质上就是指给受教育者传递的思维方法。在家庭教育中，往往会把"思维培养"优秀与"聪明的孩子"画上等号，这也足以见得，思维训练和培养是被学校教育和家庭教育都摆在重要位置的。思维的辐射度、广度、深度、独创度、灵活度、敏捷度是衡量学生思维能力的重要指标，思维的素养是"核心素养"的重要组成之一，甚至有人提出"核心素养，思维先行"的观点。

中小学生思维培养的重要性如此明晰，家庭教育在思维培养方面迫切需要学校给予科学、专业的指导和帮助，在这样的环境下，开展系列思维培养的亲子课外社团活动就更有针对性、专业性，更能赢得家庭教育的欢迎。

【活动】

让思维自由飞翔

——亲子思维导图公益课堂系列活动

孩子复习期间，沉于题海无法自拔！孩子复习效率低！背书太慢！学习没有方法，不懂举一反三，不用脑！以上问题都可以用 4 个字解决——思维导图。思维导图是由英国著名教育家、心理学家、记忆力之父、世界大脑先生东尼·博赞（Tony Buzan）先生于 20 世纪 70 年代发明的一种高效的学习方法。

思维导图是将大脑中抽象的思维形象化、隐性的思维显性化，并利用大脑喜爱的颜色、图片、线条、符号、关键词等通过图文并茂的发散性结构呈现，被喻为"大脑的瑞士军刀"和"大脑的使用说明书"。它是开发全脑思维非常有效的思维工具，不仅能帮助学生提高学习成绩，还能改变学生的思维方式，是"学霸"的学习和思维利器，是最强大脑不可缺少的思维工具。

镇江实验学校学生心理健康教育发展中心、江苏省静老师心理名师工作室、镇江市未成年人成长指导中心于10月26日、11月30日、12月7日、12月14日4天下午的3点到4点半共举办了4期"让思维自由飞翔"亲子思维导图公益课堂，主讲老师是中学高级语文教师、国家二级心理咨询师、中级社工师李红梅老师。共有12对亲子参加了本次活动。4期的内容分别是：认识思维导图、运用思维导图背书、运用思维导图写作文、运用思维导图进行整本书阅读。"让思维自由飞翔"亲子思维导图公益课堂受到广大家庭的欢迎。

【活动分析】

结合这个系列活动，可以解决我们在亲子课外社团活动中的几个基本问题：

1. 在思维培养这个大话题下为什么选择"思维导图"子主题？

思维培养这个主题看上去比较抽象。思维导图又叫心智导图，是表达发散性思维的有效图形思维工具，它简单却很高效，是一种实用性的思维工具。

思维导图由于高效、直观的特点而被广泛运用于多个领域，最近在国内无论是商界还是教育界都掀起了一股头脑风暴。这是一种崭新的学习方式，相信很多人都听说过，但是大多数人对它的了解仅仅只是停留在听过。虽然大家都知道它是一个神奇的工具，却不一定会使用它。尤其是对于小学生来讲，虽然思维导图可以锻炼思维能力，但是不会用也没意义。家长对于这种能对孩子进行思维培训的新学习方式也一定会表现出"求知若渴"的好奇心。

家庭教育有需要的地方，就是亲子课外社团活动应该着手计划、实施的立足点。

2. 策划专题亲子活动的原则

（1）专业性。亲子活动既然成为学校教育的一部分，以课外活动课程的方式来呈现，就不能仅仅是父母和孩子在老师的共同参与下完成的一个活动而已。它应该更具科学性、专业性，在保证这两方面的基础上，让亲子成员有所得。

思维导图运用图文并重的技巧，把各级主题的关系用相互隶属与相关的层级图表现出来，将主题关键词与图像、颜色等建立记忆链接。它是一种展现个人智力潜能极致的方法，可提升思考技巧，大幅增强记忆力、组织力与创造力。它与传统笔记法和学习法有量子跳跃式的差异，主要是因为它源自脑神经生理的学习互动模式，并且具有放射性思考能力和多感官学习特性。它是一个专业性很强的新的科学教学方式，所以请专业的相关专家来进行亲子活动的指导会更有权威性，让家长在亲子活动中更投入其中；同时，专家的专业讲解授课会让新的理念、新的知识、新的方法更有条理，将其更为清晰地传递给每一个参与的家庭，使亲子活动也更有时效性。

（2）针对性。思维导图充分运用左右脑的机能，利用记忆、阅读、思维的规律，协助人们在科学与艺术、逻辑与想象之间平衡发展，从而激发人类大脑的无限潜能。它在众多领域都有自己的体系和运用。但我们的亲子社团课程，目的是帮助学生、帮助家长，所以应选择家庭所需的活动内容。比如这组活动，第一节课是认识思维导图，后面的几节课分别是利用思维导图高效背书、写作文和进行整本书的阅读。这几个方面恰恰是学生学习语文时遇到的几个大难题，是家长最为头疼的问题，那么选择这样的几个主题就非常有针对性，能实际解决学习中的困惑，给予方法的实践运用的指导，这样的活动必然会受到欢迎。

在进行语文系列活动之后，还可以根据各个年级的不同情况，开展数学、英语等多种小主题的思维导图亲子活动，这样，开发和培养学生思维能力就不再是一个大口号，而是着眼小处，卓有实效。

（3）活动性。亲子活动课程重在"活动"，它应该区别于课堂教学。小学生都有一个特点，就是天性好玩、好动和好奇，抓住这个特点，在学生绘制思维导图时要鼓励他们多画图，而且要多尝试运用不同的色彩来画图。图像可以吸引学生的眼睛和大脑的注意力，而不同的色彩不仅可以增加导图的趣味性，也能提高学生的创造力，这样他们在绘制的过程中就不会感到枯燥无味。再加上家长及时给予孩子指导和鼓励，不同家庭小组间良性的竞争，多种形式的小竞赛、小展示，便丰富了活动形式。在有趣、快乐、收获的氛围下让亲子活动"活"起来，这样的课程必然会达到事半功倍的效果。

【活动建议】

思维是整个智慧的核心，参与、支配着一切智力活动。一个人聪明不聪明，有没有智慧，主要看他的思维能力强不强。要使自己聪明起来，智慧起来，最根本的办法就是培养思维能力。无论是学生的学习活动，还是人类的一切发明创造活动，都离不开思维，思维能力是学习能力的核心。思维是开启学生智慧大门的钥匙，思维能力的训练是一种有目的、有计划、有系统的教育活动。这一主题在亲子活动的课程中是一个很重要的版块。我们在组织实施学校的特色亲子课程中，可以多多策划这一方面的活动内容，根据学生的不同年龄特点，着眼小处，开展系列的有趣味的思维开发活动，从而促进学生理解力、分析力、综合力、比较力、概括力、抽象力、推理力、论证力、判断力等思维能力的发展和提高。

艺术与修养

英国教育家斯宾塞曾说："如果没有绘画、雕塑、音乐、诗歌及自然所引起的情感，人生就会失去一半乐趣。"艺术作为一种文化影响，在培养人的创新思维和想象力、审美能力及审美情趣的过程中，有着不可替代的作用。它能作用于每个人的心灵，塑造、健全、完善人格，还可帮助人们提升对自然的观察力、对事物的感知力和创造力。

随着社会的发展，艺术教育已经成为素质教育的重要组成部分。越来越多的家长开始重视孩子的艺术教育，他们给孩子报各种艺术班：声乐、舞蹈、绘画、书法……希望培养孩子的艺术细胞。其实艺术素养的提升不是一朝一夕的，应该渗透到生活的方方面面，要让孩子在无形中学会感受美、创造美，提高审美能力和艺术修养。多姿多彩的艺术类亲子活动让家长参与到艺术活动中来，促进了亲子关系的和谐，并通过多样的形式、丰富的内容、深刻的人文内涵打动了学生的心灵，表达了学生的情感和文化追求。

一、欣赏艺术之美。流动的音符圆滑动听，美妙的歌声悠扬婉转，音乐类的亲子活动让孩子们感知自然，感受生命之美好。我们愿意静听小雨的淅沥，欣赏炊烟的袅袅，流连晚霞的绚丽，徜徉满山荡漾的春意。“春则觉醒而欢悦，夏则在小憩中聆听蝉的欢鸣，感怀时光的有形流逝，秋则悲悼落叶，冬则雪中寻诗。”

二、领悟艺术精神。古诗文亲子诵读活动，从大漠孤烟的塞北到杏花春雨的江南，从山水田园牧歌到金戈铁马阳光，我们从诗词歌赋中体会人生百态，受到真善美的熏陶和感染。以爱国主义诗词为例，“路漫漫其修远兮，吾将上下而求索”教我们追寻理想；“万里赴戎机，关山度若飞”让我们感受豪情；“国破山河在，城春草木深”的悲壮，“人生自古谁无死？留取丹心照汗青”的浩然正气，无不令我们动容……

三、提升艺术修养。创造性的艺术活动给予了学生创造的源泉，也提高了其创造能力和艺术修养。小小一支笔，书写一段情，亲子书画活动培养了孩子的动手能力和想象能力，让他们有了追梦的勇气；旋转、跳跃，志在高山表现巍峨之势，意在流水舞出荡荡之情，舞蹈类亲子活动让家长和孩子舞出激情，舞出自信……

主题一：品味诗意生活

【活动】

"传承经典　浸润书香"

——"我爱记诗词"亲子活动

一、活动意义

诗词沉淀着五千年来中华文明史的精髓，承载着中华文化的博大精深，是华夏文学殿堂里熠熠生辉的王冠！我们亲近中华经典，我们诵读精美诗篇，旨在让学生热爱诗词，体会诗词的魅力。让我们去体会"采菊东篱下，悠然见南山"的那份闲情，感受"大漠孤烟直，长河落日圆"的那份壮观与豪迈……

二、活动目的

1. 让学生乐于背诵，敢于表演诗词内容，激发其参与意识，锻炼其胆量。

2. 感受中国传统文化之美，在优美、有趣的语言游戏中培养学生的语言能力、表演能力，增强其民族自豪感。

3. 亲子互动中增进亲情的交流，培养和谐的亲子情感。

三、活动主题

传承经典　浸润书香

四、活动对象

镇江实验学校三~六年级学生

五、活动时间

2019 年 3 月 16 日上午 9：00—11：00

六、活动地点

镇江实验学校学生心理健康教育发展中心（润州区图书馆三楼）

七、联办单位

镇江实验学校

江苏省静老师心理名师工作室

润州区图书馆

镇江市关爱青少年校外活动实验中心

八、活动内容

第一环节——诗词接龙（家长说上句，孩子接下句）

第二环节——抢答游戏（抢答关于诗词的小知识）

第三环节——你演我猜（家长比划，孩子猜诗句或诗的题目）

第四环节——飞花令（说出含有规定关键字的诗词）

九、活动前期准备

将 16 个亲子家庭分成 4 组，取好小组名。

背诵《古诗词 75 首》，课外自由积累背诵诗词。

【活动评析】

古诗词是华夏文明的瑰宝，是历史的丰碑。诵读古诗文对于提升人的境界，丰富人的内涵，开阔人的胸襟，启迪人的智慧有至关重要的作用。

为了在比赛中取得优异成绩，16 个亲子家庭一个月前就开始了“秘密集训”。他们中很多家长的诗词功底并不深厚，每天要花大量时间背诵记忆。为了帮助记忆，茶余饭后，全家老小齐上阵，你问我答，家庭文化氛围特别浓厚。比赛时，家长和孩子配合默契，尤其是“你演我猜”环节，规定不能说话，家长和孩子全程手舞足蹈，活动现场充满了欢声笑语，给观众留下了深刻的印象。

一、激发了学生爱国、爱家的情感

活动中，歌颂祖国大好河山和美丽风光的古诗，激发了孩子作为中华儿女的自豪感，培养了他们高远的志向和博大的胸怀。不少古诗抒发了亲情、友情和乡情，诵读这些古诗，可以培养学生爱家乡、爱长辈、爱亲朋的健康情感。

二、全面提升了学生的综合素质

诵读大量中华古诗，激发了学生诵读经典诗文的兴趣，培养了学生诵读的良好习惯；开拓了学生的视野，学生知道了“诗前幕后”故事；锻炼了学生的能力，学生通过自编自演提升了动手能力、思维能力和协调能力；增强了亲子间的默契，使亲子关系更加和谐。

“经典浸润人生，书香伴我成长”，诗词亲子活动犹如一道亮丽的风景线，丰富了孩子们的课余生活。作家余秋雨说过：在孩子们还不具备对古诗文经典的充分理解力的时候，就把经典交给他们，乍一看莽撞，实际上是文明传承的绝佳措施。幼小的心灵纯净空阔，由经典奠基可以激发起他们一生的文化向往。

【活动建议】

一、形式多样乐趣多。在已有的背诵、表演、抢答等环节的基础上，还可以增加配乐朗诵、唱歌舞蹈、乐器演奏等形式，让孩子们的艺术特长得以充分展现，在轻松快乐的氛围下享受艺术之美。

二、人人参与有收获。这次活动邀请的家庭成员大都有发言的机会，但是还是有一些家长和孩子没有参与其中，可以增加一些必答的环节，让所有家长和孩子都能在活动中得到参与的快乐和能力的锻炼。

主题二：升华艺术修养

【活动1】

我们都是追梦人

——“迎新年亲子音乐会”活动

一、活动背景

暖风吹拂青春梦，音乐诉说亲子情。为了丰富学生的校园文化生活，为学生搭建展示自我的舞台，提升音乐素养，开阔艺术视野，陶冶艺术情操，增进亲子关系，学校特举行2019年迎新年班级亲子音乐会活动。

二、活动目的

1. 通过音乐会活动，展示学生艺术特长，激发学生学习音乐的兴趣，营造良好的艺术氛围。

2. 增进亲子间的交流，提高学生团结合作的能力、节目策划的能力。

三、活动时间

2019年12月

四、活动地点

阶梯教室

五、活动对象

五（8）班全体学生及部分家长、音乐老师

六、活动准备

1. 征求学生意见和感兴趣的内容并进行整合，合理部署，文娱委员撰写活动流程，分好小组，确定组长，发动全员参与，自由报名。

2. 选择主持人和幕后策划人。

3. 家长委员会选出家长代表参与活动，提出建议并成立后勤小组。

七、活动流程

1. 主持人开场。

2. 节目展示：

开场舞

歌曲联唱（家长代表和学生共同参与）

乐器合奏

音乐剧（家长代表和学生共同参与）

中场互动环节——听音乐，猜歌曲（家长代表和学生共同参与）

拉丁舞、街舞串烧

小合唱《我们都是追梦人》

时装表演（家长代表和学生共同参与）

亲子合唱《时间都去哪儿了》

【活动评析】

冼星海说："音乐，是人生最大的快乐；音乐，是生活中的一股清泉；音乐，是陶冶性情的熔炉。"班级亲子音乐会是一场音乐的盛宴，是让学生自主探究、小组合作学习的音乐活动。它提高了学生的音乐素养，增强了孩子们的自信心，培养了孩子的演唱、演奏、舞蹈、组织、策划、主持、舞台监督等综合能力，给孩子提供了展示才华的平台，从不同层面锻炼了孩子的综合能力。

此次活动得到了家长们的大力支持，他们为节目出谋划策，提供了许多帮助，让孩子们领略了家长的才情。因为有家长的参与，孩子们表演时热情高涨，和家长积极互动。尤其是时装表演环节，节奏明快，积极向上，家长们在渲染舞台气氛的同时，传递了团队意识和创新精神。孩子们设计的"奇装异服"，在孩子和家长的精彩演绎下，取得了较好的艺术效果，赢得了阵阵掌声。

【活动建议】

一、做美的传递者。音乐是世间最美的语言，亲子活动将这份美传递给每一个人。教师、家长和孩子通过这样的活动，既享受了音乐之美，又拉近了彼此的距离。通过活动，孩子们知道了美无处不在，只要你用心体会。

二、给孩子更多机会。因为高年级的学生已经有很强的组织和统筹安排能力，所以活动中要将更多机会给孩子，让他们发掘自己的能力，选择自己最感兴趣的领域各展所长。从征集意见到幕后策划，孩子们自己做主，乐在其中。

三、让家长"大放光彩"。在艺术特长方面，家长群体"卧虎藏龙"，有很多佼佼者没有机会展示。这次活动让常年"潜水"的家长浮出水面，使出了十八般武艺：有乐器特长的家长指导孩子表演合奏节目，一招一式颇具专业水准；有文学特长的家长与孩子共同写剧本，创作音乐剧；爱唱歌的家长更是如鱼得水，美妙的歌声让孩子们深深陶醉……充分利用家长们的自身优势，让亲子活动更丰富有趣。

【活动 2】

墨韵清雅润心田

——“米芾广场”亲子书法活动

活动背景：《兰亭序》里绘春秋，《研山铭》里写情怀。中国书法艺术以其独特的艺术风格和魅力，成为东方文明的辉煌典范之一。镇江这座历史文化名城与书法结下不解之缘，王羲之、米芾、苏轼都曾在这里留下不朽的作品。为弘扬传统文化，让学生感悟书法艺术之精妙，特举行“米芾广场”亲子书法活动。

一、活动目标

1. 感悟书法的魅力，培养学生热爱书法的情感，激发学生学习书法的兴趣。

2. 培养学生热爱家乡的情感，增强学生的民族自豪感。

二、活动时间

2019 年 6 月 15 日（周六）下午 2∶00

三、活动地点

米芾书法公园

四、参加对象

著名书法家张松老师、书法爱好者、有书法特长的学生及参与亲子活动的家长

五、活动准备

1. 家长和孩子共同了解相关书法礼仪。

2. 有书法特长的学生现场书写。

六、主办、联办单位

润州区图书馆

润苑阅读社

七、活动过程

1. 著名书法家、猴寿创始人张松老师做亲子书法讲座。

2. 亲子互动游戏：书法知识我知道。

3. 小小书法家现场展示。

【活动评析】

著名学者蒋勋曾经在《汉字书法之美》一书中提道：汉字书法的美，"是呼吸，是养生，是身体的运动，是性情的表达，是做人处事的学习，是安定保佑的力量"，乃至最终成为"与自己相处最真实的一种仪式"。

为了培养孩子对于书法的兴趣，让更多的学生热爱书法，参与到书法活动中来，镇江实验学校三~六年级的书法爱好者齐聚米芾公园，著名书法家、猴寿创始人张松老师为60多位镇江实验学校的学生和家长做了一场精彩的亲子书法讲座，带领他们进行了一场书法之旅。

张松老师围绕"福田心耕"这个主题给家长和孩子们生动讲述了"幸福、惜福"的内涵，家长和学生受益匪浅。亲子互动环节中，孩子们进行书法知识趣味竞猜，和家长们进行互动游戏。孩子们的书法知识非常丰富，场上不时响起阵阵掌声。活动最后是小小书法家的展示，一幅幅饱含感情的"福"字出炉，一位位小书法家把"福"字送给自己的家人，并向家人送出了祝福，现场其乐融融。

【活动建议】

一、书法普及任重道远。"一横长城长，一竖字铿锵，一撇鹊桥上，一勾游江南"，汉字书写，自古就是中华民族文化启蒙课堂中重要的一课。作为中国人，首先要学会写好中国字。毛笔字是汉字之魂，遗憾的是，中小学教育中没有普及毛笔字，学生只能通过课外兴趣班了解毛笔字，欣赏书法之美。所以，多进行书法类的亲子活动，意在将中华文化璀璨的珍宝——书法文化发扬光大，让更多的人学习书法，静心养性。对于一个民族来说，文字更是一种凝聚力。教孩子写汉字就是让他们去了解民族文化、民族思想、民族情感和民族精神。

二、以兴趣促发展。兴趣永远是最好的老师，让学生学好书法，首先要让学生对书法产生浓厚的兴趣。既然选择“米芾书法公园”这个场地进行活动，就可以利用这里的书法资源，让学生参观欣赏米芾的作品，了解米芾的生平事迹，激发学生对家乡的热爱与自豪。当孩子们爱上书法时，就会产生学习和探索的兴趣，何愁学不好书法呢？

三、以知识带能力。学生的书法知识和运笔技巧不断丰富，书法鉴赏水平不断提高，写字时就能更加自如。亲子书法知识问答，可以让家长和孩子主动学习书法知识并向大家介绍，在游戏中获得学习的乐趣和成就感，知识底蕴丰富了，自然就懂得如何用书法寄托情怀，如何用笔墨表达真挚的情感，书法水平也就得到了提高。

故乡与远方

著名教育家陈鹤琴先生明确主张把大自然、社会作为出发点，使少年儿童在与自然、社会的直接接触中和亲身实践中获取经验和知识。家乡文化一直以来都是教育事业中的瑰宝，在亲子社会实践活动中，它对培养少年儿童文化素养及民族情怀有着重要的影响。《纲要》中也提出“引导少年儿童切实感受祖国文化的丰富与优秀，感受家乡的变化与发展；引导少年儿童认识、体验并理解基本的社会行为规则”。可见，孩子的社会性发展在儿童时代是至关重要的。随着社会的快速发展，城市化进程的加快，以及现代化科技社会的形成，我们生活的空间慢慢地被人为科技的成果及产品所包围。少年儿童被现代化的物质和玩具所"俘虏"，他们对家乡文化知之甚少，经常虽独守电视和玩具却感到百无聊赖，家乡文化资源慢慢地离开了孩子们的生活和视野。因此，家乡文化的传承需要家长和孩子们一起大手拉小手来实现。生活即教育，潜移默化、寓教于乐的教育形式便是我们追求的宗旨。将家乡文化融入亲子社会实践活动，使其发挥重要的作用，这也是民俗文化的魅力与价值所在。活动同时也拉近了少年儿童和家长的距离，在浓浓的亲情中成长的孩子健康、活泼、聪明，孩子的快乐指数提升，孩子的积极性提高，孩子的知识面得到拓展，家长也树立了更科学的儿童观、教育观和人才素质观。

主题一：我爱我的家乡

【活动1】

爱在重阳·德润童心

——"拥抱生活"亲子社团系列活动

秋高气爽，层林尽染，正是登高望远的大好时光……可是生活的奔波、工作的繁忙常常让我们忽视了全心全意为我们做着后勤保障的父母，忽视了和爱人、孩子之间互动的体验和情感的交流；或者受到疫情的影响，有些家庭的出行计划一阻再阻……

不如我们来一场说走就走的"安乐之旅"吧！

俗话说："南山走一走，能活九十九。"到天然氧吧尽情呼吸新鲜空气，扶老携幼安闲地享受亲情温暖吧！镇江实验学校联合镇江市文广集团、润州区图书馆和江苏省静老师心理名师工作室开展"拥抱生活"亲子社团——"爱在重阳·德润童心"活动，诚挚地邀请爷爷奶奶、外公外婆、爸爸妈妈和孩子们来一场全家总动员。99 个家庭穿上亲子装，走进南山风景名胜区，踏秋登高，共话美好幸福的生活。

一、活动时间

2020 年 10 月 25 日（周日）上午 10：00—12：00

二、活动流程

1. 集合令——南山招隐风景区珍珠湖停车场

任务：签到、亲子合影。

2. 打卡第一站——招隐牌坊　亲子诗词朗诵汇

任务：全家共同完成一首经典诗词的朗诵（可以事先打印好，也可以在家自己排练一下），任务完成后，每个家庭可领取一份小礼品。

3. 打卡第二站——大雄宝殿遗址　亲子“心”动力

任务：每人领取一张祈福卡，将自己对家人的美好祝福写下来挂在红丝带上，然后参加亲子互动心理游戏。游戏结束，席地而坐，稍作能量补给（建议每个家庭带一个大一点的地垫，捎带一些水和饼干）。接着，欣赏三组家庭的节目表演。任务完成后，取下祈福卡，送给家人，留作纪念。

4. 打卡第三站——听郦山房　猜谜大联盟

任务：每个家庭猜一个谜语，猜中后写上答案去打卡点换取通关纪念证书（保留此证书可参加“合作型实验好爸妈”的推荐与评选）。

活动结束，自行浏览、拍照、下山。过程中可以家庭为单位游览南山标志性景点。

别再犹豫了，10 月 25 日重阳节，我们不见不散！

【活动评析】

“人生易老天难老，岁岁重阳。今又重阳。”重阳节，镇江实验学校携手镇江文广集团 FM104 镇江综合广播《爸爸的书房》、英科医疗发起了“爱在重阳 · 德润童心”的公益行动。99 个小朋友带着爸爸妈妈、爷爷奶奶、外公外婆，全家总动员，走进米芾书法公园，踏秋登高，共同参与亲子游戏，猜谜语、赏美景，分享书香家庭的快乐，写下心愿，诉说心情，其乐融融，在绚烂的秋日里共话美好幸福的生活。镇江实验学校的家长说："我们一家人共同朗诵了一首祝福老人的诗歌《老有老的骄傲》，然后我们还一起进行了祈福卡的书写，写下对家人的祝福。这次活动，也提醒了我们要多陪伴老人，多和老人沟通，平时要多体谅老人，最后我们祝所有的老人健康平安，重阳节快乐！"此刻的欢笑是给予彼此的最甜蜜的陪伴，愿天下老人都能健康幸福。

组织者蒋老师说："老年人、年轻的爸爸妈妈和孩子一起出游，参加亲子活动，这种机会是很难得的，虽然组织这么一个庞大的队伍，我们基地的老师们非常辛苦，但是看着他们这样的幸福美满，我们也很有成就感。希望我们能有机会再组织一些这样的活动，把好的家风家训、好的传统继续传承下去！"

【活动建议】

亲子社团开办 4 年多以来，公益亲子社团活动的 QQ 群陆续加入了 1000 多个家庭。家长的理念也随着参与活动的深度逐步先进起来，每次活动一发布，名额就被抢光。为什么越来越多的家长会加入？因为家长在活动中深知这些机会和资源非常难得，他们看到了自己和孩子身上的变化，感受到参加活动的益处。这些活动让家长和孩子成为参与者而不是跟随者，我们也在一步步实现"激活内驱，主体共建"课程的目标。

【活动 2】

阅读镇江名人

——走进陆小波故居亲子社团活动

端午即将来临，大家是否想体验一个不同的节日？让我们跟随江苏省优秀阅读推广人张晓波老师一同参加"阅读镇江名人"亲子活动，寻访陆小波故居。

一、活动目标

1. 培养亲子热爱家乡的情感。

2. 培养亲子的民族自豪感。

二、活动时间

2019 年 6 月 7 日（周五）上午 9：30

三、活动地点

大西路山巷广场集合

四、参加人数

镇江实验学校中小学部 15 对亲子

五、活动准备

1. 家长负责孩子的全程安全与参观礼仪。

2. 肖老师负责拍照工作。

六、主办、联办单位

润州区图书馆

润苑阅读社

镇江实验学校

江苏省静老师心理名师工作室

【活动评析】

陆小波故居位于镇江市区中华路打索街 68 号，2011 年被列为江苏省文物保护单位。故居为清代传统居民建筑，坐北朝南，前后共五进。陆小波一生热爱祖国，热爱人民，追求真理，矢志不渝，深受世人尊敬和爱戴。他怀着“实业救国”的愿望，致力于工商事业，艰苦创业，造福桑梓，为镇江近代工商业的兴起与发展做出了巨大贡献。陆小波一贯热心教育事业，他不仅一手创办了宝塔路小学（润商学校）、镇江市第一中学（原京江中学），还曾先后担任私立镇江女子职业中学、私立丹徒养正小学等学校的校董。

15 对亲子在江苏省优秀阅读推广人、作家张晓波老师娓娓动听的解说中踏进了陆小波故居。介绍完陆小波故居、陆小波其人、陆小波其事、陆小波作品后，张老师话锋转向如何写参观记。在张老师的悉心指导下，15 对亲子掌握了几种参观陆小波故居作文的精彩开头，张老师又分小学低、中、高年级段指导如何展开参观陆小波故居全文的写作。

"阅读镇江名人"——走近陆小波故居公益作文指导活动历时一个半小时。本次活动不仅对小读者进行了写作技巧的指导，而且对小读者进行了爱家乡教育，让他们了解家乡名人的生平事迹，激发了他们对家乡的自豪感。

【活动建议】

本次活动对于孩子们来说是一次全新的写作体验和感受，"学中玩，玩中学"，孩子们收获满满。鉴于此次活动的成功经历，以后可以开展系列镇江名人寻访主题活动，通过了解镇江名人故居、其人、其事及其作品，增强学生对家乡文化的自信。

【活动3】

感恩家乡

——参观镇江方志馆亲子社团活动

一、活动意义

镇江地处长江和京杭大运河交汇处，是一座钟灵毓秀、人文荟萃的历史文化名城，自古以来有"城市山林""江南名城"的美誉。在这片江河润泽的大地上，一代代镇江人创造了无数载入文明史册的灿烂成果，积累了丰富的可供我们在新时代汲取、创新的宝贵资源。

二、活动目标

1. 培养亲子热爱家乡的情感。

2. 增加亲子沟通，促进亲子交流，亲子共同成长。

3. 亲子全面详细地向外地亲友介绍自己的家乡——镇江，增强家乡自豪感。

三、活动流程

1. 12 对亲子在张晓波老师带领下参观镇江方志馆。

2. 参加活动的学生每人写一篇日记，择优在媒体上发布。

四、主讲老师

张晓波（作家、江苏省优秀阅读推广人）

五、活动时间

2019 年 10 月 13 日（周日）上午 9：00

六、活动地点

大西路镇江方志馆

七、参加对象

镇江实验学校小学部四~六年级 12 对亲子

八、活动准备

1. 准备好团体参观介绍信，与镇江方志馆的工作人员电话预约好参观时间。

2. 肖老师负责拍照、撰写新闻稿。

九、主办、联办单位

镇江实验学校

润苑阅读社

润州区图书馆

江苏省静老师心理名师工作室

【活动评析】

镇江方志馆位于西津渡镇屏山文化街区内盆汤巷 35 号，原是清代海关道台沈公馆。方志馆与镇江市博物馆直线距离仅 500 米。“两馆”功能定位为“三中心一基地”，即市方志年鉴和地情资料收藏中心、地情研究咨询开发中心、地方文化对外交流宣传中心及爱党、爱乡、爱国主义教育基地。“两馆”合一，国内罕见，属全省第一、唯一，完整展现了名城镇江古代、近代、现代、当代的发展全貌。

本次活动中，方志馆的讲解员为 12 对亲子详细讲解了山水名胜、民俗风情、教卫文体等 7 个主题展厅；接着张老师指导大家写作，从参观前资料的准备、作文题目的选择等几个方面进行详细解读。12

对亲子不仅在"感恩家乡"的活动中了解到镇江物华天宝、人杰地灵的悠久历史和城市地情，激发了热爱家乡、建设家乡的美好情怀，还开阔了写作视野、调动了写作热情，亲子感情大大增进。

【活动建议】

本次活动让少年儿童更加了解了镇江的"前世今生"，像这样老少皆宜、适合亲子活动的地方还有很多，如焦山碑林、镇江英国领事馆旧址、赛珍珠旧居……观察、查阅、走访、调查等一系列实践活动既能增加少年儿童对镇江发展的了解，还能使其将对家乡的自豪感转化为自身的责任。父母和孩子在活动中相互学习、相互了解、相互帮助……更有助于亲子关系的和谐发展。

主题二：心怀天下向远方

【活动1】

领巾飘扬　寻味醋香

——"走进百年恒顺"亲子社团活动

活动一：名醋品鉴会

队员们品尝四大名醋，畅谈各种醋的特点。

※ 山西老陈醋颜色是红棕色的，比较透亮，口感偏酸，有香味。

※ 福建永春老醋甜而不涩，品尝时舌头处感觉滑滑的。

※ 阆中保宁醋有点暗红色，香气浓郁。

※ 镇江香醋是乌黑色的，味道很鲜，还有点甜丝丝的。

这四种醋的味道各有特色，可为什么镇江香醋被评为国家首批非物质文化遗产呢？为什么中国轻工业联合会和中轻食品工业管理中心联合授予镇江市"中国醋都·镇江"称号呢？

活动二：走进身边的资源——恒顺镇江中国醋文化博物馆

1. 听讲解员介绍醋文化博物馆的构造。中国镇江醋文化博物馆是国内首个专业性主题醋文化博物馆，也是镇江市第一个集文化遗产保护、科普教育、工业旅游等功能于一体的主题展馆。博物馆分醋史馆、老作坊、陈列馆三大主体展馆，以及一个体验馆。全馆采用声、光、电等现代表现形式，全面展示醋文化、解读醋文化、品味醋文化。中国镇江醋文化博物馆占地 30 多亩、建筑面积 4000 平方米。

2. 参观流程（醋史馆、体验馆）。

3. 体验活动：

（1）观赏制醋技师现场表演制酒酿、翻醋缸、淋醋、酱醋等工艺过程。

（2）品尝。

在老作坊里，队员品尝用传统工艺酿制、存放 2 年以上的精品黄豆醋、薏仁醋、黑豆醋、大蒜醋等，细细品尝，醋味各异。

（3）体验制醋。

活动三：采访

问题 1：镇江被评为“醋都”后，对镇江的发展及恒顺酱醋厂的发展有怎样的影响呢？

问题 2：您觉得我们镇江醋的优势是什么呢？

【活动评析】

2020 年 11 月 6 日，镇江市被授予“中国醋都·镇江”称号。镇江实验学校的孩子们得知这一喜讯，奔走相告，并和父母相约走进位于丹徒区的中国醋文化博物馆，感受酸甜的“醋文化”。大家参观了醋史馆，听校外辅导员老师介绍镇江醋的发展历史。在老作坊里，孩子们和家长们亲历了一瓶醋从农田走向餐桌的全过程，并尝试翻醋胚、淋醋、酱醋等各种制醋过程。活动的最后，孩子们还对工作人员进行近距离采访，他们通过此次实践活动，感受到恒顺人的匠心精神——用自己的一生去专注地做好一件事情，不断摸索，心存敬畏。本次活动更加激励了少年儿童要像爱惜自己的生命一样保护好家乡的文化遗产，并好好学习，将来用自己的力量弘扬家乡文化！

【活动建议】

当代小学生不能两耳不闻窗外事，而是要"风声雨声声声入耳"，更要"家事国事事事关心"，关心家乡的变化，关注祖国的发展。我们一定要坚定文化自信，要通过多种途径了解自己家乡的历史、文化、经济、旅游、资源……在这一过程中，亲子实践活动的开展会更有利于孩子对生活和社会的正确认知，从而形成正确的人生观、价值观、世界观。

【活动 2】

快乐的卖报员

——"拥抱生活"亲子公益活动

一、活动目标

1. 培养少年儿童勇敢、自信、聪明的品质，提升少年儿童与人合作、与人沟通的能力。

2. 让少年儿童体验工作的艰辛，品味劳动成果的甜蜜，传承中华民族自力更生、吃苦耐劳的优良品质。

3. 亲子共同完成"卖报"工作，促进亲子合作和交流，增进少年儿童和家长的情感，用特别的方式记录亲子时光，为孩子留下最美好的童年回忆。

4. 提升志愿者乐于奉献的品质，树立参与社会公益活动的信念，感受"赠人玫瑰，手有余香"的情怀。

二、活动口号

啦啦啦！啦啦啦！我是快乐的卖报员。

三、活动时间

2020 年 9 月 20 日（周日）下午 3 点

四、集中地点

七里甸街道朱方路社区（朱方路光华雅居小区）

五、活动人数

20对亲子（三~六年级）

六、志愿者任务

1. 全程陪同1对亲子卖报，用手机记录卖报的过程，最后每人上交2张电子照片给肖老师。

2. 只提供卖报策略和方法，不参与具体的卖报活动。

七、活动流程

1. 拍集体照。

2. 分组（3人小组，1对亲子和1位志愿者），抽签决定卖报的区域（光华雅居小区、德润华庭小区、三茅宫小区等），拍3人合影。

3. 活动全程需由家长陪同，家长要确保孩子的安全，同时当好孩子的指导员、安全员，达到角色体验的目的。活动时邮政部门统一配发“小小报童”绶带。

4. 活动选用《扬子晚报》（零售价为1元/份），邮政部门负责为每个孩子提供20份报纸，由家长陪伴孩子一起销售，推销、收钱均由孩子独立完成（家长准备好微信收款码，给孩子佩戴好），家长负责从旁看管和照顾。

5. 销售时间为90分钟，活动结束后，邮政工作人员负责收回绶带及没有销售完的报纸，并计算总销售款。

6. 由国家家庭教育指导师、国家二级心理咨询师蒋静老师总结本次活动。

八、相关奖励

参加本次活动的孩子均获得纪念品一份。

九、举办单位

镇江实验学校

润州区图书馆

中国邮政集团公司镇江市分公司

江苏省静老师心理名师工作室

七里甸街道朱方路社区

【活动评析】

为培养少年儿童勇敢、自信、聪明的品质及与人合作、与人沟通的能力，学校举办了“快乐的卖报员”亲子公益活动。20 对孩子和父母及志愿者参加了活动。参加活动的小学生要在 90 分钟以内每人销售 20 份《扬子晚报》，卖报前孩子和家长一起商讨卖报策略、选择推销地点，结束后父母和孩子一起总结成败经验。最后的收益会作为公益基金，捐给贫困山区的孩子。

活动结束后，无论家长还是卖报的孩子都在不同层面获得了体验和成长。镇江实验学校的专职心理老师、国家二级心理咨询师蒋静老师帮助大家总结本次卖报活动中的感受和体验：书恺同学说自己之所以能快速完成任务是因为善于观察，看准人群需求再推销；淼涵同学感受到周围的大人们的善良，一听孩子卖报的钱款最后是公益助学，有人非要捐款，最后被婉拒。此次活动帮助亲子在活动中增进了情感交流，挖掘了孩子们自身的内在潜力，提升了孩子们的社会服务意识。

【活动建议】

志愿者服务精神是对中华民族团结友爱、助人为乐、见义勇为、尊老爱幼等传统美德的继承和光大，家长有意识地和孩子一同参与到志愿者活动中，既是倡导社会新风、奉献自我、回报社会的一种方式，也是在实践中锻炼自我、提升自我的一种途径。

智水仁山众妙门：

“书伴读计划”家长自主互助课程

这是一项每位家长都可以参加的自主互助性家庭教育学习活动。学校推出"书伴读计划"，将购买的家庭教育书籍发放到班级，再由班级家委会组建学习小组，在每周固定的时间带领家长们在班级群里读书、讨论、反思、解惑，并定期对家长们开展读书指导。课程根据对六大类家庭教育文章的选读，以家长论坛的形式，呈现同伴自主互助学习的成果。

习惯培养篇

精彩文章回顾

让习惯成就孩子的一生（节选）

家庭教育着眼于孩子一生的发展，小学阶段是孩子形成习惯的关键时期，在这个时期，家庭教育最重要的责任就是培养孩子良好的习惯。习惯是一种惯性，也是一种能量的储蓄，只有养成了良好的习惯，才能发挥出巨大的潜能。习惯不是天生的，而是培养出来的。只要家长爱着自己的孩子，付出自己的耐心，配合切实可行的方法，就是在为孩子铺就一条成功的大道。

1. 教育就是培养好习惯

我国著名教育家叶圣陶先生曾说过："什么是教育？简单一句话，就是养成良好的习惯。"近代英国教育家洛克在其《教育漫话》中说道："儿童不是用规则教育就可以教育好的，规则总是被他们忘掉。你觉得他们有什么必须做的事，你便应该利用一切时机，给他们一种不可缺少的练习，使它们在他们身上固定起来。这就使他们养成一种习惯，这种习惯一旦养成以后，便不用借助记忆，很容易地、很自然地发生作用了。”

根据行为心理学的研究结果：三周以上的重复会形成习惯；三个月以上的重复会形成稳定的习惯，即同一个动作，重复三个月就会变成习惯性动作，形成稳定的习惯。亚里士多德说：“人的行为总是一再重复。因此，卓越不是单一的举动，而是习惯。”也许，很多人还没有意识到习惯在我们的生活中发挥着多么重要的作用，习惯是如何影响着我们的生活的。研究证明，一个人的日常活动，其中90%是通过不断地重复某个动作，在潜意识中转化为程序化的惯性，也就是不用思考，自动运作。这种自动运作的力量，即习惯的力量。

2. 好习惯奠定一个人的成功

心理咨询专家研究发现，一个人工作、学习的好坏，20%与智力因素相关，80%与非智力因素相关，而在信心、意志、习惯、兴趣、性格等非智力因素中，习惯又占有重要位置。芝加哥大学的本杰明·布鲁姆博士开展了一项对杰出学者、艺术家及运动员的研究，前后长达五年之久。研究结果表明，帮助他们获得伟大成就的主要因素，不是天才和天赋，而是坚韧不拔的好习惯。他们大多能不畏挫折与失败，并能在实践中不断地追求完美。

有这样一首小诗：《钉子》——丢失一颗钉子，坏了一只蹄铁；坏了一只蹄铁，折了一匹战马；折了一匹战马，伤了一位骑士；伤了一位骑士，输了一场战斗；输了一场战斗，亡了一个国家。这首小诗说明了一颗钉子与一个国家的命运的关系。细细品味，可以发现小诗里蕴含着一个大哲理，那就是：要想成功，必须从小事做起，而良好习惯的养成，也唯有从小事做起才行。诚如教育家蒙台梭利所说：“三岁决定一生。”健康良好的生活习惯对于一个人的成功起着积极的作用。驾驭人生，就是驾驭习惯，家长的责任就是要让你的孩子做习惯的主人。让好习惯带着孩子走向成功，千万不要让坏习惯带着孩子走向深渊！

——节选自《家长必读》小学低年级分册第四课

家长论坛摘选

让好习惯一直伴随孩子的成长

——镇江实验学校一（2）班书伴读活动网络读书会家长感言

佑佑妈妈：

小学低年级是培养孩子良好学习习惯的黄金时期，对于低年级的孩子来说，这点是非常重要的。这次我分享的是《让习惯成就孩子的一生》。良好的学习习惯不仅能使孩子现阶段的学习事半功倍，而且对其以后快速适应小学高年级的学习节奏，甚至对其初中、高中的学习都有非常大的好处。孩子养成好的习惯，会一辈子享受不尽它的利息，要是养成了坏习惯，将会一辈子都偿还不完它的债务。孩子一点一滴地成长，都需要父母的关心和用心，唯有这样才能让他们茁壮健康地成长。与大家共勉！

嘉嘉妈妈：

之前阅读过一个研究数据分析报告，3~12 岁是孩子形成良好行为习惯的关键期，12 岁以后，孩子已逐渐形成许多习惯，新习惯要想扎下根就难多了。要想孩子学习好，必须培养其良好的学习习惯，凡是学习成绩好且稳定的孩子，都是从小养成了良好的学习习惯；而成绩忽高忽低的孩子，往往缺乏孩子良好的学习习惯。我们的孩子正处于行为习惯养成的关键期，因此要格外重视。

晨晨爸爸：

培养孩子好的习惯，能让孩子终身受益。怎样培养孩子良好的习惯呢？我觉得应该多陪伴孩子，和孩子共同进步。大人首先要以身作则，只有大人做好了，才能慢慢影响孩子。还有就是制定作息时间表，什么时候学习，什么时候玩，什么时候休息，让他自己学会守规矩，只有这样才能让孩子慢慢地养成好的习惯。

湘湘妈妈：

每位家长都希望自己的孩子拥有尽可能多的好习惯！教育就是培养好习惯，一个好的习惯可以让孩子受益一生。好习惯要在生活中培养，在行动中培养，在快乐体验中培养。好习惯要培养，坏习惯要纠正，纠正坏习惯还要有毅力。家长也应注意习惯培养的重点目指标！家庭是习惯的学校，父母是习惯的教师！所以家长的榜样力量很重要，家长要以身作则，同时也要尊重孩子的权利，要帮孩子明辨是非！

明明爸爸：

正如分享中提到的“今日的你是你过去习惯的结果；今日的习惯，将是你明日的命运”。我们时常羡慕别人家的孩子，殊不知不是一个人优秀了才有好的习惯，而是养成了很多好习惯才让人变得越来越优秀。要养成好习惯，家长首先要引导孩子分清哪些是好习惯，哪些是坏习惯。其次是要家长行动起来，对于孩子已有的好习惯要继续保持，对于坏习惯要坚决改掉，对于不具备的好习惯要悉心培养，可以让孩子先从小事做起，循序渐进。最后就是要坚持，只有家长和孩子一起坚持下去，才能让孩子在培养良好习惯的路上越走越顺。

轩轩妈妈：

在孩子成长的过程中我们家长要多陪伴孩子，了解孩子的兴趣、爱好，引导孩子养成良好的习惯，例如收拾东西的习惯、就餐饮食的习惯、阅读朗读的习惯等。针对孩子的不同时期，培养与之相适应的好习惯，好习惯必将让孩子受益一生。开始的时候，可能孩子不太愿意，跟孩子平等沟通后，让孩子积极主动去做，而且我们家长也要在尊重孩子的前提下，在遵循孩子发展规律的情况下给予孩子正确的引导。好的阅读、学习、作息、交流、饮食等习惯的养成都离不开父母的榜样作用。所以我们家长对孩子的陪伴，不仅是日常生活细节的陪伴，还要更多关注孩子心灵的成长，用心陪伴孩子。明确孩子需要养成的好习惯，慢慢来养成，不能操之过急。最重要的是，家长要以身作则，从我做起，一言一行、一举一动，时时处处成为孩子学习的榜样。

教师观点分享

好习惯是从家庭培养出来的

美国心理学家威廉·詹姆士说："播下一个行动，收获一种习惯；播下一种习惯，收获一种性格；播下一种性格，收获一种命运。"这就是说：习惯可以决定一个人一生的命运。

为什么家庭培养如此重要?

人从出生开始学习，学习走路、表达、交往……所有的认知都是从家庭开始的，尤其在10岁之前，是接受父母的训练和教导的最佳时机，也是培养孩子良好行为习惯的关键期。孔子说："少年若天性，习惯如自然。"如果在此时孩子养成了好的习惯，那么这就是家长为孩子的成长之路送上的最好礼物。

好习惯并非天生

日本教育家福泽谕吉说："家庭是习惯的学校，父母是习惯的教师。"有的家长总是羡慕别人家的孩子，但孩子本身往往就体现了家庭对其习惯养成的影响，所以建立家规就是使孩子养成习惯的好方法，这就是家庭对孩子教育的根本规范。孩子犯错是很正常的，孩子就是在不断的犯错中成长的。我们可以采取鼓励、尊重、交流、纠正等多种方式改变孩子变坏的可能，让孩子有正确的认知，慢慢地养成良好的习惯，并渗透于自己的行为中。

榜样是一种力量

培养好的习惯有很多方法，但是榜样的作用一定是最为重要的。

孩子的学习通常是通过眼睛的观察，家长在平时的生活、行为中都会让孩子看到并学习该怎么去做，这比100遍的说教影响力更大。有的家长会把习惯的养成变成奴役孩子的过程，强迫孩子去做，而自己却做不到，这就让孩子产生了叛逆之心。习惯养成的最高机制是形成孩子的自身需求，不能操之过急。

当与孩子一起制订规则时，父母就是孩子最重要的习惯学习榜样；当与孩子一起坚持练习时，家长首先自己不能放弃，之后才可以更好地给孩子以鼓舞，让孩子充满信心，坚持下去；当孩子犯了错误时，家长耐心交流、分析引导，孩子才会更加心服口服，充满信赖，感受到尊重，也学会尊重别人；当家长和孩子一起劳动、学习时，孩子也会沉浸在劳动和学习的快乐体验之中……

家庭是孩子成长的第一环境，是孩子习惯形成的摇篮。培养和教育孩子是一个复杂的系统工程，而最根本的，是从培养孩子良好的习惯入手，塑造孩子优秀的性格，打造孩子优秀的人生。昨日的习惯，已经造就了今日的孩子；今日的习惯，必将决定孩子的明天。

家务劳动篇

精彩文章回顾

家务活（节选）

“让我的孩子做家务简直是一场无休止的战争。他总是说会去做，但经过不断的提醒和争吵，最后往往以惩罚结束。我真的想放弃了，想自己做每一件事，但我知道他需要学会承担责任。或许他只是太小了。孩子们多大才能帮忙做家务呢？"

让孩子做家务，永远都不会太早或太晚。孩子们需要知道自己是家庭中重要的、有贡献的一员。如果他们不能以积极的方式获得满足感，往往就会寻找不那么积极的方式，去感受自己的重要性。帮忙做家务有助于增强孩子的技能，让他们感到自己有用，而且能够教给孩子了解所需完成的事情，并感激完成这些事情的人。父母们很容易凡事自己做，认为这样更容易并能够把事情"做好"。当父母们有这种态度时，他们就剥夺了孩子学习合作和承担责任的机会。

建议

1. 和孩子一起进行头脑风暴，列出一份需要孩子帮做家务的清单。

2. 要花时间训练孩子，并和孩子一起做，直到他们学会如何做某项家务。当他们觉得自己可以独立做一件家务时，要让他们知道，如果他们需要帮助，可以随时来找你。家长要退后一步，不要插手，除非孩子需要你的帮助。如果孩子没做好，不要当时就批评孩子，而要把问题留到家庭会议上解决。

3. 要为孩子提供大小合适的工具，比如小扫帚、鸡毛掸子或小型园艺工具。

4. 要确定一个全家人可以一起做家务的时间，而不是把家务清单交给孩子让他们自己去做。

5. 要关注孩子的贡献，而不是家务活完成的质量。如果年龄很小的孩子在从洗碗机里往外拿餐具的中途失去了拿餐具的兴趣，要感谢他完成了这一半的任务，而不要坚持让他全都拿出来。

6. 发生意外时，要避免惩罚，可以专注于如何解决问题。如果你的孩子把狗粮弄撒了，要问："你需要怎么做才能解决这个问题？"这样教给孩子的是：错误是学习的好机会。

7. 不要因为孩子有很多作业要做或要参加一项体育运动就帮孩子去做他们应该做的家务，可以帮助他们安排自己的时间以继续帮助家里做家务。

预防问题的发生

1. 用家庭会议来安排家务责任。

2. 当你们陷入“权力”之争时，要说：“让我们把这个问题放到家庭会议的议程上，并在我们双方都感觉心情好起来时，再来解决这个问题。”

3. 如果孩子忘记了做家务，要运用你的幽默感来化解。一位妈妈将一锅汤放到桌子上，并假装用勺子把汤盛到想象的碗里。当天晚上负责摆餐具的孩子突然意识到自己忘记了该做的事情，赶快跑进厨房，在妈妈将汤倒在桌子上之前取来了碗。

4. 如果孩子忘记了做某一件家务，要使用双方约定的非语言信号提醒。

每个孩子都能学到，他们是家里的一分子，家人需要他们的帮助，他们有能力、有技能，能够对自己和他人有用。

——节选自《正面管教》第 168 页“家务篇”（有改动）

家长论坛摘选

如何引导孩子爱上做家务

——镇江实验学校二（8）班书伴读活动网络读书会家长感言

若浠妈妈：

书中所说与我们日常生活中对待孩子做家务的态度非常相似，我们总认为孩子还小，让孩子做家务还不如自己来做更容易，其实，让孩子做家务永远都不会太早或太晚。为什么有的孩子到了能做家务的年龄却又不愿做了呢？让我们听听教育专家是如何建议的，宝爸宝妈们又有哪些好的方法？欢迎大家分享经验！

诗媛妈妈：

现在的孩子大多是独生子女，家长对他们都比较娇惯，认为孩子的主要任务就是学习，把做家务这些能代劳的事情都自己做了。然而孩子们并不是没有能力完成家务活，看，他们在学校里也能把教室保洁区打扫得很好。所以，只是我们家长不愿意放手罢了。

培菁妈妈：

她每次做家务出错的时候，她爸爸就会板着脸不让她做，然后她就没什么兴趣了。所以，每次她犯错的时候，我都会把她爸爸支开。但是同类错误犯了三次，我就会告诉她：不需要她做帮手了！感觉这样还比较有效果，小孩既愿意干活了，犯错的频率也减少了。

浩冉妈妈：

周末，我们一般家务劳动要进行分工，明确各自的任务，提倡协作。让孩子明白自己的事自己干，家长的事要帮着干。当孩子认真地做完一件家务事时，我们要给予肯定，全家人一起欣赏他的劳动成果，让孩子有自豪感。

若浠妈妈：

我比较宠溺孩子，日常生活中会给她力所能及的照顾，放学时替她背书包。她爸正好跟我相反，什么事都让她自己去做，我看在眼里有些舍不得。今天读了《家务活》这章，知道自己该慢慢放手了。

菽曼爸爸：

现在的孩子都缺少做家务的能力，很多家长都认为孩子太小，让他们做还不如自己做得快，我也是这么认为的。但是通过今天的学习，我觉得让孩子做家务还是很有必要的，通过做家务可以培养孩子的学习能力，能给他们带来成就感和自信心。

彦杰爸爸：

孩子在学校可以做的事情，在家里一定也可以做，要让孩子意识到这是一种责任，孩子有了这个心理，分担部分家务不成问题。我以为如果孩子经常报怨，要先审视父母及孩子周围的影响环境，一味打压和说教，肯定适得其反。

班级蹲点行政蒋老师：

做家务可以培养孩子的责任感。我虽然没有指定我女儿做什么家务活，但是她自己的东西，比如说衣服都是自己洗的。有时候，全家大扫除也会邀请她一同参与。这些都不是刻意的，算是顺其自然吧！

教师观点分享

培养劳动习惯应从小开始

中国实行计划生育以后，很多家庭出现了独生子女，这些“小太子”“小公主”备受家人的宠爱，如果不从小培养他们良好的劳动习惯，无论是对他们自己，还是对家族乃至国家，都是危险的。每年新生入学，我们发现孩子越来越可爱、聪明，可是在生活能力方面越来越弱。对孩子进行劳动教育，也是家庭教育中非常重要的环节。加强劳动教育，可以培养孩子的劳动意识、劳动兴趣和劳动习惯，也能培养孩子的自我服务能力及社会适应能力，让孩子体会到今天的幸福生活是由劳动创造出来的，让孩子从心底珍惜劳动成果。作为老师，我们该如何指导家长培养孩子的劳动习惯呢？

一、培养孩子的劳动意识

现在的孩子都是长辈的掌上明珠，家中任何事情都被大人包揽了，这便使得孩子缺少了锻炼，养成了娇气、懒惰的坏习惯。我们要根据具体情况，培养孩子的劳动意识。比如让孩子观察长辈一天在家的劳动情况，让孩子知道家庭中每个成员的劳动支撑了整个家庭，不劳动就不会有干净整洁的家，让孩子懂得尊重他人的劳动。当孩子们逃避做家务时，不要惩罚，而是要把问题留到家庭会议上，大家静下心来一起讨论，分析原因，找到解决办法。

二、培养孩子的劳动兴趣

孩子们在七八岁之后逃避做家务是正常的。幼儿园时期会说："爸爸，让我来！""妈妈，我来做！"但我们很多家长这时却会说："你还太小，玩去吧，去看电视。"这让孩子听后很泄气。然而家长又奇怪为什么孩子长大了，鼓励孩子帮忙做家务却那么难。有时我们无意识的言语会导致孩子长大后有可能逃避家务，但这并不意味着他们不应该做家务。孩子通过做家务可以学习如何与他人合作和承担责任，这是非常重要的。

三、培养孩子的劳动习惯

培养孩子良好的劳动习惯，家长应用恰当的方法，不能操之过急，应循序渐进，不要让孩子为难事所困，充分利用孩子一日的生活进行教育。如：学会收拾自己的房间，洗自己的衣服，整理自己的书包，周末和家长一起打扫卫生。指导孩子做饭，家长应以鼓励为主，培养孩子爱劳动、主动参与的好习惯。通过家务劳动，锻炼孩子的自理能力，同时也让他们明白做家务的辛苦和家长的不易。孩子可以在劳动中体会到这一点，也希望孩子把刚刚养成的好习惯坚持下去，做到持之以恒，增强自觉性。让孩子养成劳动习惯，从"老师要我做"变为"我要替爸爸妈妈做"和"我为自己做"。

做家务是一种很好的教育方式，但要注意引导，不要操之过急，不要一开始就让孩子体验难度较大的劳动任务，这样容易打击他们的劳动积极性。从易到难，让孩子从做家务中体会到成功感，孩子的责任心也会变得更强，与他人合作时也会更加融洽。

时间管理篇

精彩文章回顾

四招让孩子学会管理时间（节选）

很多家长在咨询孩子问题的时候，会经常抱怨自己的孩子做事拖拉磨蹭，没有计划性，也缺乏时间观念。父母都希望孩子能在学业上表现优异，能够自主管理好时间。如何教孩子做好时间管理呢？我们来分享非常实用的4招方法。

第一招，教孩子认识时间。时间是怎么流逝的？为了让孩子建立时间观念，父母要教会孩子研究时针、分针、秒针这3根指针转动带来的变化，让孩子学会观察时间的变化和流逝。孩子做事情前，可以和孩子事先约定好时间。比如，孩子想看动画片，家长可以和孩子约定看动画片的时间，问孩子："你想看20分钟还是30分钟？"和孩子约定好时间后，家长可以把计时器打开……计时器响了，时间就到了。

第二招，时间四象限法，教会孩子分清轻重缓急。"时间四象限法"由美国管理学家柯维先生提出，它将个人手头上的事件按照重要和紧急两个维度进行划分，分为四个象限，分别是：重要而且紧急、重要但不紧急、不重要但紧急、不重要且不紧急。第一象限"重要而且紧急"，父母可以辅导孩子保质保量地完成。第二象限"重要但不紧急"，建议父母和孩子一起制订一个中长期的计划，定期安排时间完成一小部分。第三象限"不重要但紧急"，在特殊情况下，父母可以代劳。第四象限"不重要且不紧急"，让孩子尽量少做这样的事情，不要浪费时间。

根据"时间四象限法"的原则可以引申出一个更简单的分类方

法，叫"ABC 时间管理法"，它把柯维的四象限重新做了分类：A 重要而且紧急、B 重要但不紧急+不重要但紧急、C 不重要且不紧急。这种方法对孩子来说更加形象易懂，父母可以教孩子运用"ABC 时间管理法"对事情的轻重缓急做出判断。

第三招，时间到了！用限时法训练孩子的专注力。事先和孩子约定好做每件事需要的时间，用计时的方法督促孩子以最快的速度保质保量地完成。风靡全球的"番茄工作法"，就是将每次专注学习 25 分钟作为一个"番茄时间"，然后休息 5 分钟。以此，训练孩子的专注力，提高孩子做事的效率，提升时间管理能力。

第四招，做计划，我的时间我做主。教孩子制订合理的计划，合理的计划可以帮助孩子提升时间管理能力。其中，制订月计划、周计划和日计划是最基本的方法，需要父母教会孩子并监督孩子有效地执行，再逐步培养孩子的自我管理能力。父母在和孩子制订计划时，可以与孩子做好约定，根据孩子执行的情况，孩子每日可以获得 1～2 朵小红花或者小星星，积累一定数量的小红花或者小星星，孩子就可以换取心仪的礼物，或者实现一个心愿。这样的制订方法会让孩子执行的动力更足。

——节选自《不急不吼，轻松养出好孩子》

家长论坛摘选

帮助孩子学会管理时间

——镇江实验学校四（10）班书伴读活动网络读书会家长感言

小洁妈妈：

各位家长晚上好！今天书伴读活动分享给大家的内容是"四招让孩子学会管理时间"。我相信，这期的内容对大家一定有所启发，下面请各位宝爸宝妈来谈谈各自的想法吧。

小涵妈妈：

小洁妈妈辛苦！管理时间不管对于孩子还是大人都是很重要的技能。“ABC 时间管理工作法”和“番茄工作法”对我而言都不陌生，只不过自己的执行力不一定强而有效，所以还真没想到积极地让孩子去学会和运用。书中的图文例举让我茅塞顿开，决定和孩子一起做一些图表出来，也把番茄 App 再次运用起来。

小萱姨妈：

是的啊！娃现在最大的问题，就是拖拉，家长看了心里那个火。通过今天的学习，再结合自家娃的情况，我大约知道她的拖拉属于哪种类型，下面就是“对症下药”了。

小洁妈妈：

今天的 4 招时间管理方法很实用，对于孩子来说更多的是需要父母的引导。平时我对姑娘这方面的内容引导很少，一到周五都是先玩，作业要拖到周日。今天的学习对孩子以后的时间规划很受用！希望大家也能有所收获！

小睿妈妈：

提高管理时间的能力，孩子效率提高了，才有更多的时间去做自己喜欢的事，学习借鉴。

小浔爸爸：

教会孩子管理好时间，是一件有利于长远的事，孩子能够更好地安排学习、生活、娱乐，更重要的是孩子知道什么时候能做自己喜欢做的事，不用担心被其他事打扰。

小印妈妈：

学会日计划、周计划、月计划的制订，能让孩子更有条理性。父母可以尝试跟孩子一起做，并做好监督工作，孩子负责有效执行。相信这样的计划会让孩子更有动力！今日的学习很有收获，期待跟孩子一起完成得更好。

小铄妈妈：

作为父母，我们能做的，不是高高在上，而是学习对孩子这个新生命的理解，要学会更加宽容。在孩子的小时候，多陪陪他们，多观察他们，多沟通想法。其实我给我的孩子也制订过计划和目标，可是孩子的坚持力不够。我也经常去反思：“问题出在哪里？”

思思爸爸：

感谢小洁妈妈的分享，制订学习计划并按计划完成，是我们家长和孩子都要努力坚持执行的。有时计划制订了，却总因为工作忙忘了监督和纠偏，最终都失去了原本的目标。这一点要改正，要跟孩子一起坚持。

小翊妈妈：

最近我买了《不急不吼，轻松养出好孩子》这本书，里面真的有许多值得我们家长学习的好方法。孩子成长的同时也带动了我们家长各方面的成长，想着要陪伴孩子完成一个又一个梦想，我也是乐在其中。

教师观点分享

时间管理有妙招

作为一名小学一线教师，我常听闻一些家长抱怨：自己的孩子总是拖拉，作业要写到晚上 10 点多。怎么人家的孩子晚上 9 点就能睡觉了呢？我也曾了解到一些孩子的心声：自己的生活被写作业、弹钢琴、上课外辅导班塞满了，完全没有自己的时间去做自己喜欢的事情。其实，以上种种，都是因为孩子在时间管理上出了问题。

时间观念模糊的孩子不论在学习上还是在生活上，条理性都比较弱，在一些团体活动中，做事效率也明显落后于人。相反，懂得时间管理的孩子更自律，他们自主性强，还有较强的自我管理能力。这些孩子做事的效率比较高，往往也能成为群体中比较出色的学生。因此，养成良好的时间管理习惯，会为孩子的学习、生活等方面带来良性循环。帮助孩子进行时间规划，提高他们的学习效率，我们需要注意以下几个方面：

首先，找出症结，“对症下药”。在帮助孩子进行时间管理前，父母要科学地认识到时间管理的适应性问题，建议对孩子做一个相对全面的观察以进行判断。区分孩子到底是注意力不集中、拖拉，还是慢性格，这个很重要。依此，父母才能更好地“对症下药”，而不是靠吼和催，从表面去纠正孩子。比如觉得孩子拖延，那就把每一次导致拖延的原因都记录下来，在观察期内，不着急做任何改变，如实地记录现有生活状态即可。这个过程至少要持续一周，然后再有针对性地做改变。

其次，养成制订计划的习惯。制订计划不代表生活就一定会朝着计划的方向前进，而是在没有意外发生时，有一个目标，就可避免自己像无头苍蝇一样到处乱撞，白白浪费时间。计划制订的时间轴最好短一些，如制订周计划、月计划，而不是学期计划、年计划。这样，孩子对目标达成才会有真正的期待。

再其次，注重计划的“荤素搭配”。一味地挑战高难度的工作很容易懈怠，打击工作积极性，所以安排日计划时还得注意“荤素搭配”，将困难的事情和简单的任务穿插起来。计划框架形成后，按照合理性原则排序，考虑什么时间做什么合适。家长应优先把重要的事情排在前面，注意动静结合，将玩耍、学习间隔排开，最后再进行微调。

最后，执行阶段要有督促和奖励机制。在孩子对照制订好的计划实施的过程中，家长需要定期或不定期地检查计划完成情况，适时地对孩子做得好的地方进行表扬和奖励，对做得不好或做不到的地方一定要及时了解原因，加以指正。如果是因为原来的计划制订得不合理，那就需要和孩子一起及时调整计划内容。总之，家长应采取不断鼓励的方式，让孩子感受到自己的进步和成功的喜悦。

培养孩子的时间管理能力，老师只是引路人，更重要的在于家长的引导、陪伴和督促。水滴石穿，聚沙成塔，孩子时间管理能力的形成是一个漫长的过程。我相信，家长只要用心，孩子一定能学会时间管理，从而提高学习效率，做时间的主人。

批评艺术篇

精彩文章回顾

乱批评，会放大困难（节选）

孩子比别人差，父母应该如何应对？

1. 别乱对比，对比会让孩子敏感

父母爱比较，孩子会敏感，尤其是父母总拿孩子的弱项跟别人的强项对比。对孩子而言，“比较”意味着“嫌弃”，这不仅会打击孩子的自信，让孩子变得敏感和嫉妒，还会让孩子失去继续努力的动力，甚至容易激起孩子的叛逆——你希望我优秀，我偏不。

2. 别批评，批评会放大困难

美国康奈尔经济与行为学家罗伯特·弗兰克说：“人们特别容易记住自己逆风前行时付出的努力，而忘记顺风时的幸运。”当孩子遭遇失败，或在某个方面比其他孩子差时，孩子经常会非常难过。如果这时父母不懂教育技巧胡乱批评一通，跟“落井下石”无异。这时孩子可能会想：“连父母都这样说我，我肯定非常糟糕。”结果，孩子可能会更加觉得困难而难以逾越，他们或许会自我放弃，或许会“破罐子破摔”。即使他们顶着压力、低自尊地继续努力，动力也不如被鼓励的孩子，并且会因为父母的批评而自我怀疑。

3. 要鼓励，增强孩子的抗挫能力

心理学家盖伊·温奇说："如何对待失败，决定了人生是否会成功和幸福。"虽然失败总是会带来伤害和失望，但却可以成为一段内容丰富、充满教育性的成长经历。孩子遭遇失败、孩子不优秀其实不可怕，可怕的是孩子从此害怕失败和不优秀。鼓励对于逆境中的孩子来说就是阳光和雨露，能给他们带来战胜困难、让他们变得更好的神奇力量。

4. 要懂得培养孩子的"成长思维"

一个懂得努力、不怕失败的孩子，比优秀的孩子更值得父母高兴。因为这样的孩子有成长思维，而不是固定思维，这也是美国宾夕法尼亚心理学者安吉拉·达克沃斯所说的坚毅力。她经过大量的研究数据发现，一个孩子一开始跑多快不重要，重要的是在今后的不断奔跑中，当他摔倒时，他还有能力爬起来继续奔跑，这种不怕摔倒、坚持努力的心态，是一种可贵的思维，能帮助孩子以长远的眼光看待自己——成长是一段历程，而不是关注此刻的成绩。

所以，别只看到孩子比别人差的一面，相信孩子的成长是一段历程，充满各种可能，只要你用心栽培。

——节选自《不输在家庭教育上》第三十卷

家长论坛摘选

怎么批评孩子能听进去

——镇江实验学校五（4）班"书伴读"活动网络读书会家长感言

霆霆妈妈：

各位家长晚上好！首先非常感谢大家百忙之中抽出时间参加第一

期“书伴读”活动。本期选取的主题“乱批评，会放大困难”是我们在家庭教育过程中经常遇到的问题，如何做到“恰到好处”的批评，相信大家已经对文章进行了仔细的阅读、认真的思考，下面就请各位畅所欲言。

阳阳妈妈：

批评还是鼓励，都要有“度”的衡量。让我感受更深的还是鼓励的作用，它是喂给孩子的一剂良药，得到鼓励的孩子浑身上下都散发着自信的光芒，所有的美丽都写在脸上。我希望以后自己能擅用这个药方，把温暖送至孩子的心房！

小涵妈妈：

现在孩子进入高年级了，很多时候，家长会情不自禁地拿自己的孩子和别人家的进行对比可能因为一个分数，一次失败，一个举动，孩子丢了快乐，失去了笑容，更失去了信心……父母爱比较，孩子会敏感，不如多些鼓励，多些孩子的自我发现。

霆霆妈妈：

但说时容易，做时难。有时孩子的一个不小心就会触碰我们的神经，没有强大的心理控制能力，是做不到以上所说的，所以家长自身的学习也是很重要的。

昊阳爸爸：

我们希望孩子在犯错误之后能立即改正，其实这种做法没有给他思考、反应的时间。孩子有时候在某些方面有自己的想法、做法，只要不是重大错误，其实也可以让孩子按他的意思去做，只有亲身体验错误之后才有更深的体会。所以我觉得在某些方面可以让孩子自己去管理自己，大人在旁边稍加督促，实在不行再干预。

琦琦妈妈：

批评与鼓励应该都是教育的合理方法吧。该批评的不能一味鼓励，该鼓励的不能一味批评。批评时应针对问题的本身，不乱加批评，不放大错误；鼓励时更要明确指出做得好的细节，而不是笼统地说“你真棒”“你真厉害”。

涵涵爸爸：

不乱批评，但我们必须明白，孩子可以不打不骂，可以用民主方式来对待，但管教上的“原则底限”是一定要让孩子明白：什么事是该做的、能做的、必须做的，什么事是不得触碰的红线、是应当遵守的底线！

润之妈妈：

每个孩子都是最美的花朵，只是绽放的花期不一样。孩子犯错了，我们耐心倾听孩子当时的想法，共同讨论该如何弥补错误；孩子落后了，我们要帮着孩子一起攻克难关；孩子进步了，不要吝啬我们的夸奖，不要再去攀比更好的，告诉他：“此时，你就是最棒的！”

……

霆霆妈妈：

不知不觉，今天的书伴读活动已近尾声，感谢大家的积极参与。希望我们多交流、多讨论、多分享，实现家庭教育与学校教育的良性互动，给孩子的健康成长创造一个良好的氛围。今天的活动到此结束，再次感谢各位！

教师观点分享

批评的艺术

古语有云：“人非圣贤，孰能无过。”对于活泼可爱、充满活力的孩子来说，犯错更是在所难免。重要的是，在孩子犯错后，我们大人该如何去教育。批评和表扬是一对反义词，它们也是孩子成长过程中必不可少的两个方面。乱批评百害而无一利，如果能合理利用好“批评”这一教育手段，一定会帮助孩子更好地成长，让犯错变成孩子的成长阶梯。

一、基于爱的批评

孩子犯错后，他们几乎都是紧张害怕的，如果我们没有控制好自己的情绪，一味地对孩子大声训斥，当时也许能震慑住孩子，但孩子的内心是不是真的认识到错误并乐于接受家长、老师的意见，就要打个问号了。“感人心者，莫先乎情。”老师和家长要在理解、尊重、信任和爱护的基础上教育孩子，才能使孩子愿意接受我们的教育。基于爱的批评十分重要。

二、不当众批评

孩子犯错后，老师要避免当众批评孩子，以保护孩子的自尊心。老师可以私下找孩子谈一谈，分析他的问题所在，给出改正错误的指导性建议。家长们也是一样，不要当着众人的面批评孩子，特别是不要在外人面前批评孩子，要给孩子留面子。我们可以用眼神、简短有力的语言制止孩子的错误行为，点到为止，回家后再和孩子进行心与心的交流。这样做，孩子能体会到家长对他的尊重。老师和家长尊重孩子，孩子定会愿意接受大人的批评，从而改正错误。

三、就事论事的批评

孩子犯错后，我们中肯的批评可以让孩子认识到自己的错误，同时也是对孩子进行挫折教育的良机，让孩子有一定的抗挫性。在批评孩子时，要注意就事论事，针对这件事来做客观中肯的评价。犯了错，孩子基本都会感到难过、沮丧，也会听进大人对他的批评，如果这时你又将他以前犯过的错误一股脑儿端出来数落，孩子就会认为你太过心胸狭窄，那些事已经过去了，还要一遍遍地提及，没完没了，这样很可能会激起孩子的逆反心理，这样的批评教育是达不到效果的，反而会适得其反。所以，我们要就事论事，不要旁生枝节进行不理性的批评。

我们还要注意，在就事论事批评时，不要攻击孩子的人格，实事求是地批评孩子这件事哪里做得不对，如何做会避免犯错，帮助孩子解决问题。我们要始终和孩子站在一起，打败困难，而不能和问题站在一起，打败孩子。所以，我们的批评要实事求是、就事论事。

四、寓教于乐的批评

小学生年龄还小，他们天真活泼，往往不喜欢听大道理，而喜欢听故事。所以我们也可以借一些故事来对孩子进行旁敲侧击的批评，让孩子在听故事时自然而然地想到自己曾经也犯过这样的错误，从中明白一定的道理。这样的批评不着痕迹，既符合孩子的年龄特点，又寓教于乐，效果很好。

批评是一种常见的教育方式，但我们要注意不乱加批评。当运用“批评”这一教育方式时，我们要关爱、尊重、理解、信任孩子。只有掌握批评的艺术，才能让孩子乐于接受批评，从而获得进步。

陪伴成长篇

精彩文章回顾

既与孩子相遇，就要陪伴孩子成长（节选）

故事 1

2017 年 7 月 1 日，香港回归 20 周年，第一位女特首——林郑月娥正式就任香港特别行政区第五任行政长官。同日，中央电视台播出了她的专访。专访中她说了这样一句话让人印象深刻：“我两个孩子小的时候，我从未请过一个工人，煮饭的事都是我亲自做，我觉得这个很重要，孩子要感受到妈妈是照顾他们的。”原来，林郑月娥虽身居高位，但母亲的角色在她的生命中却占有重要的位置。

曾经，她甚至为了方便亲自照顾儿子，特向香港政府申请降职调至伦敦办事处工作。因为两个儿子到英国上学了，当时长子林节思正值青春期，躁动不安，林郑月娥决定一家前往英国，一边工作一边照顾孩子。

在林郑月娥的眼里，陪伴孩子的成长，比什么都重要。她不希望自己的孩子在渴望得到爱的时候，没有她的陪伴。林郑月娥说："孩子年幼时，非常需要父母的关怀和照顾，陪伴是必不可少的。"所以，她的育儿观只有八个字：陪伴是最好的教育。

现在，林郑月娥很欣慰，因为两个儿子都学业有成——老大林节思、老二林约希都毕业于剑桥大学。虽然现在孩子们都大了，老大26岁，老二23岁，但他们跟林郑月娥很亲近，尤其是大儿子，差不多每天都要跟妈妈聊上几句。

故事2

有一位知名作家，在父亲和哥哥相继过世后，他试图与母亲生活在一起以方便照顾她。然而，成长的伤痛使他无法与母亲握手言欢。为了寻求缓解水火不容的母子关系的方法，他甚至携同母亲一起上了央视的《心理访谈》节目。

在访谈节目中，他说了一句震惊国人的话："有很长一段时间，我都不知道人是父母生的，我以为是国家生的，国家有个工厂，专门生小孩，生下来就放在保育院一起养起来。"语惊四座的背后，有一道长长的成长伤痕。

原来，他的父母是工作狂，他一岁半时就被送进了保育院，和保育院的小朋友生活在一起，两个礼拜回家一次，有时甚至4个礼拜才回家一次。在他的眼里，母亲只生不养，即使他生病了母亲都不肯放下自己的工作去陪陪他。当了奶奶后，母亲才开始学做母亲，可这一切都来不及了。

他回忆说："小时候，我做阑尾手术，非常害怕，特别希望母亲这一刻能呆在我身边，可母亲还是令我失望了。”他一直都无法原谅和接纳母亲。

母亲的传记里有这样一段话：“母亲问他能原谅妈妈吗？他说不能。母亲很难过，认为他错得离谱，不应该对自己的亲妈这么决绝。”很多父母就是这样自以为是，自己决绝，却不允许孩子决绝；自己不亲近孩子，却要求孩子亲近自己。他们以为孩子是自己的，血缘会让他们彼此亲近，想让孩子几时亲近，孩子就会几时亲近。

然而，这位作家说：“你过去不管孩子，不把孩子当回事，现在也不可能想要个孩子陪，就来个孩子陪。血缘不代表一切，没有谁天生会对谁好。”

点评：

新教育改革提出一个主张：共读、共写、共同生活，基调就是陪伴。如果你没有时间陪孩子吃饭，陪读书、陪写作业、陪玩也可以。有时，有心的陪伴，不仅能让孩子成长，你也能成长，一举两得，何乐而不为呢？

记住专家的话：如果真的爱孩子，请放下不必要的社交，婉辞无意义的牌局，推掉无关紧要的商务和应酬，回家。哈佛心理学教授吉尔博特说：“10 年以后，你不会因为少做了一个项目而遗憾，但你会因为没有多陪孩子一个小时而遗憾。”

——节选自《不输在家庭教育上》第三十卷

家长论坛摘选

要陪就要有质量

——镇江实验学校六（4）班书伴读活动网络读书会家长感言

宇扬妈妈：

其实“陪”这个字很有趣，“立”在孩子旁边用“耳朵”去听，用“口”去交流。孩子经常抱怨家长陪伴少，我们也往往用“忙”来推托，其实陪伴很简单，只要你放下手机，挤出一点点时间，和孩子一起散步、看书、聊天，甚至一起看部电影，都足以让孩子满心欢喜。

君君妈妈：

与孩子相遇，就要陪伴孩子成长。在彼此有限的时间里，与其说我们陪伴孩子，不如说我们互相陪伴、彼此成长。龙应台说：“所谓父女母子一场，只不过意味着，你和他的缘分就是今生今世不断地在目送他的背影渐行渐远。”既然我们今生遇到了孩子，那就不留遗憾地把我们的爱传承下去……

文菲妈妈：

很多家长在孩子小的时候会选择把孩子交给爷爷奶奶照顾，而做爷爷奶奶的对孩子更多的是宠爱甚至是溺爱，此时，父母的教育就显得更重要了。

静姝爸爸：

我们作为家长尤其是作为父亲，常以“工作忙”为由不去陪伴孩子。林郑月娥为我们做出了榜样！其实孩子的成长是个很短的过程，一眨眼他们就去外面上大学了，那时看着空空的房间、书桌，你会很怀念那个天天缠着你的他！孩子总有高飞的一天，珍惜现在，多挤出时间陪伴他们长大！

辰辰妈妈：

孩子在一生中最需要的就是父母的陪伴。有的人说，女孩子到了初中就会有叛逆期，但实际上并不都是如此，有叛逆期的孩子几乎都是因为缺少父母的陪伴。孩子是父母最珍贵的宝贝，既然你让他出生在这个世界上，你就应该对他负责，不要冷落了他。无论手上有多少事情，都应该学会放一放，挤出时间多陪陪自己的孩子！

源源妈妈：

其实孩子需要父母陪伴的时光也就是大学前，现在就能感受到孩子和自己渐渐疏远，她需要自己独立的空间，晚上睡觉不需要我陪伴在旁，学习时也不需要我陪伴在旁。我只想说，在孩子还需要你时，多抽出时间好好陪伴他，好好享受这份快乐的感觉。

欣然爸爸：

孩子的成长具有不可逆性，一旦错过了与孩子建立良好亲子关系的黄金时期，等到你功成名就，回过头再想要弥补孩子曾经缺失的爱与教育时，你将会悲哀地发现孩子已经不再需要你，你们像是最熟悉的陌生人，无法沟通。所以父母能陪着孩子一起成长，这对孩子的教育至关重要。

芃芃妈妈：

父母是孩子的第一任老师，在孩子教育上，要为孩子做出榜样。最好的教育不在学校而是来自父母的陪伴，孩子需要教育，但更需要陪伴。孩子在成长过程中是急切地渴望与父母沟通的，他们希望得到父母的爱和关注。父母和孩子在一起的时间越来越少，作为父母，即使再忙，也应该花时间多陪陪孩子，父母带给孩子的欢乐是其他任何东西都无法代替的！

教师观点分享

陪伴，是告白也是修行

当今社会，各行各业都有岗前技能培训、每年继续教育，而在为人父母这个领域，大多数人都是“新手上路”。陪伴，不仅是父母陪孩子成长，也是孩子陪父母进步；成长的不仅仅是孩子，更是父母。

一、“陪着”，并不等于“陪伴”

陪伴，不仅是“陪”，更重要的是“伴”。我们问一问自己：在和孩子的相处中，你是不是陪在孩子身边却关心着手机？在孩子的成长过程中，你有没有频繁使用"等一下""我在忙""安静点"等词汇？这样的"陪着"孩子，并不是陪伴。孩子需要的是和父母一起玩耍、互动、交流……父母在陪伴的过程中可以影响孩子，让孩子学会尊重、关爱、信任、自信等品质。父母全身心的陪伴对孩子来说十分重要。

二、陪伴，是双向的学习

都说孩子是父母的一面镜子。你会发现喜欢看手机的孩子，家里大多有爱捧着手机的父母；喜欢看书的孩子，家里也会有爱阅读的父母，甚至还时不时举行家庭卧谈会，谈天文、说地理，聊古今、论轶事。这就是耳濡目染的力量。

细心的家长也可以利用这个契机，观察一下身边的孩子，如果发现他们身上的一些小问题，不妨换位思考一下，是不是家长自身有一些需要改正的地方。孩子在不断学习成长，家长也可以不断自我提高，双向学习，实现双赢。言传不如身教，以身作则才是最好的教育。

三、陪伴，关注成长过程

陪伴，是一个漫长的过程。对于孩子，不管是学骑自行车还是学习一门功课，不论是学会说话还是养成品德，都是从无到有的过程，需要花费时间、精力和耐心。其实这些更需要家长有一颗强大的内心、一颗平常心。不把"别人家的孩子"挂在嘴边，不把自己的心情和孩子的成就捆绑在一起，少关注结果，多关注过程。

四、陪伴，一门沟通艺术

在陪伴的过程中，我们还要注意，遇到问题，停止唠叨；少比较，多鼓励；不挖苦，多激励。良好的沟通才是有效沟通，才能帮助孩子更好地发展。和孩子做朋友，了解他们需要什么，站在孩子的角度看问题，参与其中，和孩子一起探索、讨论，让孩子勇于表达自己的想法……陪伴是路，沟通就是这成长之路的石阶。

有人说，人有两次生命：第一次是作为孩子，陪伴在父母身边快乐成长；第二次是作为父母，守护在孩子身边，懂得第一次生命的难能可贵。陪伴，是父母最长情的告白；陪伴，也是父母最应该走的一段修行路。

青春期沟通篇

精彩文章回顾

所有的语言暴力都没有半点教育成分（节选）

1. 有一种伤疤，痛一辈子都好不了

全球安全组织曾发布过这样一张海报：一个孩子拿着一张 26 分的考试卷，身体微微后缩，眼角下垂，神情紧张，看起来怯怯的样子，他的父母正在大喊大叫："你的脑子被猪吃了吗，考成这样，还有脸回家吗?"一个孩子刚刚参加了一场超有趣的足球赛。回家后，嘴角上的笑容还没消失，就被父母拎到一旁罚站，还被嫌弃地指责："没见过这么脏的孩子，你是从垃圾桶里出来的吗?"海报的制作人，把这些话刻在了孩子的身上，就像伤疤一样。

2. 毁掉孩子很简单，说他"没用"就好

在孩子的心目中，父母就是他们的全世界，是他们最重要的人。父母随口说出的每句话，对他们而言都是标签，都是无法改变的事实。即使父母忘了，孩子也会记得清清楚楚。

心理学研究显示，父母对 6 岁之前的孩子经常说一些令其泄气的话，会让孩子形成消极的人格，产生自卑、忧郁的心理，而且害怕与人相处。

父母要明白，所有的语言暴力都没有半点教育成分。因为从本质上说，你是恃强凌弱，是在发泄自己的怒气和怨气。长时间不平等地对待孩子，会让孩子感到自己被父母嫌弃，他会认为自己很没用，甚至会自暴自弃。

3. 看别人的孩子，不如看别人的父母

心理学上有个词汇，叫作“南风效应”，说的是北风和南风比威力，看谁能把行人身上的大衣脱掉。北风吹出了刺骨的寒意，行人因为害怕寒冷，把大衣裹得紧紧的；南风则吹出了柔和的微风，行人觉得很暖和，便解开纽扣脱掉了大衣。教育孩子也是一样，南风虽柔软无力，却能化为绕指柔，让孩子在风中起舞。

4. 最完美的教育，是接纳孩子的不完美

思想教育家约翰·洛克认为：“打骂式的教育只能养育出奴隶式的孩子。”父母教育过程中的失重、失态，有意或无意地打骂孩子，不仅不会让孩子成才，甚至会酿成家庭悲剧。最完美的教育，是接纳孩子的不完美。

——节选自《不输在家庭教育上》第三十一卷

家长论坛摘选

想好了再跟孩子说话

——镇江实验学校九年级书伴读计划读书分享会家长感言

主持人：

各位家长，下午好！首先非常感谢大家百忙中抽出时间参加这次的“书伴读活动”。本期选取的主题是“所有的语言暴力都没有半点教育成分”。相信很多家长都会有这样的感受：随着孩子年龄的增长和独立意识的增强，我们与孩子经常话不投机半句多，越来越不能有话好好说了。如何避免语言暴力，进行有效亲子沟通，是家长们共同关注的话题。相信大家已经围绕主题进行了认真仔细的阅读和思考，下面就请各位畅所欲言。

小雨妈妈：

“有一种伤疤，痛一辈子都好不了。”这句话我深有体会，很多时候别人尤其是自己在意的亲人说的一句伤人的话，就会像一个伤疤一样深深地刻在心上，让人铭记一辈子，甚至影响一生。言语的伤害比身体上的伤害更痛，所以，作为父母，我们要避免语言暴力，减少对孩子的身心造成伤害。

涵涵妈妈：

进入初中阶段，很多爸妈更加关注孩子的学习成绩，经常拿自己的孩子与别人家的孩子对比，当发现好的总是别人家孩子的时候，不免失望、生气，进而把这种情绪发泄给了孩子。青春期的孩子非常敏感，经常会因为这样的对比，郁闷、难过、伤心，久而久之，会自我否定，自暴自弃。因为可能孩子已经很努力了，可是，我们父母却看不到。所以我们尽量不要和他人比，更多的时候是和自己进行纵向对比，当孩子取得进步时，进行适时的鼓励。

薇薇爸爸：

说时容易，做时难。有时候，我们很难控制自己的情绪，一不小心就会把不良情绪发泄到孩子身上。所以，作为家长要注重自身的学习，提升自身修养，学会管理自己的情绪状态，把握与孩子沟通交流的时机，和孩子一起进步、成长。

然然妈妈：

以前总认为：孩子的优点不说跑不了，缺点不说不得了。因此，总是吝啬自己的赞美。殊不知：赞美鼓励使孩子进步，批评抱怨使孩子落后。恰到好处的赞美是父母与孩子沟通的润滑剂，不仅能增强孩子的自尊自信，还能增进亲情。

天天妈妈：

平时当孩子向我们吐露心声时，我们要耐心倾听，不要总是以长者的身份高高在上，这样会无形中拉开和孩子的距离。我们要充分尊重孩子的想法，对于他们错误的观点，要肯定他们的勇气，并且给出建议，让他们自己做选择，而不是强制其服从，否则会适得其反。

凯凯爸爸：

青春期的孩子特别希望父母把他们当大人看，所以他们特别排斥大人强制性的指导，哪怕是正确的指导。所以，作为父母要充分认识到孩子的这一特点，充分尊重孩子，只做顾问、盟友，不做将军；遇到事情只出主意，不做决定，留给孩子独立成长的空间。

诗雨妈妈：

青春期的孩子很要面子，自尊心强，内心脆弱而敏感。所以，当孩子有不足或过错时，不要在外人面前随意评述和指责，要注意维护孩子的自尊与形象，否则会让孩子很反感……

主持人：

美好的时光总是短暂的。不知不觉，今天的书伴读活动已近尾声，感谢大家的积极参与、踊跃发言。相信大家通过今天的交流、分享，对如何与青春期的孩子有效沟通有了更深的体会与更大的收获。希望我们的分享交流能实现家校共育的良好互动，促进孩子的健康成长。今天的活动到此结束，再次感谢各位！

教师观点分享

与青春期孩子有效沟通的艺术与技巧

随着年龄的增长和自我意识的增强，进入青春期的学生与父母之间的代沟越来越深。有些学生在学校和老师、同学相处得不错，可回到家中与父母矛盾不断。他们对父母的管教很反感，甚至顶撞父母，亲子关系紧张，严重影响了和谐的家庭关系和学生的学习成绩，甚至身心的健康发展。如何与青春期的孩子有效沟通，和孩子一起成长呢？老师有几点建议想和大家分享：

一、尊重

如果说沟通是建立良好亲子关系的桥梁，那么尊重就是有效沟通的基础。很多家长有一种错误的认识：进入青春期，孩子就是叛逆、不听话。其实，青春可以不叛逆。这就要求家长首先要充分了解青春期孩子的心理特点。

孩子生理上的成熟带来了心理上的成人感，认为自己不是小孩子了，他们要求获得人格上的独立和尊重，想摆脱对老师和家长的依赖，想找回属于自己的权利。这时，做父母的要及时调整状态，做高情商的家长，不做专制型的家长，不要把自己的意愿强加给孩子，否则反遭孩子的埋怨和反感。积极营造良好和谐的家庭氛围，建立和谐的亲子关系，可以提出自己的建议，但要征求孩子的意见，学会尊重孩子的意愿和选择，做青春期孩子的盟友、陪伴者。

二、信任

信任是建立融洽亲子关系的秘诀。信任是人与人交往的前提，它具有双向性。父母想要获得孩子的信任，最有效的方式是放低姿态，坦诚自我。

在传统家庭关系中，父母是高高在上、不可侵犯的，并习惯用命令式的口吻跟孩子说话，给孩子一种被打击、被轻视的不平等感受。要想让青春期的孩子愿意跟你沟通，就要建立融洽的亲子关系，这就要求父母抱有一种与孩子平等做朋友的意愿，以开放、民主、自由的态度与孩子交流。和孩子少聊学习，聊聊他们感兴趣的话题，如：自己年轻时遇到的困惑、做过的囧事傻事、遭遇的压力，甚至心仪的异性等。在孩子面前展现一个真实、不完美、可亲近的家长形象，这样才能获得孩子的信任。

三、共情

共情，即同理心，是指一种体验他人内心世界的能力。在青春期孩子的家庭教育中，父母要做到共情，即理解孩子的感受，感觉着孩子的感觉。与孩子共情，充满同理心的回答，容易打破与孩子的隔阂，建立充分的信任，有利于深度交流、沟通。

四、倾听

倾听是最好的沟通方式。青春期的孩子内心敏感、思维独特。家长需要耐心真诚地倾听，以开放的心态去倾听，微笑专注地倾听，不评价、不评判地倾听，这会让孩子感受到你对他的重视，表明孩子说的话对父母是有价值的，这将鼓励孩子继续说下去，从而保证沟通的顺利进行。

五、接纳

金无足赤，人无完人。首先要学会接纳孩子的不完美，因为我们也曾不完美。这样，就不会总将自己的孩子和别人家的孩子做对比，就不会看到孩子的不足时难过、失望，进而把不良的情绪发泄到孩子身上。

其次，要学会接纳青春期孩子的各种叛逆行为，接纳各种情绪体验，接纳孩子话语中表达的各种信息，用重复孩子说过的话表示接纳，还可以用肢体语言和表情表示接纳，并通过鼓励的方式渐进式地与孩子沟通，调动孩子的积极性，进而把握孩子的思想动态。

六、赞美

所有的语言暴力都没有半点教育成分。我们要杜绝语言暴力，多用有温度的语言，不吝啬赞美的语言。当孩子取得进步时，要及时给出掌声与真诚的、具体的赞美。父母的鼓励，能让孩子获得无穷的力量与勇气；父母的赞美，能让孩子感受到成功的喜悦。

掌握与青春期孩子有效沟通的技巧，做到尊重他的选择，信任他的能力，感同身受地去“同情”，耐心地倾听他的感受，接纳他的不完美，真诚地赞美，就一定会帮助孩子顺利度过青春期，让青春绽放光彩。

附 录

附录1:“阳光父母学堂·‘七点伴’讲堂”致家长朋友的一封信

亲爱的家长朋友:

您好!人生总要面对两个“无法”选择:一是无法选择生养我们的父母,因为父母与我们血脉相连;二是无法选择我们必须养大的孩子,因为孩子是我们的骨肉至亲。只要您认真想一想就会发现,正是这两个选择在左右我们的一生:它可能让我们乐享天伦,也可能让我们的人生充满遗憾。而这一切,只取决于两个字:教育。有人说,成功的教育会让三代人受益。那么,如果失败了呢?

无论有没有做好准备,我们已经做了家长。我们深深地爱着孩子,总希望可以把这世界最美好的东西赋予他(她)。孩子在您的呵护下一点点长大,从牙牙学语到走进校园。可能就是从这个时候起,我们的笑容在慢慢递减,孩子的问题在一点点攀升。平时忙碌了一天的你,不得不继续演绎“家庭教师”的角色,几乎没有了自己;升学的压力普遍存在,可为什么我的孩子就如此厌学;与人交往磕磕碰碰在所难免,可为什么我的孩子就无法适应,与老师、同学相处不下去;孩子要什么都尽量满足,为什么到头来对我们还是不满意……家长在困惑:我们竟不了解自己一手带大的孩子,他们怎么突然间变得任性、自私和叛逆,现在的孩子究竟需要什么?我该拿什么去爱他呢?

写到这里,我们的心情是无比沉重的。工作中也经常会遇到这样的情况:孩子们宁可把心里话都告诉我们,也不愿意与自己的父母多讲一句。高尔基有句名言："爱孩子，是连母鸡都会做的事，可是怎样教育他们，却是一件伟大的事业。"的确，教育孩子是份长期、艰苦、细致的事业，有的时候，没有正确表达的爱反而成了害，害的却是孩子的一生。所以，家庭教育的成败关乎孩子一生的前途和命运，我们真的输不起。

各位家长，请问您了解自己的孩子吗？您能第一时间掌握孩子的心理动态吗？您是孩子可以依靠的朋友吗？请相信，问题孩子身后一定有一个问题家庭，孩子是父母的镜子，反射出来的是父母言传身教的影子。教育孩子，先知先觉的家长早日轻松，越来越顺利。只要您有了这份迫切的意识，接下来要做的就是学习。

学校从 2016 年 5 月份开始举办"阳光父母学堂·'七点伴'讲堂"家庭教育系列活动，聘请国家高级家庭教育指导师每月一次为家长推送公益家庭教育系列课程，帮助一个又一个迷途中的家庭解决教育的困惑。相信，经过一年的学习，大家一定能学以致用。新的一期课程即将开始，我们期待本届一年级新生家长们的加入。希望您能按课表每月最后一周周五晚上抽出一个半小时的时间，暂时放一放你的手机、放一放你的工作、放一放你的聚会，重新回归课堂，你就可以学习如何做一个阳光、智慧的"会学习的实验好爸妈"！

最后祝各位家庭幸福美满，家人健康平安！

镇江实验学校

学生心理健康教育发展中心

附录 2:“阳光父母学堂·‘七点伴’讲堂”家长入学通知书(含课表)

亲爱的家长朋友:

您好!首先欢迎您加入“阳光父母学堂”的大家庭,开始一年的学习和成长。希望通过我们真诚的沟通与合作,开启家庭教育的美好篇章,为孩子们的健康成长保驾护航。

为了让您能做好充分的准备,准时前来学习,请留存以下课表,如有微调,请关注群信息,群号为:9323 * * * * * (家有学子第四期)。申请加群时,附加信息为:某某班+孩子姓名+妈妈(爸爸)。

备注:请于 11 月 23 日周五 19:00—20:30 准时在学校报告厅参加“阳光父母学堂·‘七点伴’讲堂”第一课“赢在家庭教育的起跑线上”,按班级就坐(现场有团队老师指挥)。

“阳光父母学堂·‘七点伴’讲堂”第四期课表

时间	主题
2018. 11. 23	“赢在家庭教育的起跑线上”
2018. 12. 21	“改变孩子从改变自己开始”
2019. 1. 18	“理解孩子的成长”
2019. 3. 22	“彼此相爱智慧相处”
2019. 4. 19	“良好习惯缔造健康人格”
2019. 5. 24	“低龄段儿童专注力的培养”
2019. 6. 21	“谁的冰山在晃动”
2019. 8. 30	“自信的孩子一生幸福”
2019. 10	亲子活动:解读爱的密码
2019. 11	亲子活动:绘本阅读

镇江实验学校

学生心理健康教育发展中心

2018. 11

附录3：镇江实验学校“阳光父母学堂·金种子讲堂”启动方案

一、活动宗旨

用“同伴互助”的形式，借家长会、家长论坛、家长沙龙等契机，传播正确的家庭教育理念、经验和方法，让越来越多的家长参与到家庭教育的学习中来，从身边的例子中得到启发，学会陪伴、学会沟通、学会赞赏，创造孩子们健康成长的教育环境。

二、金种子讲堂讲师团成员

每届“七点伴”讲堂家长学员、每班推荐的优秀家庭教育家长志愿者。

三、活动流程

1. 填写“金种子讲堂讲师团成员”名单。

2. 提前对“金种子讲堂讲师团成员”开展培训。

3. “金种子讲堂讲师团成员”撰写讲稿或提纲。

4. 讲堂开始前，每班播放统一 PPT，了解家庭教育及理念传播的重要性。

5. 每次每班三名讲师团成员给本班家长介绍自己的家庭教育经验。

6. 每班拍摄活动当天照片。

7. 每次经验交流以后，班教组长邀请家长轮流撰写 3~5 篇心得体会（电子稿）。

8. 活动结束后，在学校规定的时间节点前上交家长讲稿、活动照片、心得体会等打包文件至学校心理健康教育发展中心蒋老师，年级组统一发新闻，将截图发给肖老师。

镇江实验学校

学生心理健康教育发展中心

2018. 11

附录 4："阳光父母学堂·金种子讲堂"优秀演讲稿（摘选）

深度陪伴——带着孩子去旅行

各位家长：

下午好！作为一名非学霸孩子的家长，很荣幸能有机会作为家长代表做交流发言，感谢大家的信任。参加完学校的"七点伴"讲堂，感受颇深。今天我想跟大家交流的主题是："深度陪伴——陪着孩子去旅行"。

吴淡如说过："只有一个人在旅行时，才听得到自己的声音，它会告诉你，这世界比想象中的宽阔，你的人生不会没有出口，你会发现自己有一双翅膀，不必经过任何人同意就能飞。"我的孩子从 8 个月开始跟着我和先生四处旅行，最初的源动力是因为我本身喜欢旅行，恨不得充分利用每个假期，又羞于把孩子丢给老人独自潇洒，只能咬咬牙把孩子带着。随着孩子渐渐长大，我们的旅行轨迹也由近及远，以江浙沪为圆心，辐射到首都北京、古城西安、川渝腹地，南至厦门、三亚、广东、港澳，孩子幼儿园毕业那年暑假完成了痛并快乐着的川西线自驾游，也陆续以自由行的方式出境旅行，先后去了日本、马来西亚、新加坡、泰国、印度尼西亚、阿联酋、新西兰等国家，好几个地方曾反复多次前往。今年寒假预定好行程带他去丽江和大理做水彩写生。或许是无心插柳柳成荫，每一趟旅程结束都有满满的收获，感觉到旅行对孩子的成长有着积极的影响。

一、形成多元价值观。人的一生之中，有一个特别大的敌人需要我们去消灭，它的名字叫"狭隘"。大到宗教矛盾、国家纷争、民族仇恨，小到邻里纠纷、婆媳争斗，很多矛盾的产生都和各自的狭隘价值观有关。如果我们每个人都能眼界开阔一些，少一些狭隘，也就天下太平、国富民安了。我相信，很少有人在壮美的雪山脚下，会感受不到自然的伟大和生命的渺小；也很少会有人，在开阔眼界壮大胸怀后，还会斤斤计较、睚眦必报。当一个人了解生命的不同活法之后，他会成长为一个有思考、有见解、有尊严、有追求的人。

二、构建多样世界观。很多时候，我们习以为常司空见惯的东西，并非原该如此的。旅行是一种最直观的方式，让孩子看到真实的世界、真实的生活。旅行让孩子知道，在遥远的地方，那里的人和生活是什么样的。这些亲眼所见和亲耳所闻，都是在家无法体会到的。去年国庆节，我们去东京自由行，上野公园门口有艺人现场作画，小朋友驻足观赏许久，结束后，画者送他一幅画，他满心欢喜地收起来。游玩结束，一路说说笑笑，十来分钟竟走到东京大学弥生门。古老的校园内遇见行色匆匆的学生，还有骑着自行车文质彬彬的白发长者。路过学生食堂，问询得知外来人士可以吃饭，索性在此解决了晚餐。时隔一年多，孩子仍记得这一段美丽的小幸运。

三、优化多重人生观。生命的可贵之处，就在于它有着无穷无尽的可能性。旅行是让人知晓生命奥秘的最好途径。在旅行中能发现人生真谛，寻找心灵所属，从小开始的旅程就是拓展生活广度的起点。当然带孩子旅行，不一定要出国，或者非要去著名的景点之类，只要能经常让孩子体验不同的环境，在陌生喧闹的人群中鼓起勇气去听、去看、去感受，这就是一种润物细无声的成长。通过旅行，见万物众生，他明白了这个世界不一定需要更多成功的人，但是迫切需要各式各样能够带来和平的人，能够疗愈的人，能够修复的人，会说故事的人，还有懂爱的人。

四、提升实用技能。我们的每次出行，都尽量选择自助行。因此，出行的所有细节，包括制订路线、预订住宿、天气查询、饮食安排等，都必须自己事先规划。所有准备工作，我都尽可能让孩子参与进来。我会让他选择要去的地方，把每条线路的利弊都解释一遍。一旦行程确定下来，我们就约定：要遵守时间，尽可能保证计划不被打乱。比如，不能因为贪玩而错过了某一景点的开放时间，不能拖拖拉拉耽误了预订的航班，等等。后来我干脆买了世界地图和中国地图贴在墙上，闲时一家大小就对着地图研究下一次出行计划。借此，孩子认识了许多地名和国家名。遇到他感兴趣的，我就详细地介绍那个地方的风土人情和历史地理知识。

五、激发想象力。内心细腻的孩子往往更擅长用笔表达内心世界。田谌诺极爱画画，不管去哪里旅行都会带上画笔和纸。他笔下的形象包罗万象，特别生动。我相信，没有身临其境地去感受，他的画不会如此生动。之前他画了一幅泰姬陵，问他为什么把顶部画得这么圆，答曰他加了一点点印象中阿布扎比清真寺和沙巴清真寺的元素在里面。他还煞有介事地解释："我觉得画画和摄影不一样，不一定一模一样啊，既然都是伊斯兰建筑，我可以重新设计一下，画出我心里的样子，你觉得对不？"

六、有限时间做深度陪伴。平时我们工作很忙，一年固定几次带孩子旅行，是属于真正意义上的深度陪伴。今年暑假，带他去舟山海边小住。午餐后，他提出挖沙子的小愿望。烈日炎炎，紫外线强烈，但不忍扫他的兴，穿上长袖欣然应允。他带我穿过花园、草坪、葱茏小径，径直带我到海滩上，在海风中肆意奔跑撒欢，大汗淋漓，脸蛋晒得红彤彤。童年的他当然拥有这个权利。人的孤独感是随着时光增加的，自我的堡垒会一天一天地牢固，微小的快乐也越来越难得到。人在成长过程中，尤其是童年时期去真切地感知和探索世间万物尤其重要。回房间途中，他认真地对我说："你要跟住我，不要只顾拍照。我没有戴电话手表，你迷路了会找不到我。女生方位感都不好。"在旅途中感觉到有时他是我的孩子，有时他是我的朋友，有时他是带我进一步探索世界和人性的天使。希望有一天孩子能拥有足够强大的能量放心大胆地远走高飞。我在陪伴他成长的过程中，逐渐成为纯简圆满的人。

最后，用我曾经写过的一段亲子旅行感悟作为结尾吧！"川西小环线数日，我们一起路过巍巍青山、皑皑白雪、寂静峡谷、苍茫草原。在海拔 3000 多米的高山上，他蹲下来，分辨各种植物，用手去触摸雪山上融化的溪流。旅途不算轻松，尤其在藏区几日，住宿较为艰苦，饮食不太习惯，还要忍耐无法预料的长时间堵车。小小的他是一个很好的旅伴，有强健的体魄和极强的忍耐，像一个小小的太阳，活泼热烈且富有能量。以后，我一定会带他去那些需要经历艰难才能抵达的地方。在康定那晚，我们住在一家美国夫妇开的民宿里，设施简陋，窗户锁不严，夜里突然没有热水，被子潮湿粘腻，窗外淅淅沥沥下了一夜的雨。小朋友倒头就睡，我辗转难眠。但我们遇见对面山峦上闪烁如星光的璀璨灯火，早上醒来喝到香热的现磨咖啡，看到格桑花和大丽花在院子里摇曳生姿。路过一片被地震摧毁过的村庄，我告诉他这片土地上曾经经历过的几场浩劫。人应对大自然有敬畏，对活着的当下知恩惜福。他懂了。这就是我们旅行的意义。”

镇江实验学校四（10）班 田谌诺家长

牵着蜗牛去散步

——谈谈一个小学生父母的自我修炼

尊敬的各位老师和家长朋友们：

大家好！首先感谢吴老师给我提供站在这里与大家一起交流的机会，很高兴，但也很忐忑和汗颜，因为与在座的各位相比，自己在教育孩子方面的成功经验不足，失败的教训不少。当吴老师说自己定一个主题的时候，我的第一反应是想谈谈作为已经做了一年半的小学生父母的自我修炼过程，这其中酸甜苦辣，五味杂陈，经历了困惑、迷茫、求援和探索四个阶段。

第一阶段是困惑，在孩子刚入学阶段，我还一直停留在孩子从小一以贯之的赏识教育中，无论孩子取得多么多么小的进步，我都会说一声“你真棒”！当孩子开始在练习中出现漏题、少看两个字、心里算出“3”手上写出“5”等莫名其妙的情况时，一次两次谈心，三次四次训斥，也在困惑是不是之前的赏识教育出了问题，孩子是不是不能惯着，该骂还是要骂，该罚还是要罚。我们曾经罚过孩子看错一题罚抄20遍题目，但结果是下次还是会看错，于是我们失去了耐心，大声训斥代替了之前和风细雨式的交谈，把所有的愤怒都化为了一股暴风骤雨式的责骂。孩子在责骂声中战战兢兢，也变得没有以前那么自信，他总会说，我那么粗心，我是不可能考到满分的。

于是我们又进入了第二阶段迷茫。这不是我们想要的那个自信阳光的孩子，我们也变成了自己曾经最讨厌的人，变成了自己小时候最讨厌的父母的样子。可是问题是，道理谈也谈过，罚也罚过，也各种技术指导过，总不能根除一做练习就犯低级错误的问题。我们该如何帮助孩子解决问题，又该如何解救自己失衡的心态呢？

接着我们又进入了第三阶段求援。我们求助过老师，希望老师能帮助我们找到问题的症结所在和解决方案；我们也采纳过老师很多非常好的建议，有效果，但是我们的心情仍然随着他每次练习成绩的高低如坐过山车一般高低起伏，始终不能回归平和的状态。但很庆幸的是本学期我们参加了学校组织的“七点伴”讲堂，在蒋老师的授课辅导之下，我们似乎找到了解救自己的一剂良药。

于是我们也就进入了第四阶段探索。我们渐渐意识到和孩子交往中，尤其是学习考试方面，父母不应有过高的期望，因为期望越高必然失望越大，过高的期望值是心态失衡和痛苦的根源，良好的学习和生活习惯的养成远比分数重要。正如蒋老师所说，我们在孩子练习成绩不如意时，如果说“这次没考好，我相信宝贝下次会有大的进步”，可能比“怎么又没考好，是不是老毛病又犯了”之类的话语效果要更好一些。鼓励永远是孩子健康快乐成长和进步的驱动力，是孩子自信、积极向上的正能量。所以这段时间我们不再用以前拍桌子打板凳式的批评和训斥，试着从做对的题目中侧面表扬和肯定，也不断地去肯定他的闪光点。最近我们经常夸他，宝贝的二胡拉得可真好听，歌唱得也不错，还会关心人。感觉曾经自信阳光的孩子又回来了。孩子快乐，我们才能快乐；我们快乐，孩子才能快乐。培养一个健康快乐、自信阳光的孩子，才是我们教育的最终目的。在这探索的过程中我们也似乎完成了自我心灵的解脱，努力使自己回归到一个相对平静和喜悦的状态中。

在这一自我修炼的过程中，有自己失败总结的经验教训，有专家的指点迷津，我也越来越觉得为人父母不易，做一个合格的小学生父母更不容易。每个孩子都是一个天使，如果没有父母悉心的陪伴和照料，很可能成为折翼的天使。有时我们的孩子也是一只漫不经心的蜗牛，他会有点慢，他会让我们无奈，但是只要他在朝自己的目标前行，我们就应为他鼓掌，为他加油打气。我们要耐心一些，再耐心一些，在牵着蜗牛去散步的过程当中，我们也感受到了沿途风光的美好，也完成了自我修炼自我成长。前段时间，有一篇很受捧的文章叫作《谢谢你，愿意做我的孩子》，正如文中所言："所谓父母子女一场，不过是相互滋养。我原本以为自己为你付出了一切，到最后才发现，成全的，原来是我自己。"所以我们没有理由不对自己的孩子耐心，再耐心一些。

以上是我的一点小小的感悟，不到之处，还请各位批评指正！谢谢大家！

附录5：孩子，让我们一起面对挫折，不要怕
——写在“成长少年说”栏目开播

亲爱的镇江实验学校的同学们：

我是镇江实验学校心理辅导室的蒋老师，我的工作地点在书香楼（童谣馆）三楼的心语园。有些同学和我已经是老朋友了，他们参加过我组织的亲子活动，他们的爸爸妈妈来听过我的家长讲堂。对吗？虽然有些同学并没有见过我，可我一直在你们身边默默关注着你们，当你们在学习上、生活中，或者与老师、家长和同学相处发生矛盾的时候，可以和我共同探讨解决的办法，我们来一起面对。同学们，在你过往的经历中，你有过这些烦恼和困惑吗？我想大家的答案一定是不一样的。有的孩子对自己很了解，知道自己遇到了什么麻烦，而有些孩子呢，可能会说自己从来没有遇到过这些麻烦，是真的没有遇到过，还是自己没有把它当一回事呢？其实，我们每个人一出生除了带来快乐以外，烦恼也会跟随而来。会遇到各种各样的，让你感受到难受、失败、懊恼、后悔的事情，我们给它们起了一个共同的名字——挫折。这是人生发展的自然规律，是不可避免的正常现象，可是，我们又不能让它们任意在我们身边“胡作非为”，搅乱我们的学习和生活，影响我们的发展。所以，我们从小就要培养一种能力，这种能力也有一个名字——逆商。大家听过这个词吗？是的，平时我们都提智商、情商，怎么还有逆商呢？我请在教室的老师将这个词板书在黑板上。“逆流而上”的“逆”，“智商”的商。“逆商”就是面对挫折、摆脱困境的能力，这种能力是可以在小时候培养出来的。同学们，你们现在为什么要在学校里学文化、学做人，就是为了将来踏上社会以后，更好地生存和生活。将来，我们在竞争激烈的社会中面对困境的情形会随时遇到。遭遇挫折，逆商越高的人挫折感就越弱，逆商越低的人挫折感就越强。有句话是这样说的，“没有什么教育比逆境来的更实在”。没有不经历挫折失败的成功者，只有害怕挫折失败的放弃

者。越是取得大成就的人，经历的逆境挑战就越大。一帆风顺的人生是少有的，更是不堪一击的，如果遭遇困境就抽身而退，这样是成长不了的。成功人士之所以取得成功，很大限度上取决于它面对挫折、摆脱困境和超越困难的能力。听了蒋老师的话，大家在今后面对困境的时候还会逃避、害怕吗？

那么，困难来了，除了心理不惧怕以外，我们还应该去想各种各样的办法应对，学习如何在困境下，不要妥协放弃，要迎刃而上，是吗？这些方法光靠老师教恐怕不行，还得同学们群策群力，共同寻找。所以，蒋老师给你们搭建了一个平台——“心语信箱·解忧杂货铺”，先在五、六年级的同学群体中做试点，定期将你们遇到的挫折、困境写在班级里的“成长少年说·解忧杂货铺”专用稿里面。轮到你们班级投稿的时候，由大家选出来的负责人统一投到一楼橱窗旁边的“心语信箱”里，我们在每周二上午收集稿件，请初中部的解忧员们帮你们想想解决办法。其他年级的同学也不要失望，这个活动刚刚开始，需要运作一段时间才能在全校推广，你们遇到麻烦的时候可以先跟家长、老师、同伴沟通和交流。虽然“解忧杂货铺”的活动今天才开始启动，但今天我打开信箱的时候，已经有很多同学把自己的心愿、烦恼投递进去了，不久你们就能收到来自初中部学长，或者老师、家长的回信了。我希望那个敢于表达的你能听到。哦，对了。如果大家在投稿的时候不愿意透露自己的姓名，请注明，我们可以替你保密。

孩子，如果你有困难，请相信你的身边会有很多人愿意帮助你，让我们一起面对挫折，不要怕。

镇江实验学校

学生心理健康教育发展中心

2018. 4

附录6：华笺入我箧，解君千千结
——镇江实验学校中考解忧绿色通道

“为什么要写信？”

“因为人有思绪想传达给别人。”

那么，我们愿意做街角的浪矢解忧杂货店，倾听你尚待传达的思绪。

或许是你对诸事更易无所适从
或许是你遭逢坎坷时惘然若失
或许是你眺望彼方时惶遽不安
我们愿意，悉数倾听
我们愿意，认真回应
“悄悄告诉你”
我们在这里，静候君音

◎ 什么是“悄悄告诉你”

你的来信可以是匿名的。在这里，隐去姓名，你可以将学习和生活中种种无处倾吐的思绪交给我们，我们会为你提供最细致入微的关怀。

◎ 关怀的形式

关于学习和升学的问题，我们会邀请高中的优秀学长、学姐及老师替你解答；关于家人同伴的问题，家委会的家长可以给你一些中肯的建议；关于情绪及私人的困惑，心理老师非常愿意倾听你，感受你的感受，体验你的体验，与你并肩同行，和你一起面对。

◎ 关于隐私和保密

我们严格按照心理咨询的保密原则进行。心语信箱的钥匙由心理老师保管，且仅由心理老师开启。

◎ 如何参与

把你的困惑以信件的方式投递到我们的邮箱，我们将会倾听你的心声，并在两周内予以答复。答复的方式有公开和私密两种，共性问题将以音频解答或公众号发布的方式传递给你，如果你想单独找心理老师聊一聊，记得一定要写明班级和姓名，心理老师会与你联系。

镇江实验学校
学生心理健康教育发展中心

心语信箱地点：乒乓馆北门
收信时间：每月 5 日、15 日

附录7：用一个灵魂唤醒另一个灵魂——致高中孩子们的一封感谢信

亲爱的高一（9）班的同学们：

你们好！我是镇江实验学校的专职心理老师。当一封封热情洋溢又充满智慧的回信呈现在我眼前的时候，我心里不知如何感谢，唯有“见字如面”了。原本做这件事情，可能只是源于我的一个灵感或者一个粗浅的尝试，但看到你们的回信以后，更多的是意外、赞赏和惊叹。每一封回信都密密麻麻，上面写满了你们的心意，溢满了你们的真诚。你们把本可以花在自己身上的时间花在了这些素未谋面的学弟学妹身上，为的就是让他们在遇到困难的时候少走些弯路，多一些应对的方法。你们如此认真的态度同时也鞭策着我们在后续的这项工作中不敢懈怠，更加坚定了我们持续做下去的动力和信心。

都说：“爱与温暖，可抵岁月漫长。”信里每一句鼓励的话语，每一个充满能量的文字都会化作动力，铭刻在实验学校初三学子的心间。我们学校为他们开辟了一条中考绿色解忧通道，你们的信件会和家长们、心理老师们的回信一起制作成语音，分期在周五的班会课上播出。相信这些宝贵的文字将一路陪伴他们左右，让他们在备战中考冲刺的日子里有了战胜困难的决心和勇气。

你们为学弟学妹们树立了良好的榜样，我也相信优秀是会传染的，就像一棵树摇动另一棵树，一朵云推动另一朵云，一个灵魂唤醒另一个灵魂。从你们身上，老师看到祖国的未来将会更加美好。最后，老师祝愿你们一切顺利，早日实现你们的梦想！

镇江实验学校心理老师

2020年4月23日

附录8：书伴读·幸福家——镇江实验学校“阳光父母学堂·书伴读计划”介绍

家是什么？是安康、幸福；是和谐、宁静；是每个人经历风浪后避风的港湾；是让人想起来就温暖舒适的地方。陪伴孩子在成长的路上，让他们在“幸福家”感受力量，实验学校的家长们在努力。2018年，学校推出了“阳光父母学堂·书伴读计划”，在试点班级中摸索如何让家长主动学习家庭教育知识，用正确的理念和方法教育孩子。

学校买来家庭教育相关书籍，在试点班级中招募有兴趣、主动性强的家长，由家委会排好阅读的时间和内容。《妈妈请接纳当下的我》《放下父母的面子，让孩子健康成长》《缺失的父亲和焦虑的母亲》一篇篇发人深思的家庭教育文章开启了年轻一代父母的家庭教育学习之路。一天的工作劳累并不能阻挡家长们找寻正确家教理念的热情，放下我们的手机，孩子做作业，我们在一旁认真看书，用实际行动告诉孩子们如何培养良好的阅读习惯，家长起到了不可或缺的榜样作用。

每周固定的时间，大家相约进QQ群，这时的手机成了连接我们共同学习的桥梁。一人读，大家听；一人发言，大家讨论，班级的读书群顿时热闹起来。读完某个章节，有家长说“与其说是教育孩子，不如说是修炼自己”，还有人说“父母分别来自不同的家庭，有不同的习惯和规则，但是在孩子面前我们的行为和处事风格直接影响孩子的思想和行为，所以为了孩子，我们更应该学习如何做更好的自己”。我们就这样在家庭教育的一个个案例中反思和成长。

家庭教育，任重道远！学校有责任为所有家长搭建各种家校共育的平台，让我们携手走在家庭教育的学习路上，积极参与书伴读，共同营造幸福家。

附录9：镇江实验学校“实验好爸妈”（小学部）推荐活动方案及推荐细则

教育部《关于指导推进家庭教育的五年规划（2016—2020年）》《关于加强家庭教育工作的指导意见》（教基一〔2015〕10号）等文件精神指出：充分发挥学校在家庭教育中的重要作用，强化学校家庭教育工作指导，引领家长全面学习家庭教育知识，系统掌握家庭教育科学理念和方法，不断更新家庭教育观念，提升家庭教育水平，促进未成年人健康成长和家风、班风、校风建设，满足广大家长对现代家庭教育科学知识的强烈需求……镇江实验学校历经多年的家校共育工作实践，为家长和教师提供了多样的家庭教育学习平台，搭建了丰富的家庭教育体验活动平台，取得了有效的实际意义。为了表彰积极参与和陪伴孩子的健康成长，为家校共育工作做出贡献的家长，特制订“镇江实验学校‘实验好爸妈’（小学部）评选标准（试行）”，具体内容如下：

一、活动宗旨

“学生自主品格成长”是镇江实验学校培养新时代实验学子的核心目标。达成这一目标，需要一支高素质、有能力的骨干教师团队，还需要一支不断成长、积极向上的家长群体。学校将通过“阳光父母学堂·实验好爸妈”评选，弘扬中华民族至真至善至美的传统美德，增强师生、家长的社会责任感和正义感，激发家长支持家校共育工作的热忱，共同营造和谐文明的校园氛围，为学生的“全面发展、差异发展、个性发展”服务。

二、评选内容

结合本校“小学生综合素养多元化评价体系”的内容，即“四美两会——礼仪美、乐群美、体魄美、特长美、会学习、会服务”，制定了相对应的“好爸妈评选细则”。“细则”共六大类别，每个类别有五条具体内容作为“好家长评选”的行动指南，学校号召实验学校全体家长自愿参加各类家校共育活动，积极参与评选，每个类别不要求面面俱到，目的在于发挥对孩子的榜样示范作用，共同助力实验学子健康成长。详情见《“阳光父母学堂·实验好爸妈”评选细则》

三、评选方法

凡是不断学习正确和先进的家庭教育理念、支持关心学校教育工作、积极参与学校活动、事迹真实的家长均可参与评选。通过这样的榜样引领，让更多的家长发挥自己的特长和优势资源，以学校主人翁的情怀为学校的发展建言献策，更好地推动学校家校共育工作的健康发展。

“实验好爸妈”的评选每学期一次，由自我推荐、孩子投票、班教小组推荐和班级家委会决议的方式来进行评选。

镇江实验学校

2019. 8

“阳光父母学堂·实验好爸妈”评选细则

六大类别	三十项指标
会生活好爸妈	1. 家庭和睦，孝敬长辈，举止文明，诚实守信，勤俭节约，有健康、良好的生活习惯，积极为孩子营造一个安宁、舒适、温馨、积极、平等的学习和生活环境
	2. 家庭作风民主，关心和陪伴孩子成长，关注孩子成长中的点点滴滴，让孩子感受到亲情和爱意。对孩子有耐心，能经常和孩子沟通，倾听孩子的意见和心声
	3. 引导孩子参加力所能及的家务劳动，培养孩子的自理能力、生活技能、劳动习惯等
	4. 生活方式简约适度、健康文明，在垃圾分类、低碳出行、合理消费和保护环境等方面以身垂范
	5. 文化生活充实，富有生活情趣，有属于自己的兴趣爱好，在和孩子一起外出游玩、参观展览、观看电影、参加演出时，遵守社会公德，增长见识，增添生活乐趣

续表

六大类别	三十项指标
会学习好爸妈	1. 积极参加“七点伴”讲堂一年的线下课程，上课认真听讲，完成每次的反思作业，拿到结业证书
	2. 参加班级家委会组织的“书伴读计划”，认真学习家庭教育相关知识，积极发言，参与讨论
	3. 主动观看家庭教育网络课程，完成打卡记录，积极撰写家庭教育案例或反思
	4. 主动参与“金种子讲堂”家长讲师团活动，传播和推广正确的家庭教育理念和育儿经验
	5. 有效陪伴孩子学习和阅读，积极参与学校“家庭书屋”活动，帮助孩子养成良好的学习习惯
合作型好爸妈	1. 在家务劳动、实践作业中，通过亲子互动，把合作的意识带给孩子，教给孩子合作的方法，实践作业中有合作的痕迹
	2. 组织校外亲子活动，为孩子提供互相学习和帮助的机会，以身示范，有效促进孩子合作力的发展
	3. 经常主动与老师沟通，了解孩子在校情况，共同教育孩子
	4. 支持学校教育，和学校、老师通力合作，在家长会、班级群等集体讨论中发扬正能量，推动班级凝聚力的形成
	5. 关心学校发展和孩子所在班级建设。在学校艺术节、体育节、“三仪式一典礼”等大型活动中，献计献策，互相配合，提供力所能及的帮助
活力型好爸妈	1. 以自己的活力感染和影响孩子的成长，能抽出时间陪伴孩子参加体育锻炼，培养孩子热爱体育、愿意积极参加体育锻炼
	2. 能配合学校，关心孩子在校的体育课、课外活动课，大课间活动等体育类课程，给予孩子良好的学习态度引导，以及所需衣着、运动器材的准备
	3. 能在田径、游泳、球类、棋类等方面培养孩子一到两项特长，并鼓励其持之以恒

续表

六大类别	三十项指标
活力型好爸妈	4. 能和孩子一起观看体育赛事，让孩子了解体育知识，认识体育运动员，并从中传递团结合作，以及为国争光，拼搏努力的体育精神
	5. 在孩子体育锻炼时，注重培养孩子不怕吃苦、坚持不懈的意志品质，积极乐观、拼搏向上的生活态度
礼仪美好爸妈	1. 参加学校各项家校活动时，能够做到穿着、语言、举止得体大方
	2. 身处校园时，能够严格执行文明校园的要求，不在校园大声喧哗，不在校园内吸烟、随便扔垃圾
	3. 与教师和其他孩子的父母交流时，能做到语言文明、行为有礼
	4. 接送孩子上下学时，能够遵守交警和学校的规定，按照规划路线进出，在学校划定的黄实线外等候，在指定地点接孩子放学；不违反交通规则
	5. 在家时，能够使用平等、和蔼的语气与孩子交流，教育得法、有礼有节
服务美好爸妈	1. 在家庭中培养孩子自我服务、为他人服务的方法和技能，并用自己的行动成为孩子的表率
	2. 关心学校发展和孩子所在的班级建设，为学校发展献计献策，乐于为班级、学生服务
	3. 积极参加学校“志愿护学岗”“家长志愿者进课堂”等志愿者工作，奉献爱心，助力学校教育
	4. 引导或组织孩子参与学校、社区等志愿者公益活动，培养孩子乐于奉献，为他人、为集体服务的良好品质
	5. 支持学校工作，能与学校、老师通力合作，保持教育的一致性

附录 10:“实验好爸妈”家庭教育优秀反思、案例(摘选)

信笺里的“爱与期待”

——谈一谈与青春期孩子的亲子沟通

龙应台有一篇文章《父母是有有效期的》,文中写道:“孩子在小的时候,父母对他们来说是万能的,是完全可以依靠的。这就是父母对孩子教育的黄金时期。等孩子一到了青少年时期,父母的有效限期就快到了。该说的,该教的,该做的,应该早就都做足了,是到了验收的时候了。”我对这个验收的时间概念还模糊不清,但是在这次超长寒假的特殊日子里,却一度为孩子暴露出来的问题感到迷茫、焦躁,甚至有一点点恐慌。不过换个角度想,这段经历也必将成为我和孩子之间珍贵的回忆。

再过一学期,我的孩子将踏入高中的大门。记得刚放寒假那会儿,我对她说:“下学期的终点将是你的下一个人生阶段的起点,我们一起加油哦!”她笑而不语,神情里透露着一丝期待。新冠肺炎疫情给我们一个措手不及,孩子得在家里上网课。对于上网课,起初,我们还是很新奇的,我也很想看看在这样一个变化的环境里,她的学习能力如何彰显。也许平时大家习惯于早出晚归,学业紧张、工作繁忙在我们母女之间架起了一道“保护墙”,我们的记忆都是在为数不多的空暇时间里享受着亲子之间的温情与快乐。记得上学期有一次放学接她的路上,女儿搂着我的肩膀说:“妈妈,你说别的同学是不是特羡慕我俩之间的关系,我也很幸运有个特别能理解我的妈妈!”

为之“骄傲”的母女关系在这一个月的假期里跌入冰谷,多少次的冲突,和好,再次冲突……仿佛成了一个死循环,像怎么努力都打不破的魔咒一样,心累,想逃离,却又不得不重新进入“战场”。我不愿意看到这个结果,也曾在心里暗暗想,stop!任何事情都不能破坏我们母女之间的关系,失去了亲密的关系,恐怕以后更难教育了。可当我看到她从早上8：30开始上网课、做作业，一头扎进书房都不出来，除了中午、晚上吃饭出房间，我们连聊天的时间都没有；到了晚上，突然想起来还有课外题没做，再开始刷题，每天搞到很晚，甚至到凌晨才睡觉，第二天赖床，爬不起来，动作慢得像蜗牛……生气和愤怒的情绪就会冒出来。上学那会儿，如果是这样的状态，我只会满满的心疼和理解，可在假期里，时间是可以自己把控的，网课相对来说也是比较自由的，我和她爸爸真的不能理解“学习效率怎么会这么低”。刚开始，我们都以提醒为主，请她注意一下时间的运用和学习的效率，我也告诫自己：别担心，让她自己调整，你只要告诉她就好了。每一次的提醒、说道理，得到的回应就是：好的，知道了，哦……这些提醒会让她第二天稍微好一点，但是好景不长，很快又不行了。爸爸甚至要求她学习的时候离开书房到客厅来，但被她眉宇间的愁苦打消了，因为我们看得出她不情愿被我们“看着”；我也曾经帮她计算过她的学习时间，结果连她自己都不可思议地反问我：“妈妈，我写作业的时间怎么会用这么久？我的时间都去哪儿啦？”这个答案恐怕只有她自己知道吧。为了合理的时间安排和提高学习效率的问题，我们还讨论过在学习累的时候、自己感觉状态不好的时候就停下来，安排一些调节的娱乐活动，听听音乐、弹弹尤克里里、看看视频、打打益智游戏，把时间控制好即可……

我开始理解：为什么好多家长在教育孩子时有那种“该用的方法我都用了，该说的好话都说尽了，可是他照样我行我素”的无奈和悲催了。我也似乎遭受到了同样的“待遇”，这些方法不是彻底没用，而是没有让我们看到持续下去的希望。是我们对她的期待太高了吗？扪心自问，我们作为家长，在家自我隔离期间，她上网课、学习的时候，我们也尽量做好榜样：看书、读英语，不刷手机、不看电视，这是我们一直保持的习惯，这一点她很清楚。而学习的策略与方法是跟随她一辈子的，也许，她的“磨蹭”并不是这个假期才养成的，以前应该也有，但没那么多时间送给她“耗”，所以面临在家学习这样相对自由的空间时就暴露得非常明显。

这样的状态一次又一次在重演，直到我的耐心殆尽。那天早上8：30开始上网课，快10：30的时候，我敲门进她房间，发现近两个小时的时间，一张语文学案只写了一两题，眼前的一幕让我把积蓄了这么长时间的愤怒一下子点燃了，我不再问什么原因，也没有再给她辩解的理由，撕了她当天的作业，大喊着："不想写就别写了，也不要参加中考了，不用在这儿浪费时间……"唉，人哪，一旦被情绪控制住，就会变得几近疯狂。女儿被吓住了，这是她从出生以来第一次看到妈妈发这么大的火，而我也彻底被"中考的焦虑、对她未来的担忧和自己的无力"给打败了。我想我当时的样子一定很可怕。一阵狂风暴雨过后，冷静下来，看着被我"骂"完以后满脸通红、一声不吭、低着头还高出我小半截的女儿，我猛然发现：她已经不是我记忆中的小女孩儿了，也不是那个整天跟在我屁股后面黏着我的小不点儿了，我说的话不会像以前那样管用了。那一刻，我反省到：之前，我们看似的沟通其实是单方面的说教，我们认为的讨论实际上她并没有参与，全是我们的建议和要求。我们掉进了"自以为是"的陷阱里。

其实我知道，这个假期出现的问题正是她遇到了困难，也是她需要我们的帮助的时候，但是我们把自己所做的一切想象成合理，而忽略了她也曾经做过的努力。那天晚上，我辗转反侧，难以入眠，决定给她写一封信。信中我表达了此时难过的心情，也知道她同样不好受；我向她倾诉了我的焦虑所在，也告诉她我看到了她所做出的努力……第二天，我把信悄悄放在她的写字台上。一整天，我们谁都没有提起前一天发生的事情，但是，我听到了书房里的定时器每隔一段时间在"哔哔"作响。晚上，我进她房间把QQ上第二天的学习任务交代一下，瞥了一眼写字台，发现那封写给她的信被压在了软玻璃台板下面。我装作没看见。交代结束准备离开的时候，她抱住我的腰，问我："妈妈，你还在生我的气吗？"我摇摇头。"那你怎么一天都没有理我呢?”“因为妈妈也是第一次当妈妈，好多地方也需要反思，没想好怎么说呢?”……

发生的故事告一段落，开学时间也因为疫情的影响一拖再拖。其实我很庆幸，一直以来我们有个良好的亲子关系的基础，否则女儿不会那么在意我生气。不过，这段时间我的话真的变少了，我不想在没有考虑好之前就不停地教育她这样、指点她那样，因为我意识到她已经长大了，我们的话再怎么正确，我们提供的方法再怎么有效，也需要她加以思考和沉淀。多说无益，也许纸短情长。接下去的日子，我又陆续写了两封书信，说是信，也仅是几段话而已，其中大部分是交流一些我对人生的思考和对她的肯定，也有我和她爸爸对她的期待。她仍然没有回复我只字片语，但她对时间的把控和对自己的安排越来越向好了。

我开始反思为什么在她身上，写信的方式比当面谈有效果呢?一来许是每次当面沟通都是在发现问题的时候，我们双方都掉在自己的情绪里，心都没静下来，何来有效沟通。尽管有时，我以为自己已经冷静了，可是一说到些触痛内心的话题，仍然会勾起一些愤怒、委屈的负面情绪，神情和语气一下子就会给孩子传递各种信息——指责、失望、不满等，当她不愿意接受的时候，表面上人似乎在听，可是潜意识里不知不觉就自动屏蔽了我和我所说的一切，形成“软抵抗”，所以收效甚微，进入死循环。而我的谈话也跟小时候面对面的沟通绝对不一样。小的时候，每次犯了错，我只需要安抚一下、耐心地把自己的要求传递过去，她就可以接受了，但是青春期的她有着自己的想法和习惯，甚至已经在不经意间形成了固定的模式，不是说变就能变;你的变成她的，也需要她自己不断、反复地加工，需要更多的智慧和反思。书写出来的语言，可以反复修改，把自己的意思表达清楚，同时也能避免一些伤害对方的话语。二来青春期的孩子更喜欢独立的思考与自由的空间，当她的情绪还没有调整好的时候，就缺少了思考和反思的机会。我们做家长的也要放下一些内心的期待，让她慢慢来，既然反思和改变是一个过程，就不能操之过急。

信笺里的“爱与期待”虽然有些迂回，但是在与中学生的亲子沟通中不失为良策。即使青春期的沟通再难，我们也不能失掉父母的有效期。

镇江实验学校　淼涵家长

（本文获2019年镇江市家庭教育案例评比一等奖）

唤醒爱，传递爱，感受爱

——我和女儿之间的成长手记

一周前的周日下午，我家的书房正上演着激“愤”人心的一幕，女儿坐在书桌前紧握双拳，面目狰狞地怒视着我，而我被气得在一旁颤抖着，好好的一个周末就以这样的方式收场，我真不知道该如何说起……

一周之后的周三早晨，我走进了“家庭教育指导”的课堂，几位导师动之以情、晓之以理的讲解示范，我突然有些懵懵懂懂，怎么回事，在我心目中，明明是女儿粗心懒惰，学习没有责任心，现在怎么全是我的问题？

听着老师的讲解要点，我先做了一个自我分析：我是一名小学老师，从小受母亲的影响，做事就要尽力做到最好，对于没有达成的事情，心里总有些不快，脸上就会不自然地流露出烦躁的情绪，话语中也会有些不满。女儿小学六年就一直跟着我，对于我提出的一些建议都会听从，即使她有时不情愿，但也是去做了，也许这6年女儿就是这样委屈度过的，我一点儿也没有发觉。

进入初中后，她的学习生活、朋友圈都有了很大的改变，当期间发生的种种事情严重影响到她的学习成绩时，我再也坐不住了，回家后和老公一起严加惩罚，令我们失望的是：惩罚没得到预期的效果，有时候还变本加厉……一件件不愉快的事情积累起来，我变得焦虑无措，眉头紧锁，不知道怎样去改变现状。

顾老师的一句话点醒了我："当孩子们第一次进入青春期的时候，他们面对着生理的、心理的矛盾变化，家长准备好学习——如何做青春期孩子的家长了吗？如何去尊重、理解和倾听孩子的内心需求呢？"我陷入了思考中，是呀，我是第一次做青春期孩子的家长，不得不承认，在分数面前，我失去了正常的理智，当我以这样的情绪对待孩子的时候，她自然就像一只自我保护的刺猬，变得冲动、易怒、急躁，甚至用她的刺来刺伤我。我不敢再想象，再这样下去，我们俩无非两败俱伤，我真的要好好学习家庭教育，要从自我开始改变。

回家后完成顾老师第一天的学习作业，我第一次正式地、友好地与孩子面对面交谈。我半搂着她，说："妈妈今天学习去了，老师给我布置了一项作业，需要我俩共同完成。"女儿睁大眼睛看着我，我继续微笑着说："宝贝，你今天周周清小练，学习一天辛苦了！"我还没说完，女儿下意识地抢着说："妈妈，今天的数学小练分数我原本可以再高点的，计算粗心错题了，还有我以后要进行控时练习，因为我感觉时间来不及。"听着女儿对数学小练的得失分析，我觉得今天的气氛很好，接下去我又主动反思了自己的一些不足，不够体谅她，对她的一些要求太高了，越聊越和谐。我发现，今天聊的都是与平时差不多的话题，只是我说话的主动性变化了一下，效果就有了大不同。原来家庭教育竟是如此神奇和美丽，家庭教育也是如此朴素实用，其实它离我们不远，它就在我们生活中的每一天。

我按照老师说的要求去做，严格而不严酷，行动而不说教，引导而不指责，放弃发泄打骂，再忙也要陪孩子。每次放学和女儿见面之前，我都调整自己的心情、笑容，包括说话语气。慢慢地，女儿也主动表达："妈妈，你真的和原来不一样了。"我知道，这是我的所作所为得到女儿的认同了，我和她由原来的对立母女关系转变成了朋友关系，冰山在我俩心中一点点融化。一天晚上，女儿主动拿出她的心情日记带我分享，我很激动，孩子到底是孩子，大人给出一点点

“蜜糖”，她就愿意付出自己的整个心情。我翻阅着她的日记，记录中的琐事一件件浮现在我的脑海里：哦，我真的错怪她了，她那晚主动刷题挣钱，想带着钱去春游，原来是需要和同学一起分享她通过学习得到的喜悦；她提出周末看电视剧，原来是为了跟小伙伴在一起有共同话题，不至于被别人冷落，被看成无知的“外星人”；她一次次地与妈妈对着干，原来她自己也苦恼，一次次控制不了自己，发完脾气自己也在后悔，这不就是青春期的荷尔蒙干扰吗？看着这一行行稚嫩的笔迹，我怔住了，孩子，妈妈这是有多委屈你了！此时，我发自内心的感慨，真的庆幸自己参加了了家庭教育指导，能够让我悬崖勒马，让孩子能够再次接纳我。

吴辉老师说做母亲要柔，因为女性天然就具有与创造性高度一致的天性：温柔、感伤、幻想、色彩、音乐、诗性、浪漫……所以母亲要为孩子创造出这种生命力。我身为母亲，孩子也应该传承我身上的优势，我要补全以前对孩子的心灵营养的缺失。生活中，我对孩子轻言细语；学习上，我对孩子悉心指导，听着孩子汇报刷题的正确率提高了，看到她的月考成绩小有进步了，我打心眼里为她感到高兴。对！事实证明，我就应该这么坚持下去，点滴的进步让孩子在学习上获得成功感，并且适当地树立规则意识，让孩子找回学习的自信和乐趣。我告诉孩子：“白天的学习再辛苦再累，你也要坚持！我们的家是温暖的港湾，妈妈要努力为你营造快乐轻松的氛围，我们会在阳光般的爱中共同成长！”

是啊，作为孩子生命的引领者，作为孩子的人生导师，我是一切的根源！孩子的命运掌握在我们家长手中，无论父母的事业多么成功，也抵不了教育孩子的失败。把天才培养成庸才，是对家庭和孩子的最大的犯罪。现在我们的家庭一般只有一个孩子，我们连改错的机会都没有，连补偿的机会也没有，所以我们只有把孩子教育成功了，才是家庭最重要的成功，也是我们家长一生最重大的成功。

我相信，好的家庭教育是一场人生的修行，而孩子的纯真、无私、灵动，洗涤了我们成人的浮躁、功利、自大的心理。比起孩子的学习，父母更需要平心静气地滋养自己的灵魂。当父母改变 1%，孩子就改变 100%，做智慧型父母，从自我改变开始。家庭教育唤醒了我对孩子的爱，当我把自己的爱正确传递给孩子时，孩子感受到有如春天般的暖意，她更愿意携手于我，我们在人生路上，一路并肩，愉悦前行！

镇江实验学校　轩儿妈妈

（本文获 2020 年“读《家长必读》谈家教心得”征文评选江苏省一等奖）